그립

**Grip: The Art of Working Smart (And Getting to What Matters Most)**

First published in Dutch as GRIP : het geheim van slim werken by Uitgeverij NZ in 2019

Copyright ⓒ 2019 Rick Pastoor
English translation copyright ⓒ 2021 Elizabeth Malton and Erica Moore
This edition was translated from English.

All rights reserved including the rights of reproduction in whole or in part in any form.

No part of this book may be used or reproduced in any manner whatever without written permission except in case of brief quotations embodied in critical articles or reviews.

Korean Translation Copyright ⓒ 2025 by Chungrim Publishing Co., Ltd.
Korean edition translation by arranged with Janklow&Nesbit(UK) Ltd.

이 책의 한국어판 저작권은 Imprima Korea Agency를 통해
Janklow&Nesbit(UK) Ltd.와의 독점 계약으로 청림출판(주)에 있습니다.
저작권법에 의해 한국 내에서 보호를 받는 저작물이므로 무단 전재와 무단 복제를 금합니다.

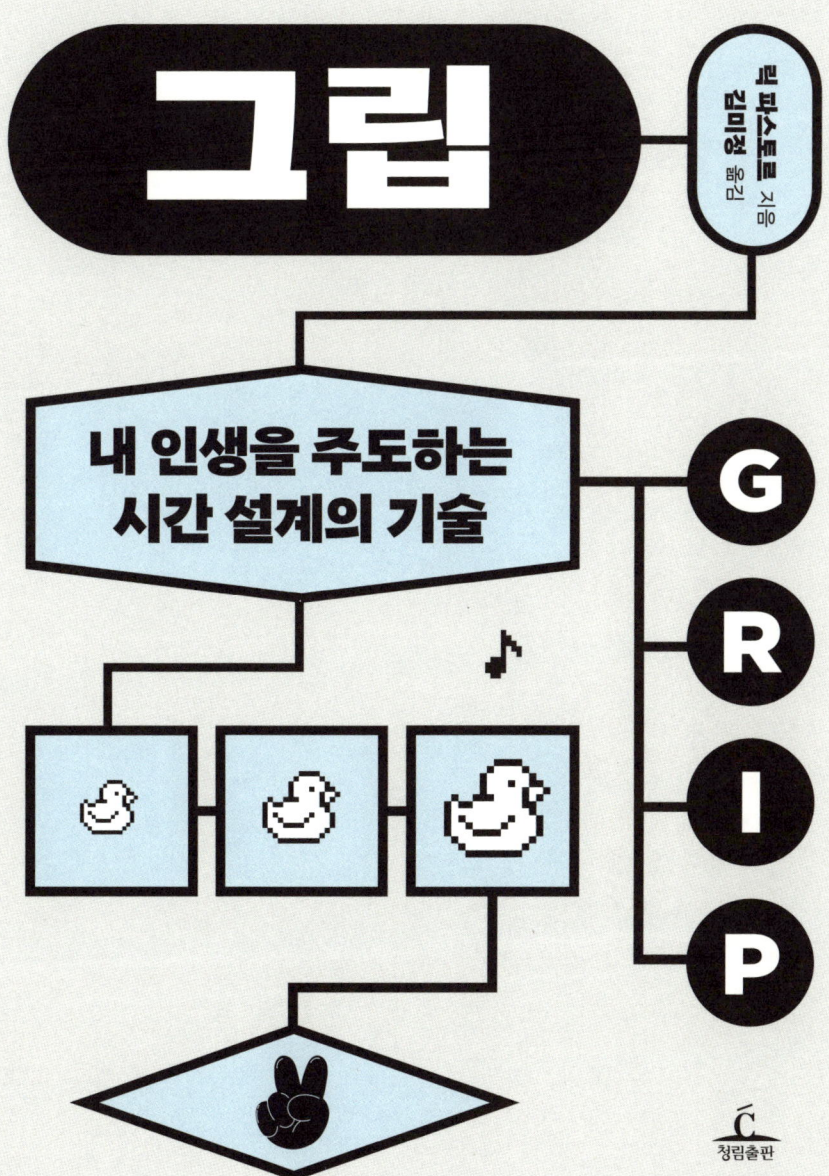

한 그루의 나무가 모여 푸른 숲을 이루듯이
청림의 책들은 삶을 풍요롭게 합니다.

## 서문

일이 우리 삶에서 얼마나 큰 역할을 하는지 생각하면, 우리가 사실상 일하는 법을 전혀 배운 적이 없다는 게 이상하다. 일하는 방법은 그냥 자연스럽게 터득해야 하는 것으로 여겨진다. 마치 우리 모두가 마법처럼 우선순위를 정하고, 일정을 조율하고, 좋은 계획을 세우고, 바쁜 업무를 효과적으로 처리하는 방법을 안다는 듯이 말이다. 이러한 기술들은 간단하게 들릴지 모르지만, 실제로는 그렇지 않다.

아마 당신도 나처럼 일이 뜻대로 되지 않는다는 신호에 익숙할 것이다. 한 주가 막 시작됐는데 벌써 일을 따라잡기 바쁘다. 하루의 긴 근무 시간이 끝났는데도 받은메일함은 여전히 이메일로 넘친다. 거기다가 일정표는 꽉 차 있고 업무 목록은 끝없이 이어진다. 누구든 사기가 꺾이기에 충분하다. 최악은 하루하루를 통제하지 못한다는 느낌이 들기 시작하면, 무력해질 수 있다는 것이다. 그런 상태에서 어떤 일이든 제대로 해내려고 해보라. 당연히 설정한 목표를 달성하기 어렵고, 당신이 열망하는 우수함을 제공하기 버겁고, 자기계발을 할 시간 같은 건 없을 것이다. 열심히 일은 하는데, 정말로 진전을 이루고 있는가?

나도 경험했던 일이다. 거의 6년 동안 나는 저널리즘의 새로운 비즈니스 모델을 제시했다고 국제적인 찬사를 받았던 네덜란드 회사, 블렌들Blendle의 제품 책임자였다. 내가 설립하고 6년 동안 운영했던 소프트웨어 개발 회사를 매각한 후 나는 스물다섯 살에 프로그래머로 그 스타트업에 합류했다. 블렌들에서는 일이 아주 빠르게 진행됐다. 우리는 〈이코노미스트〉와 〈월스트리트 저널〉과 같은 대형 언론사와 제휴를 맺었다. 악셀 슈프링거Axel Springer(독일 최대 미디어 그룹 - 옮긴이)와 〈뉴욕타임스〉의 지원을 받았고, 팀은 폭발적으로 성장했다. 9개월 후 나는 무려 30명으로 구성된 기술팀을 관리하고 있었다. 팀이 항상 새로운 계획을 구상하고 실행하도록 하는 것이 내 일이었다. 즉 팀원들이 복잡한 기술 및 조직적 문제에 대한 해결책을 끊임없이 찾아내도록 이끄는 동시에 전략에 관한 결정을 내리고 새로운 직원을 고용해야 했다. 그리고 그것은 시작에 불과했다. 당연히 모든 일이 동시에 처리되어야 했으므로 누구나 그렇듯 매일 우선순위의 균형을 맞추어야 했다. 시간이 지나면서 나는 하고 싶거나 순간순간 떠오르는 대로 일을 해서는 진정한 발전이란 없다는 중요한 사실을 의식하기 시작했다. 일이 바빠질수록 완전히 새로운 업무 처리 방식을 찾아야 한다는 깨달음은 더욱 커졌다.

그 길에 이르기까지 수년간 시행착오를 겪었지만, 내 노력이 결실을 이루었다고 말할 수 있어서 기쁘다. 나는 나만의 방법을 찾았다. 그 과정에서 데이비드 앨런 David Allen 의 《쏟아지는 일 완벽하게 해내는 법》과 칼 뉴포트 Cal Newport 의 《딥 워크》 같은 책을 탐독했다. 이 책들은 나에게 큰 영감을 주었고 많은 것을 가르쳐주었다. 하지만 어떤 팁을 언제 적용할지는 또 다른 예술이다. 그것이 없다면 여러 드라이버, 펜치, 망치 같은 도구가 있어도 언제 어디에 어떻게 쓸지 모르는 것과 마찬가지다.

그래서 사람들은 익숙한 방법으로 되돌아가곤 하는데, 나 역시 수없이 그랬다. 그러나 나는 더 나은 방법, 일상 속 예기치 않은 상황에도 유연하게 대처할 수 있는 똑똑한 업무 방식이 분명히 있을 거라고 믿었다. 그래서 계속해서 내 업무 방식을 실험해나갔다.

한 걸음 한 걸음, 나는 유연하고 서로 연결된 여러 부분으로 이루어진 나만의 방법에 도달했다. 이 방식의 가장 큰 장점은 나에게만 효과가 있는 게 아니라는 것이다. 친구와 동료도 내 방식을 시도하기 시작했다. 그것이 그들의 삶에 어떤 영향을 끼치는지 지켜보는 것은 매우 흥미로웠다. 지난 몇 년 사이 내 방식을 알고 싶어 하는 사람들이 점점 더 늘어났고, 그래서 나는 그것을 모두 글로 적어보기로 결심했다.

내 모국어인 네덜란드어로 이 책이 출판되었을 때 즉시 베스트셀러 목록에 올랐다. 정말로 놀라웠다. 받은메일함에 독자의 편지가 없는 날이 하루도 없다. 어떤 이들은 자신의 성공에 대해 이야기하지만, 대다수는 자신의 작업 방식을 찾게 되어 얼마나 행복한지 모른다고 이야기한다. 혼돈 속에서 명확성을 제공해주는 방식, 매일 쏟아지는 온갖 정보와 방해 요소를 처리할 수 있게 도와주는 방식 그리고 가장 중요한 일을 완수할 수 있게 도와주는 방식을 찾았다면서 말이다. 내가 그랬듯이 많은 사람이 일정표, 할 일 목록, 이메일 등 이미 알고 있는 도구를 활용하는 간단한 방법으로 자신이 훨씬 더 효과적으로 일할 수 있음을 발견했다고 한다. 나는 이 책을 통해 자기 일과 삶을 더 잘 파악하고자 하는 모든 사람과 내 방법을 공유하고 싶다. 항상 중요했지만, 2020년 팬데믹 이후 일하는 방식에 큰 변화가 생기면서 더욱 분명해졌다. 우리의 업무 방식은 좀 더 세심한 관심과 애정을 필요로 한다.

하지만 먼저 경고해둘 점이 있다. 이 책에서 나는 "쉬엄쉬엄 일하세요. 너무 열심히 일하지 마세요"라고 말하지 않을 것이다. 물론 바쁜 일상 때문에 우리는 종종 지나치게 많은 일을 떠안고 만다. 나는 어린아이 둘을 키우면서 힘든 직장생활을 병행했고, 그 와중에 새로운 집으로 이사도 했다. 또 블렌들을 떠나 새로운 스타트업에 합류했다. 나는 한계를 뛰어넘고 많은 일을 하는 데 익숙하다. 그리고 이어지는 장에서 당신에게 속도를 늦추거나 야망을 억제하라고 촉구하지 않을 것이다. 나는 당신이 가진 시간을 더 계획적으로 쓰고 인생에서 더 많은 것을 얻도록 돕고 싶다. 우리가 그동안 그런 종류의 격려를 거의 받지 못했다고 생각하기 때문이다. 그리고 누군들 충만한 삶을 살고 싶지 않겠는가? 열쇠는 더 열심히 일하는 게 아니라 더 똑똑하게 일하고, 마침내 자신에게 정말 중요한 일을 하는 데 있다. 그래서 하루를 더 잘 파악하고, 시간을 더 현명하고 전략적으로 활용하는 실용적인 방법을 보여주는 것으로 1부를 시작하려 한다.

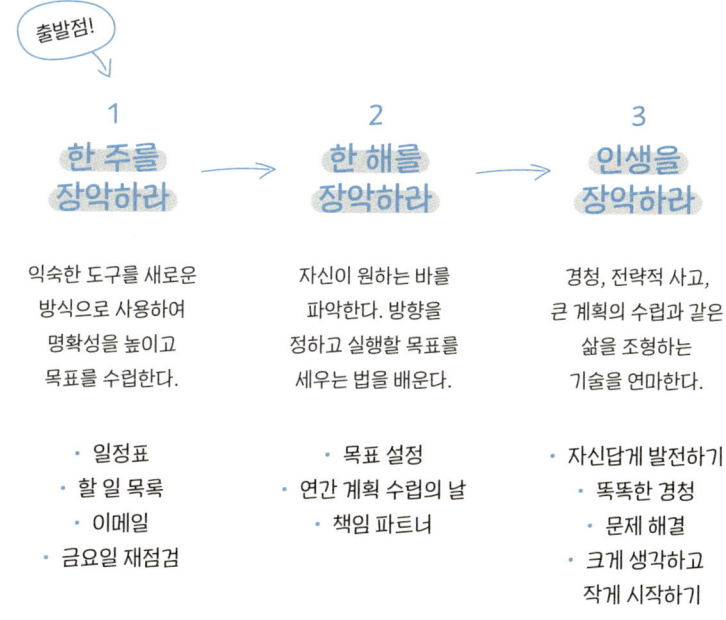

2부는 '무엇이 당신을 행동하게 하는가?'라는 질문으로 시작한다. 여기서는 실제로 달성할 수 있는 목표를 설정하고 다가올 한 해의 계획을 수립하는 방법에 대해 알아볼 것이다. 세부 사항들을 파악하면 더 큰 계획을 세울 여유를 확보할 수 있다.

마지막 3부에서는 개인적 능력을 활용하는 법을 알아볼 것이다. 당신은 자신을 얼마나 잘 알고 있는가? 당신은 경청을 잘하는 사람인가? 더 현명한 해결책을 찾아내는 법을 알고 있는가? 자아상을 개선할 방법을 알고 있는가? 큰 꿈을 꾸고, 5년 또는 10년은 걸릴 법한 프로젝트를 과감하게 구상할 용기가 있는가?

이 모든 것이 부담스럽게 들릴 수도 있다는 것을 안다. 앞서 말했듯이 나는 일을 덜 하라고 말하지 않을 것이다. 내가 할 일은 당신을 돕고, 또 도전하게 하여, 더 똑똑한 선택을 하도록 이끄는 것이다. 업무 방식을 다시 생각해보고, 전략적으로 중요한 순간에 한 단계 도약하는 방법과 무엇을 하지 않을지 선택하는 방법을 알려줄 것이다. 당신이 주도권을 잡아야 한다. 그러지 않으면 누군가가 당신 대신 선택할 것이다.

시작하기 전에 마지막으로 한 가지 질문을 하겠다. 혹시 당신은 인생이 최대한 구조화되지 않았으면 하는 사람인가? 자유를 누리면서 자연스럽게 일하는 방식을 선호하는 사람인가? 이해한다. 나도 그런 견해를 가진 사람들을 많이 만났고, 내 접근 방식에 회의적인 사람들도 있었다. 그러나 그들도 한번 시도해본 후에는 이런 작업 방식에 열광하게 되었다. 왜일까?

- 업무의 중요한 측면 몇 가지에 좀 더 체계적으로 접근함으로써 나머지 근무 시간에는 덜 체계적일 수 있으며 스트레스도 줄어든다.
- 이 책에서 소개하는 방법은 전부 서로 연결되어 있지만, '모 아니면 도' 식으로 하든 말든, 둘 중 하나만 택해야 하는 것은 결코 아니다. 가장 큰 스트레스 요인, 가령 이메일에 대한 조언을 시도해보고 거기에서부터 방법을 늘려갈 수 있다. 당신에게 효과가 있는 방법은 유지하고 효과가 없는 방법은 버려라.
- 이 책의 일부 내용은 중독성이 있을 수 있다. 더 많은 일을 하고 더 잘할 수 있도록 보장해주기 때문이다. 시도해볼 만하지 않은가?
- 이 작업 방식의 핵심 아이디어는 '마음대로 벗어나도 된다'는 것이다. 왜냐하면 항상 의지할 수 있는 안전망이 내장되어 있기 때문이다. 이와 관련해 '금요일 재점검'이 중요하다. 이 부분은 나중에 4장에서 더 자세히 다룰 예정이다.

자, 그럼 준비됐는가? 이제 시작이다!

차례

서문 005

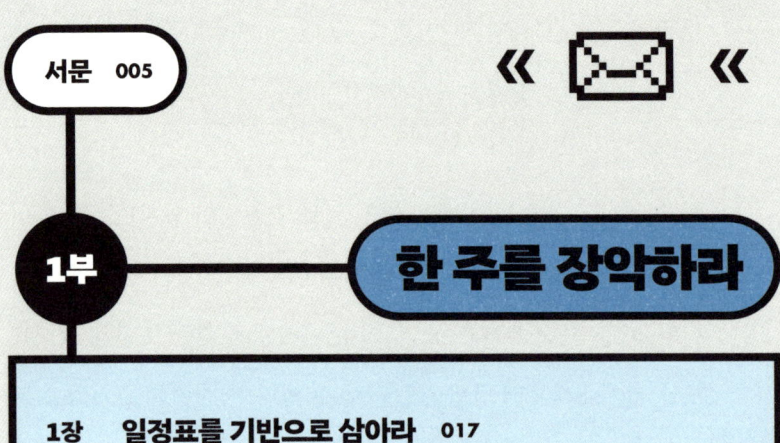

1부 · 한 주를 장악하라

1장 **일정표를 기반으로 삼아라** 017
우선순위를 정하고, 업무 일정을 짜고, 실행하기

2장 **할 일을 머릿속에 담아두지 마라** 058
할 일 목록 앱을 사용해 백업 뇌 만들기

3장 **이메일 처리 시간을 일정에 넣어라** 103
효율적으로 메일함 관리하기

4장 **안전망을 두고 일하라** 127
금요일 재점검이 제공하는 명확성과 안정감 누리기

**1부 요약** 139

GRIP YOUR WEEK

## 2부 — 한 해를 장악하라

**5장**  **무엇이 당신을 행동하게 하는가**  145
나를 움직이는 원동력 찾기

**6장**  **어떻게 하루 만에 한 해 계획을 세울 것인가**  172
연간 계획의 날 만들기

**7장**  **누가 당신을 앞으로 나아가게 돕는가**  201
파트너와의 주간 책임 세션을 실행하기

**2부 요약**  215

GRIP »

» GRIP YOUR YEAR

## 3부 인생을 장악하라

**8장  행동과 자아상을 개선하라** 221
좀 더 발전된 '나'와 만나기

**9장  더 똑똑해지고 싶다면, 더 경청하고 조언을 구하라** 235
말을 적게 할수록 좋은 이유

**10장  전략적으로 생각하는 법을 배워라** 253
문제를 해결하는 구체적인 질문들

**11장  크게 생각하라, 그리고 작게 시작하라** 277
원대한 계획을 세우고 실행하기

**3부 요약** 284

GRIP YOUR LIFE

**부록**
1. 메모 잘하는 법  285
2. 휴가 계획 세우는 법  294
3. 팀 파악과 관리하는 법  305

주석  333

# 1부

## 한 주를 장악하라

**GRIP YOUR WEEK**

당신이 학생이든 최고경영자든, 공무원이든 대통령이든,
새 직장에서 일을 시작하든 새로 사업을 시작하든,
쓸 수 있는 시간은 정확히 하루 24시간, 주 7일이다.
덜 번거롭게, 더 많은 일을 해내고 싶은가?
당신에게 얼마나 시간이 있는지 살피지 마라.
대신 시간을 어떻게 쓰고 있는지 검토하라.
방향을 잡은 다음 가장 중요한 일에 시간을 쏟는다면 누구에게나
똑같이 주어진 시간을 더 잘 활용하게 될 것이다.
아주 간단한 일이다. 사는 동안 온갖 상황이 느닷없이 나타나 앞을
가로막겠지만 걱정할 것 없다. 우리는 그 방향이 무엇인지(당신의
우선순위) 정확히 규정하고 일주일 계획을 세우는 것으로 간단히
시작할 것이다.
이 책의 1부에서는 전략적으로 일하는 방법을 보여줄 것이다.
일정표와 할 일 목록, 이메일을 사용하여 작업을 더 빨리,
더 잘해내는 방법 그리고 당신에게 닥친 온갖 예상하지 못한
상황을 처리하는 방법을 알아볼 것이다.

사람들이 내게 업무에 관해 조언을 구할 때, 나는 제일 먼저
"이번 주 일정이 어떻게 되나요?"라고 질문한다. 그에 대한
대답은 그들이 일주일을 시작하기 전에 계획을 세우고 있는지
바로 알려준다. 그리고 그들에게 전략이 있는지도 알려준다.
당신은 이렇게 말할지 모른다. "물론 모든 약속을 일정표에
적어두었죠. 제가 모르는 걸 알려주세요!"

그 도전을 받아들인다!

# 1. 일정표를 기반으로 삼아라

## 우선순위를 정하고, 업무 일정을 짜고, 실행하기

일정표는 모든 일의 기반이다. 그것부터 확실히 해두자. 언제든지 계획이 바뀔 수 있는 한 주의 업무 속에서, 당신에게는 항상 의지할 수 있는 한 가지가 필요하다. 혼란스러울 때 기댈 수 있는 확고한 한 가지. 일정표를 그렇게 만들어라.

나는 새로운 도구를 시도하기를 좋아하지만 결국에는 믿음직한 일정표로 항상 돌아온다. 일정표는 지난 몇 년 동안 내게 엄청난 도움이 되었다. 약속을 놓치지 않을 수 있었을 뿐 아니라 근무 시간을 구조화할 수도 있었다. 사실 일정표는 내가 한 주를 구축하는 기반이다. 무슨 일이 일어나든 일정표는 무엇이 정말로 중요한지 내게 알려준다. 일정표만 확인하면 되므로 '오늘 아침에는 무슨 일부터 해야 할까?'를 고민하는 데 드는 에너지가 줄어든다.

일정표로 효과를 보려면 일정 관리를 최신 상태로 유지해야 한다. 신뢰할 수 있는 확고한 일정표를 원하는가? 중요한 마감일이나 약속을 다시는 잊지 않기를 바라는가? 그럼 이제부터 일정표에 적힌 대로 하라. 그게 전부다. 실제로 하지 않을 일을 일정으로 잡고 있다면 지금 바로 그 일정을 없애라. 인정사정 두지 마라. 참석하지 않는 정기회의? 취소하라. 계속 무시해온 회계 관련 알림? 삭제하라. 당신이 지킬 거라고 확신하는 항목만으로 새롭게 시작하라.

## 일정표를 사랑해야 하는 네 가지 이유

### 1. 일정표는 한정적이다

한정된 일정표 공간이 제한적으로 느껴질 수 있다. 생각해보라. 하루가 더 길다면 일정표에 할 일을 더 많이 적어둘 수 있을 것이다. 하지만 일정표의 제약은 사실 가장 멋진 특징이다. 과로로부터 당신을 보호해주기 때문이다.

아마 당신은 중요한 회의와 약속은 이미 일정표에 기록하고 있겠지만 일상 업무는 어떤가? 대부분 자기 업무는 일정으로 잡지 않는다. 그런데 자신의 업무까지 일정표에 추가하면, 실제 업무량을 한눈에 볼 수 있다. 일이 가득 찼으니 무리하게 일을 더 떠안지 않게 된다. 그러면 필요할 때 거절하기가 훨씬 쉬워진다.

더 중요하게는 앞으로 흥미로운 기회가 새로 생길 때 "네, 하고 싶어요!"라고 말할 수 있게 된다. 그 일을 끼워 넣을 수 있다는 것을 알기 때문이다.

### 2. 일정표는 내비게이션 시스템과 같다

내비게이션 시스템은 A에서 B로 가는 길을 알려주는 것 이상의 역할을 한다. 대개의 시스템은 차가 막히는 곳을 알려주고, 주유가 필요할 때 가장 가까운 주유소도 안내해줄 것이다. 그 덕택에 당신은 도로만 주시하면 된다. 하나의 시스템에만 주의를 기울이면 되고, 그 하나의 시스템이 모든 것을 단순하게 해주므로 편리하다. 그렇지 않나?

틀림없이 당신도 이미 어떤 종류든 일정표를 사용하고 있을 것이다. 그렇다면 이 친숙한 도구가 제공할 수 있는 모든 것을 최대한 활용해보면 어떨까? 추가 앱이나 확장 기능은 필요하지 않다. 일정표는 매주 당신이 도달하고 싶은 곳까지 이르는 데 도움이 될 것이다. 번거로움도 덜어줄 것이다.

### 3. 일정표는 시간을 어떻게 쓰는지 파악하게 해준다

일정표에 일상 업무를 볼 시간을 따로 확보해두면 해당 작업에 얼마나 시간이 필요한지 미리 파악하는 습관이 생긴다. 새로운 고객을 위한 조사나 프레젠테이션 준비, 견적서 작성과 같은 업무를 할 때, 그 작업에 반나절이 필요할지 아니면 두 시간 필요할지 미리 예상하기는 쉽지 않다. 하지만 작업을 끝내고 나면 예측이 과했는지 부족했는지 바로 알 수 있다. 더 정확한 계획을 세우는 데 도움이 되는 직접적 피드백 루프가 그렇게 만들어진다. 또 다른 큰 이점은 이러한 추정을 잘하고 제때 일을 끝내면 상사, 동료, 고객과의 신뢰를 쌓는 데 도움이 된다는 것이다.

**4. 일정표는 공개적이다**

현재 대부분의 회사에서는 일정표를 공유하여 다른 직원이 언제 시간이 되는지 모두가 알 수 있게 한다. 만약 당신 회사도 이 시스템을 도입했다면, 한 주의 모든 업무를 미리 일정표에 기록해야 하는 또 하나의 훌륭한 이유가 된다. 일정표를 공유하면 당신이 어떤 업무를 처리하고 있는지 동료와 부서장이 알 수 있으므로 원격 근무를 할 때 특히 유용하다. 그런데 일정표에 당신의 업무를 계획해놓을 때 가장 큰 이점은 무엇일까? 동료들이 무턱대고 당신의 시간이 빈다고 생각하지 않게 된다는 것이다.

## 일정표를 효과적으로 사용하기

이제 6단계에 걸쳐 주간 계획을 짜고 가장 중요한 업무에 시간을 배정할 것이다. 가장 중요한 업무가 무엇인지 잘 모르겠는가? 걱정할 것 없다. 단계를 따라가다 보면 알 수 있을 것이다.

**1단계. 일정표를 선택한다**

모든 기기(노트북, 스마트폰, 사무실 컴퓨터, 태블릿, 또는 업무에 사용하는 기타 기기)에서 접속할 수 있는 디지털 일정표를 선택하는 것이 좋다. 당신 마음에 드는 하나를 선택하면 된다.

나는 종이 일정표를 그다지 좋아하지 않는데 그 이유는 다음과 같다. 우선 많은 유용한 기능을 놓치게 된다. 종이 일정표로는 알림을 받지도 못하고 다른 사람들과 쉽게 공유할 수도 없다. 게다가 계획은 변경되기 마련인데 종이 일정표는 변경하기 성가실 수 있다.

나는 개인적으로 구글 캘린더를 좋아한다. 하지만 마이크로소프트 아웃룩과 애플 아이클라우드 같은 유사한 일정 관리 도구도 괜찮다. gripbook.com/apps를 방문하면 어떤 일정 관리 앱을 사용할지 결정하는 데 도움이 될 것이다.

**2단계. 모든 종류의 회의를 일정표에 기록한다**

|  | |
|---|---|
| 10:00 a.m. | 팀 회의 10:00-11:00 a.m. |
| 11:00 a.m. | |
| noon | |
| 1:00 p.m. | 마케팅 대행사와의 첫 회의 1:00 p.m., 노스타운 메인 스트리트 123번지 |
| 2:00 p.m. | |
| 3:00 p.m. | 프로젝트 X의 브레인스토밍 3:00-4:00 p.m. |
| 4:00 p.m. | |
| 5:00 p.m. | |

1부. 한 주를 장악하라

일정표에 가장 먼저 적어둘 사항은 다른 사람들과 함께 세운 다음 주 계획이다. 이미 그렇게 했을 수도 있지만 빠뜨린 것은 없는지 한 번 더 확인하라. 외부에서 회의가 있을 때는 장소를 확실히 알아두고 그 세부 정보도 넣어둬야 한다.

### 3단계. 종료 시각을 결정한다

약속을 계획할 때 결정할 세 번째 세부 사항은 종료 시각이다. 일정표에 종료 시각을 포함하는 것이 중요한 이유는 다음 단계에서 설명하겠지만, 우선은 그 시각을 최대한 추측해서 적어두자. 경험상 특정인과의 회의가 길어진다는 것을 알고 있다면 그 점도 고려한다. 현실적으로 생각하는 게 가장 중요하다.

### 4단계. 사람들에게 초대장을 보낸다

회의를 주최할 때는 반드시 모든 참석자에게 초대장을 보낸다. 디지털 일정표를 사용하면 이메일 주소를 추가하는 방식으로 초대장을 쉽게 보낼 수 있다. 덕분에 참석자들은 회의 세부 정보를 바로 확인할 수 있다. 만약 화상 회의라면, 참가하는 데 필요한 정보를 꼭 포함해야 한다. 초대장 발송을 추천하는 또 다른 이유는 초대장을 작성하는 과정에서 회의 시간을 다시 한번 신중하게 생각하게 되기 때문이다. 이를 통해 나는 다른 사람들의 시간을 더 배려하게 되는 것을 느꼈다. 고객과 친해지기 위해 함께 커피를 마실 일정을

> **마케팅 대행사와의 첫 회의**
>
> 시간 🕐 20○○년 2월 7일 월요일
> 1:00-2:00 p.m.
>
> 장소 📍 노스타운 메인 스트리트 123번지
>
> 초대 👥 참석자 수 2명
> 회신 대기중 1명
> 👤 joan@marketingagency.com
> 👤 malik@marketingagency.com

잡고 싶다고 하자. 두 시간은 틀림없이 그들에게 너무 과도한 요구일 것이다. 한 시간은 어떨까? 아니면 짧지만 즐거운 30분으로 해야 할까? 당신의 일정표에 시작과 종료 시각을 모두 명기하면 상대방에게 예상 소요 시간을 알릴 수 있다. 나는 상대방에게 초대장을 보내달라고 부탁하기도 한다. 이는 "내게 얼마나 시간을 내줄 수 있는지 그쪽에서 결정하세요"라는 말의 완곡한 표현이다.

### 5단계. 이동, 준비, 회의 후에 필요한 시간도 포함한다

이동 시간도 잊지 말고 포함한다. 일정의 상당 부분을 차지할 수도 있는데 간과하기가 쉽다. 약속을 계획할 때 이동 시간도 일정에 포함하는 습관을 들이면 이런 함정을 간단히 피할 수 있다.

준비 시간도 잊지 말고 포함시킨다. 사전 준비는 회의의 효과를 높이는 가장 쉬운 방법이다. 준비 시간이 얼마나 필요할지 파악하기 위해 '이 회의를 원활하게 진행하려면 무엇이 필요할까?' 하고 자문해본다. 다음 체크리스트를 사용하면 세세히 생각할 수 있다.

### 회의 체크리스트

- ☐ 회의 장소에 도착하려면 얼마나 시간이 필요할까?
- ☐ 회의 준비에 필요한 시간은 얼마나 될까?
- ☐ 회의 당일에 준비할 수 있을까, 아니면 더 일찍 준비해야 할까?
- ☐ 사람들에게 미리 회의 자료를 보내야 할까?
- ☐ 미리 주문하거나 구매해야 할 것이 있나?
- ☐ 지금 예측하고 계획할 수 있는 회의 결과가 있나? 회의 결과에 따라 조처할 시간을 확보해둬야 할까?

회의 준비, 이동, 회의 후 작업을 위한 시간을 일정표에 별도로 잡을 수 있다. 위의 예에서 나는 당일에 회의 준비를 했다. 대부분은 그래도 괜찮다. 이를 적용한 일정표는 다음과 같다.

나는 일정표를 보는 즉시 세 건의 회의로 하루가 거의 꽉 차 있지만, 준비된 상태로 정시에 도착할 여유 그리고 팀 회의와 브레인스토밍 시간에 논의된 사항을 정리할 시간이 충분하다는 것을 알 수 있다.

|  |  |
|---|---|
| 9:00 a.m. | 팀 회의 준비 |
| 10:00 a.m. | 팀 회의 10:00-11:00 a.m. |
| 11:00 a.m. | 팀 회의의 결정 사항 실행 계획 11:00 a.m. |
| noon | 사무실-노스타운 이동 12:00-1:00 p.m. |
| 1:00 p.m. | 마케팅 대행사와의 첫 회의 1:00 p.m. 노스타운 메인 스트리트 123번지 |
| 2:00 p.m. | 노스타운-사무실 이동 2:00-3:00 p.m. / 브레인스토밍 준비 2:30 p.m. |
| 3:00 p.m. | 브레인스토밍: 프로젝트 X 3:00-4:00 p.m. |
| 4:00 p.m. | 브레인스토밍 후속 작업: 실행 계획과 회의록 정리 4:00 P.m. |
| 5:00 p.m. | |

## 6단계. 자신의 업무를 처리할 시간을 일정표에 넣는다

이 마지막 단계가 핵심이다. 자신의 업무를 처리할 시간을 일정표에 추가하라. 물론 회의 역시 업무의 일부지만 여기서는 자신의 가장 중요한 일상 업무에 초점을 맞췄으면 한다. 이 부분에서 일정표가 중요한 차이를 가져올 수 있다.

당신이 돈을 어떻게 쓰는지 잠시 생각해보라. 특히 큰돈을 쓸 때 우리는 속으로 체크리스트를 동원해 비판적으로 따져본 후에 가치 있는 지출인지 결정하곤 한다. 그런데 어찌 된 일인지 시간에 대해서는 그만큼 주의를 기울이지 않는다. 소중한 시간이 모래처럼 손가락 사이로 빠져나가게 그냥 둔다. 그러니 머릿속으로 작은 실험을 해보자. 지난 휴가를 떠올려보기 바란다. 좀 더 구체적으로 떠나기 직전 일주일을 회상해보라.

휴가 전 마지막 주, 이메일 등을 부재중 자동 응답으로 전환하고 컴퓨터를 끄고 충분히 쉴 자격을 얻기 바로 전 일주일은 다른 주와는 다르게 느껴진다. 왜 그럴까? 그 이유는 확정된 마감일이 있고, 주말 이후에는 어디에 있고 싶은지 명확한 목표가 있기 때문이다. 다음 주에는 일할 시간이 없으므로 건강한 압박감이 동기부여가 된다. 사고는 흑백논리처럼 명확해진다. 무엇이 가장 중요한가? 시간 내에 가능한 것은 무엇인가? 전혀 현실적이지 않은 것은 무엇인가? 엄격하게 우선순위를 정해야 한다는 사실이 휴가 전 일주일을 가장 생산적이고 효과적인 한 주로 만든다. (참고로 휴가에 관한 조언을 다룬 보너스 장을 준비해두었다.)

이 새로운 일정표 활용법으로 매주를 최대한 생산적이고 효율적으로 만들 수 있다. 당신은 이제 일을 할 특정한 날짜와 시간에 맞춰 일정표를 작성할 것이다. 이 방법은 해당 주에 무엇을 할지 (그리고 무엇을 절대 하지 않을지) 따져보게 만든다. 이 장의 첫머리에 했던 말을 기억하라. 일정표가 기반이다. 일정표를 이용해 자신과 약속하라. 일정표에 쓴 모든 일은 당신이 지켜야 할 약속이다. 그러므로 이번 주에 무엇을 할지 결정할 때 신중히 선택해라!

나는 일정표에 무엇을 써 넣을지 결정할 때 '30분 규칙'에 따른다. 30분 이상 걸리거나 절대 빠뜨리고 싶지 않은 일은 일정표에 적는다. 물론 30분 규칙에 못 미치지만 해야 할 일도 아주 많다. 그런 업무는 할 일 목록에 적는다. 이에 대해서는 다음 장에서 다루겠다.

자, 그렇다면 이번 주 일정표에 어떤 일을 넣을 것인가? 여기서부터 힘들어진다. 당신이 이번 주에 달성하고 싶은 일을 대강 생각해내는 데는 아무 문제가 없을 것이다. 하지만 수요일과 목요일 오전에 할 구체적 작업 일정을 잡으려 할 때는 난처함을 느끼기 쉽다. 할 일이 너무 많은 탓이다. 일정표 짜기를 그만두고 그때그때 최선이라고 생각되는 일을 하는 쪽으로 마음이 끌린다. 하지만 중요한 일을 완료하는 데 도움이 되지 않는 한 가지가 있다면 바로 일주일 내내 더듬거리면서 보내는 것이다. 복잡하지만 꼭 해야 할 일을 시작하라고 자신을 밀어붙이는 것은 대개 유쾌한 일이 아니어서, 결국 그때쯤에는 관심을 가질 가치가 없는 일에 집중할 공산이 크다.

휴가 직전과 같은 만족감으로 모든 주를 마무리할 수 있도록 도와줄 세 가지 선택 필터를 아래에 정리해두었다. (주말마다 휴가가 있어 우리의 노고를 보상해주면 좋으련만!)

## 업무 선택

### 필터 1. 내 우선순위는 무엇인가?

우선순위를 알면, 시간을 어떻게 투자할지 결정하기가 훨씬 쉬워진다. 이것은 마치 빈칸을 채우는 일과 같다. 우선순위별로 시간 블록을 미리 일정표에 예약하고, 각 우선순위마다 다음 단계로 어떤 일을 할지 결정한다. 자신과 약속한 시각이 되면, 어떤 일을 위한 일인지 명확히 알고 다음 단계에 바로 착수할 수 있다. 우선순위에 따라 일정표를 작성하면 얼마나 많은 일을 해낼 수 있는지 알고 놀랄 것이다.

그렇다면 우선순위가 무엇인지 어떻게 알 수 있을까? 가장 좋은 출발점은 당신의 책무다. 다음 목록이 대략적 우선순위를 신속하게 파악하는 데 도움이 될 것이다.

- 직무기술서 또는 책무
- 회사, 부서, 또는 팀의 목표
- 부서장과 함께 설정한 우선순위
- 업적 평가 피드백
- 부서장이나 팀원에게 보고할 때 반복적으로 포함되는 항목
- 현재 진행 중인 주요 프로젝트

당신이 길모퉁이 커피숍의 팀장이라고 상상해보자. 위 목록을 바탕으로 할 때 당신의 책무는 다음과 같을 것이다.

- **신규 분기 목표에 기초한 책무** 일일 매출을 3% 증가시키기
- **직무기술서에 기초한 책무** 유쾌하고 믿을 수 있는 바리스타 팀 운영하기

- **직무기술서에 기초한 책무** 제공하는 제품의 품질을 책임지기
- **업무 평가에 기초한 책무** 일상 활동에서 창의적인 의견을 제시하도록 격려하고 직원 이직률을 낮추기

이러한 책무는 당신의 우선순위를 결정 짓는다. 그러나 이를 이행하려면 구체적인 과업으로 변환해야 한다. 각 우선순위를 살펴볼 때 진전을 이루기 위해 밟을 수 있는 아주 작은 첫걸음은 무엇인가? 길모퉁이 커피숍 팀장이라면 다음과 같이 할 수 있다.

- 최근 월별 수치를 검토하여 성장 가능성을 찾는다.
- 최근 접수된 지원서를 검토해 팀에 적합한 후보를 선별한다.
- 커피숍을 더욱 돋보이게 할 새 아이디어를 브레인스토밍한다.
- 팀원들과의 일대일 면담 시간을 늘려 불만의 신호를 파악한다.
- 직원들의 사기를 높이고 이직률을 낮추기 위한 행사를 계획한다.
- 커피 원두를 다양화하기 위해 잠재적 공급 업체와 논의 일정을 잡는다.

팀장으로서의 업무에는 이러한 중요 업무 외에 우리 모두에게 익숙한 일상 업무도 포함된다.

- 받은메일함에 답장을 기다리는 이메일이 38통 있다.

- 주방 냉장고가 제대로 닫히지 않는다고 직원들이 불평하고 있다.
- 직원이 우유가 부족하다고 지금 두 번째로 보고하러 왔다.
- 오늘 아침 직원 한 명이 결근했는데 손님이 끊임없이 들이닥친다.
- 다음 주 근무 당번표를 어제 마무리지었어야 했는데 못 했다.
- 기타 등등.

업무로 이와 같은 일 수십 가지를 생각할 수 있다고 해도 걱정하지 마라. 당신만 그런 게 아니다. 어쩌면 크고 작은 업무의 엄청난 양에 아찔할 수도 있다. 충분히 이해한다. 내가 예로 든 팀장 또한 할 일이 너무 많다. 그리고 그중 일부는 당장 해결해야 하지만 일주일은 그 모두를 처리하기에 확실히 충분하지 않다. 그러니 까다롭게 선택해야 한다.

다행히 이 단계에서 사용할 수 있는 선택 필터가 있다. 바로 아이젠하워 매트릭스Eisenhower Matrix다.

> **머릿속이 복잡하면, 일단 써라**
>
> 끝내지 못한 작업이 머릿속에 쌓여서 스트레스를 받고 있는가? 여기에 신속한 해결책이 있다. 종이 한 장을 꺼내 지금 생각을 어지럽히는 것들을 전부 적으면 혼돈의 감정을 이겨내고 마음의 평화를 되찾을 수 있다. 해야 할 일, 만나야 할 사람, 해야 할 후속 조치 등을 모두 적어라. 여기서 '전부'란 정말로 전부를 의미한다. 천천히 생각하라. 전부 적어라. 이 방

> 법은 일시적인 해결책일 수 있지만, 여전히 매우 효과적이다. 목록에서 무언가를 지우지 않아도 지금 자신이 처한 상황에 대해 맑고 차분한 마음을 가질 수 있다. 이 스트레스에 대한 보다 근본적인 해결책인 '할 일 목록'에 대해서는 다음 장에서 다룰 것이다.

## 필터 2. 긴급한 일과 중요한 일 간의 균형이 적절한가?

드와이트 아이젠하워 대통령은 이런 말을 한 적이 있다. "문제에는 긴급한 것과 중요한 것, 두 가지가 있다. 긴급한 문제가 중요한 경우도, 중요한 문제가 긴급한 경우도 드물다." 다음 아이젠하워 매트릭스에는 두 개의 축이 있다. 세로축은 업무의 중요도를, 가로축은 긴급도를 나타낸다. 모든 업무는 이 두 축에 의해 형성된 사분면 중 하나에 속한다.

### 1. 중요하고 긴급한 업무

이것들은 기다릴 수 없는 중요한 업무이다. 마감일을 꼭 지켜야 할 급한 문제나 프로젝트를 생각하면 된다. 커피숍의 예를 다시 들자면 직원의 결근은 매우 중요하고 심각한 문제이다. 경보가 발령된 일이라면 1사분면에 속할 것이다.

### 2. 중요하지만 긴급하지 않은 업무

2사분면에는 일주일 정도 미뤄도 심각한 결과가 생기지 않을

## 아이젠하워 매트릭스

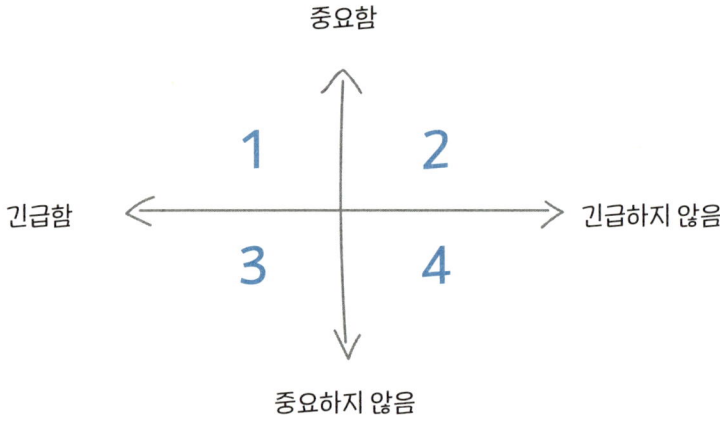

일이 속한다. 그러나 장기적으로 도움이 될 활동이나 프로젝트이므로 너무 오래 미룰 수는 없다. 2사분면에 속하는 일로는 전략 계획, 팀의 절차 개선, 고객 관리에 대한 투자, 자신에 대한 투자 등이 있다. 커피숍의 예로 돌아가, 팀장이 최근 업무 평가에서 더 창의적인 안을 내도록 요청받았다고 해보자. 이런 종류의 목표는 결코 급하게 느껴지지 않겠지만 매우 중요하다. 중요하지만 긴급하지 않은 과업을 식별하려면 '이 일을 하지 않는다면 앞으로 문제가 생길까?'라고 자문해보면 된다. 그에 대한 대답이 '예'라면 중요하지만 긴급하지 않은 일이다. 대답이 '아니요'라면 중요하지도 않고 긴급하지도 않은 일이다.

### 3. 긴급하지만 중요하지 않은 업무

3사분에는 장기적으로는 그다지 중요하지 않지만, 이번 주에 당장 주목해달라고 아우성치는 업무들이 속한다. 동료가 막판에 요청한 프레젠테이션 내용 수정이나 커피숍의 예를 들자면 우유 부족 같은 것이다. 3사분면에 속하는 업무는 정말 긴급한지 판단해야 한다. 다른 사람이 우리에게 무언가를 요청하면 우리는 그들이 급한 줄로 여기기 쉽지만, 실제로는 하루나 심지어 일주일 정도 기다려도 상관없을 때가 많다. 대부분은 내가 더 편한 시기로 이런 일들을 미뤄도 무방한데, 여기서 중요한 것은 상대방에게 미리 알려주는 것이다. 3사분면에 속한 일들을 위임하거나 아웃소싱하려고 노력한다면 더 좋다. 하지만 자영업자나 프리랜서라면 그런 선택지가 늘 있는 것은 아니다. 그럴 때는 매일 조금씩 해당 일을 처리하는 시간을 일정에 짜 넣어 이런 업무가 주는 영향을 최소화하도록 일과를 구조화할 것을 권한다. 그렇게 하면 누군가가 긴급 상황을 일으켜도 하루가 엉망이 되는 것을 막을 수 있다.

### 4. 긴급하지도 중요하지도 않은 일

이것은 당신에게 아무런 도움이 되지 않으므로 가능한 한 피하고 싶은 종류의 일이다. 이 범주에는 받은메일함 바로 확인하기에서부터 아무런 진전이 없는 회의에 이르기까지 각종 일이 포함된다. 바쁘기만 한 이런 일, 즉 아무에게도 이득이 없는데 계속해서 하는 일의 예는 얼마든지 생각해낼 수 있다. 잠깐 쉬는 동안 가끔 하는 건 괜찮지만 이런 일은 종종 더 중요한 일을 미루기 위한 편리한 핑곗거리가 된다.

일반적으로 우리는 마감일을 엄수해야 하는 급한 프로젝트처럼 1사분면에 속하는 일, 즉 중요하고 긴급한 일을 너무 많이 하려는 경향이 있다. 그리고 그런 종류의 일을 하지 않을 때는 3사분면의 일, 즉 장기적으로는 중요하지 않지만 긴급한 문제를 해결하는 데 시간을 쏟는다.

이런 도구들을 자유자재로 쓸 수 있음에도 나는 여전히 이런 실수를 자주 한다. 다음 분기를 위한 아이디어를 구상할 계획이었던 최근에도 그랬다. 이는 회사의 발전에 근본적으로 도움이 되는 일이고 내가 해야 할 중요한 일이었다. 하지만 본격적으로 아이디어를 짜는 대신 곧 있을 이메일 광고 업무를 처리했다. 그 광고 건도 중요하긴 했지만, 다음 분기 계획에 집중할 방법을 분명히 찾을 수 있었을 것이다. 예컨대 이메일 광고를 인계받아달라고 동료에게 부탁하거나 광고 캠페인이 당면 필수 업무인지 팀과 상의해볼 수 있었다.

여기서 의사 결정을 개선하면 업무에 큰 임팩트impact를 미칠 것이다. 지금 하는 일이 진짜 중요한지 판단하는 좋은 방법이 있다. 그 일이 연봉 인상, 승진, 수상 가능성에 도움이 될지, 아니면 최소한 연말에 표창이라도 받게 해줄 만한 가치가 있는지 생각해보라.

> **임팩트**
>
> 흔히 쓰지이만 막연하게 들리는 이 단어는 실제로 무엇을 의미할까? 이 책에서 말하는 임팩트란 당신이나 당신의 팀, 당신이 일하는 회사에 진정으로 도움이 되는 것을 의미한다. 당신이 하는 일이 임팩트가 있는지 알려면 무엇이 중요한지를 알아야 한다. 어떤 특성이 중요한가? 어떤 수치가 핵심인가? 대부분의 영리회사에서 중요한 것은 매출과 이윤이다. 내가 일했던 뉴스 플랫폼에서는 읽힌 기사 수와 구독자 수도 면밀하게 추적했다. 그러므로 당신의 작업이 임팩트를 발휘하기를 원한다면 이 수치들을 높이는 모든 일이 좋은 선택이다.

이제 다음 주 업무 목록에 관해 다시 이야기해보자. 이 목록에 추가하는 모든 새로운 항목이 아이젠하워 매트릭스의 어디에 속하는지 파악하라. 만약 당신이 커피숍의 팀장이고 판매 중인 커피의 질이 이미 훌륭하다고 생각한다면 잠재적인 신규 공급자와의 만남은 그리 임팩트가 크지 않을 것이다. 이는 중요하지도 않고 긴급하지도 않은 활동이므로 시간을 들일 가치가 없다. 그러나 당신이 나와 같다면 그럼에도 만나고 싶은 마음이 생길 것이다. 어쨌거나 모험하지 않으면 얻는 것도 없으니 말이다. 하지만 그런 함정에 빠지지 마라! 더 중요한 일을 끝내고 싶다면 당신에게 급하지도 않고 중요하지도 않은 모든 일을 끊어내야 한다.

요약하자면 한 주의 업무 목록을 작성할 때 어떻게 하면 2사분면에 속하는(중요하지만 긴급하지 않은) 업무에 더 많은 에너지를 집중할 수 있는지 생각하도록 하라. 그렇게 할 수 있다면 임팩트를 갖게 될 것이다. 다음으로는 긴급하지만 중요하지 않다고 판단한 일을 비판적으로 검토하여 판단을 바꿀 수 있는지, 또는 다른 사람에게 업무를 넘길 수 있는지 확인한다. 중요하지도 않고 긴급하지도 않은 모든 일은 목록에서 삭제해도 된다.

### 필터 3. 나는 충분히 집중하고 있는가?

당신의 책무를 명확히 하고 활동의 중요도와 긴급도를 평가한 후에는 일을 시작하면 된다고 생각할 것이다. 하지만 기다려라! 아직은 아니다. 빨간 펜을 들고 다음 주 업무 목록을 한 번 더 살펴봐라. 사실 인간은 타고난 계획자가 아니다. 다음 주 업무 목록의 일들을 전부 해낼 자신이 있다고 해도 여전히 너무 많이 적어두었을 것이다. 다행히 빠른 해결책이 있다. 목록을 줄여라. 일정으로 잡아둔 회의도 한 번 더 비판적으로 살펴볼 때다. 그것이 당신의 주요 우선순위를 방해할 가능성은 없는가?

주간 업무 목록에 몇 가지 일을 잡아두었는가? 서른 가지? 열 가지? 두세 가지로 줄여라. 알고 있다, 거절하기 어려울 것이다. 하지만 업무량을 줄여야 진정으로 중요한 일이 무엇인지 정직하게 볼 수 있다. 중요한 일이 다섯 가지나 된다면 이미 너무 많다. 그러니 이번 주에 우선시해야 할 일을 두세 가지로 줄일 수 있는지 확인해보라. 이처럼 작게 시작하는 것은 가장 중요한 일에 집중하기 위한 효과적인 전략이다. 그리고 그 두세 가지 일을 끝내고도 시간이 남는다면 언제든지 일을 추가할 수 있다.

마지막으로 다시 한번 그 커피숍 팀장의 입장이 되어보자. 이번 주는 입사 지원서를 살펴보고 팀의 야유회 준비만 하기로 결정할 수 있다. 이 두 가지 일에만 집중하면 실질적인 진전을 기대할 수 있을 것이다.

오스트리아 태생의 경영학의 대가인 피터 드러커 Peter F. Drucker는 이렇게 말했다. "우선순위를 정하되 두 개를 넘기지 마라. 세 가지 일을 동시에 잘할 수 있는 사람을 나는 알지 못한다. 한 번에 한 가지 혹은 두 가지 업무만 하라. 그게 전부다." 우선적인 업무를 다섯 가지로 정한다면 사실상 우선순위를 정한 게 아니기 때문이다.

## 일정표 채우기

모든 기초 작업을 마쳤으니 이제 드디어 일정표를 채울 차례다. 처음에는 다소 부담스러울 수 있지만 걱정하지 마라. 이 단계를 따르면 곧 세 가지 필터를 자연스럽게 적용할 수 있게 될 것이다.

한 주 일정을 잡을 때는 다음 몇 가지 사항을 명심하라.

- 30분 이상 걸리는 일만 일정표에 적는다. 그보다 시간이 덜 걸리는 일은 일정표를 어수선하게 만들 뿐이다. 그런 짧은 업무는 할

일 목록에 적는다.

- 필요하다고 생각되는 만큼의 시간을 배정한다. 급하게 하고 싶지는 않을 테니 말이다. 하지만 30분이면 할 수 있는 일에 한 시간씩 배정하지도 않는다.

- 연달아 일정을 잡아 근무 시간을 빽빽하게 채우지 않도록 주의한다. 가능하면 근무 시간의 약 20퍼센트는 비워둔다. 하루 여덟 시간 근무라면 90분에서 두 시간 정도를 비워둔다. 이는 부수적인 일, 휴식, 급한 이메일 처리 등을 위한 시간이다(자세한 내용은 3장에서 다룬다). 또한 예상치 못한 일을 처리하기 위한 완충 장치다.

- 도저히 비는 시간을 둘 수 없다고 느껴질 수 있지만 시도해보라. 특히 무리해서 일하고 있다고 느낄 때는 그렇게 하라. 계획한 중요한 일들을 해내는 데 분명 도움이 될 것이다. (시간을 비워두었는데 다른 사람들이 그 시간에 회의를 잡는다면, 내 시간을 확보하기 위해 거절하는 것을 미안해하지 마라.)

- 일정표의 항목은 자신에게 명확한 방식으로 적는다. 그래야 주중에 일정표를 볼 때 무엇을 해야 하는지 정확히 알 수 있다. '프로젝트 계획'은 상당히 모호하지만 '본사 개보수 계획 구체화'는 즉시 기억을 되살린다. 무엇을 해야 할지 고민하느라 정신 에너지를 낭비하지 않고 곧바로 일할 수 있다.

- 각 활동에 적합한 시간과 장소를 선택한다. 다음 질문을 자신에게 해본다. '이것은 아침에 하는 게 나은가?' '이 일을 하려면 사무실

에 있어야 하는가?' '내게 필요한 인력이나 자원이 있는가?'

이해를 돕기 위해 나의 한 주 일정표를 다음 페이지에 제시했다. 겉보기에는 내가 일주일 계획을 꼼꼼히 세운 듯하다. 모든 약속과 회의를 포함했고 핵심 업무를 처리할 시간도 꽤 할당해두었다. 화요일의 시장 조사, 수요일 오후의 브레인스토밍, 목요일은 온종일 세미나, 이렇게 세 가지 우선순위도 명확하다. 그렇지만 간과한 점이 몇 가지 있다.

1. 월요일에는 회의 준비 시간을 할당했는데 다른 요일의 회의는 어떤가? 화요일 책임자와의 면담이나 금요일의 면접, 두 건의 회의 전에는 준비할 시간이 없는 듯하다.
2. 화요일 오전 시장 조사에 착수하는 데 필요한 정보가 있는가? 그리고 정말 세 시간이나 필요할까?
3. 화요일 오후에 소피아를 사무실에서 만날 것인가, 아니면 어딘가로 이동해야 하는가? 현실적으로 오후 4시에 행정 업무를 처리하러 제시간에 돌아올 수 있을까?
4. 수요일 공급 업체와 만나기 전에 준비해야 할 일이 있는가?
5. 목요일에는 온종일 세미나가 있다. 지난 세미나의 과제가 아직 남았는가? 그리고 세미나는 어디에서 열리는가?
6. 금요일 면접을 볼 지원자의 서류를 검토해야 하는가? 질문할 내

| | 월요일 | 화요일 | 수요일 |
|---|---|---|---|
| 9:00 a.m. | | 시장 조사 9:00 a.m.-12:00 p.m. | 사무실-이스트타운 이동 9:00-10:00 a.m. |
| 10:00 a.m. | 팀 회의 준비 9:30 a.m. | | 공급 업체 X와의 약속 10:00-11:00 a.m. |
| | 팀 회의 10:00-11:00 a.m. | | |
| 11:00 a.m. | 팀 회의에서 나온 실행 계획 세우기 11:00 a.m. | | 이스트타운-사무실 이동 11:00 a.m.-12:00 p.m. |
| noon | 사무실-노스타운 이동 12:00-1:00 p.m. | 점심 12:00 p.m. | |
| 1:00 p.m. | 마케팅 대행사와 첫 회의 1:00p.m. 노스타운 메인가 123 | 책임자 1:1 면담 1:00 p.m. | |
| 2:00 p.m. | 노스타운에서 사무실로 이동 2:00-3:00 p.m. | | |
| | 브레인스토밍 준비 | | 브레인스토밍 준비 2:30 p.m. |
| 3:00 p.m. | 프로젝트 X 브레인스토밍 3:00-4:00 p.m. | | XYZ에 관한 브레인스토밍 3:00-4:00 p.m. |
| | | 소피아와 커피 3:30 p.m. | |
| 4:00 p.m. | 브레인스토밍 후속 작업: 실행 계획과 최종 회의록 작성 4:00 p.m. | 행정 업무 4:00-5:00 p.m. | |
| 5:00 p.m. | | | |

| | 목요일 | 금요일 |
|---|---|---|
| 9:00 a.m. | 온종일 세미나 9:00 a.m.-5:00 p.m. | 입사 지원자 면접 |
| 10:00 a.m. | | |
| 11:00 a.m. | | |
| noon | | 새로운 팀 회의 11:30 a.m. |
| | | 점심 12:00 p.m. |
| 1:00 p.m. | | 프로젝트 진행 보고 12:30-1:30 p.m. |
| 2:00 p.m. | | 이메일 2:00-3:00 p.m. |
| 3:00 p.m. | | |
| 4:00 p.m. | | |
| 5:00 p.m. | | 사무실 다과회 5:00-6:00 p.m |

YOUR WEEK ▸ YOUR YEAR ▸ YOUR LIFE

용을 정리해두었는가? 면접관은 나 혼자인가, 아니면 팀원들도 같이 들어가는가?

7. 모든 이메일을 처리하는 데 한 시간이면 충분한가, 아니면 시간이 더 필요한가? (이메일에 대해서는 3장에서 다룬다.)

한 주를 시작하기 전에 일정표를 비판적으로 점검하면, 주간 내내 일정표를 따라가기 위해 고군분투하지 않아도 전체 흐름을 훤히 꿸 수 있다. 기본적으로 가능한 최상의 조건에서 새로운 업무 각각에 임할 수 있다. 얼마나 빨리 이에 익숙해지는지 놀랄 것이다. 당신의 시작을 돕기 위해 내게 유용한 통찰 몇 가지를 더 제공하고자 한다.

## 1. 창의적인 일과 창의적이지 않은 일을 섞으면 힘들다

'매니저(관리자)'와 '메이커(실무자)' 간의 차이에 내가 눈을 뜨게 해준 것은 폴 그레이엄 Paul Graham 의 에세이였다.[1] 스타트업 세계에서 와이콤비네이터의 설립자이자 에어비앤비와 드롭박스 같은 기업의 투자자로 알려진 그레이엄은 메이커들이 회의와 업무 사이를 끊임없이 오가려면 얼마나 많은 노력이 필요한지 이야기한다. 매니저들은 하루를 시간 단위, 심지어 30분 단위로 쪼개 업무를 전환하는 데 익숙하다. 그러나 작가나 프로그래머 같은 메이커는 그런 신속한 전환이 잘 안 된다. 한 시간 만에 텍스트 또는 코드의 까다로운 부분에서 확실한 진전을 이루기란 불가능하지는 않더라도 무척 어렵기 때문에 메이커들이 작업하는 데는 더 긴 시간이 필요하다. 그레이엄이 지적했듯이 메이커들은 온종일 또는 한나절 동안 작업할 때 가장 능률적이다. 단 30분 동안 일하다가 중단하면 생산성을 해칠 수 있다. 그렇다면 두 가지 종류의 일정이 모두 있는 직장은 효율적일 수 없다는 뜻일까? 그레이엄에 따르면 전혀 그렇지 않다. 문제는 두 일정이 잇달아 있을 때만 발생한다.

나의 접근 방식은 '메이커'보다 '매니저'에 가깝다. 나는 끊임없이 업무 사이를 오간다. 하지만 정기적으로 회사의 미래 구상과 같은 창의적 작업을 하기 위해 상당 시간을 할애하는 법도 배웠다. 나는 창의적인 사고가 필요한 일을 위해 온종일 또는 한나절을 따로 떼어놓는 한편, 적어도 일주일의 절반 이상은 한 시간 미만의 회의로 채우는 두 가지 일정을 병행해야 한다. 이 두 종류의 작업이 서로 다른 집중력과 다른 계획을 필요로 한다는 사실을 깨달은 덕분에 나는 더 적은 노력으로 훨씬 더 많은 일을 해낼 수 있었다. 또한 다른 사람의 일정에 지장을 주는 일에 대해서도 유의하게 되었다. 그들이 메이커 모드일 때는 나와의 회의가 그들의 생산성을 크게 떨어뜨릴 수 있다. 다행히 간단한 해결책이 있다. 점심시간이나 퇴근 무렵처럼 문제가 덜 되는 시간을 선택하면 된다. 또는 상대방의 일정을 확인하고 다른 회의 직전이나 직후에 연달아 회의 일정을 잡으면 된다.

## 2. 새 일정표에 익숙해지는 데는 시간이 걸린다

지금까지 '이번 주에 이런 일을 해보려고 하는데, 안 되면 다음 주에 하면 되지'라는 식으로 일정을 잡았다면 나의 제안이 꽤 급진적인 변화로 느껴질 것이다. 그러므로 시간을 두고 익숙해지길 바란다. 그동안은 '일정표가 기반이다'이라는 새로운 모토를 고수하려고 노력하고 처음에는 여유 시간을 약간 확보하라. 다시 말하지만, 일정표대로 지키지 못할 바에는 항목을 일정표에서 빼는 게 낫다. 이 접근 방식이 일상에 가져다주는 편안함을 경험하기 시작하면 주간 계획 수립이 점점 더 마음에 들 것이다.

## 3. 중요한 일을 먼저 한다

우리가 하루에 쓸 수 있는 시간과 에너지는 한정되어 있다. 대부분 사람들은 온종일 '해야 할' 일을 하는 데 에너지를 쏟은 후 저녁 무렵이 되면 느슨해진다.

브라이언 트레이시 Brian Tracy는 그의 책 《개구리를 먹어라》에서 이런 경향에 대해 말한다. 이 책의 제목은 "아침에 일단 살아 있는 개구리를 한 마리 먹어라. 그러면 남은 하루 동안 더 나쁜 일은 일어나지 않을 것이다"라는 니콜라 샹포르 Nicolas Chamfort의 말에서 빌려왔다. 즉 가장 덜 좋아하고 가장 힘든 일을 온종일 미루는 대신 그 일부터 시작하라는 말이다.

스티븐 코비 Stephen Covey는 이 아이디어를 중심으로 '중요한 일을 먼저 하라First Things First'는 원칙을 개발했다. 그는 훌륭한 비유를 통해 다음과 같이 설명한다. 유리잔을 가능한 한 많은 돌멩이와 모래로 채우고 싶다고 상상해보라. 돌은 중요 업무를, 모래는 나머지 잡다한 일들을 뜻한다. 먼저 모래를 채워 넣으면 돌이 들어갈 자리가 부족하지만, 큰 돌을 먼저 넣고 남은 공간을 모래로 채우면 돌도 모래도 모두 들어간다.

 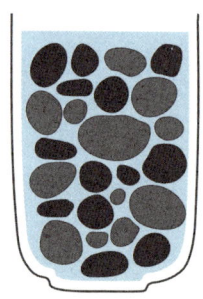

중요한 일을 더 많이 해내고 싶다면, 나중이 아니라 일찍, 즉 주초나 아침에 일정을 잡아라. 이를 습관화하라. 중요한 일을 꾸준히 일정표에서 우선순위에 두는 것만큼 강력한 전략은 없다. 미국의 정치인 벤저민 프랭클린Benjamin Franklin도 비슷한 전략을 썼다. 매일 아침 그는 자신에게 "오늘 나는 무슨 좋은 일을 할까?"라고 물었다. 이 질문은 당신의 하루를 시작하기에 가장 좋은 출발점이 될 것이다.

### 4. 당신은 기계가 아니다

오랫동안 나는 중요한 창의적 일을 목요일과 금요일 오후에 배정했었다. 나는 의지력만 있으면 언제든 무슨 일이든 잘할 수 있었다. 아니, 그렇다고 생각했다. 실제로 나에게 맞는 업무 리듬을 채택하기 전까지는 그렇게 생각했었다. 그런데 창의적 업무 시간을 주초, 특히 오전으로 옮기자마자 내 작업의 질이 높아졌다. 또한 모든 사람이 퇴근한 후의 사무실 또는 주방 식탁에서 최고의 두뇌 작업이 종종 이루어진다는 것을 깨달았다.

여기에서 얻을 교훈은? 우리는 기계가 아니라는 것이다. 일의 성격에 따라 잘되는 장소와 시간이 다르다. 자신이 언제, 어디에서 가장 집중을 잘하는지 파악하면 일이 더 효과적일 뿐 아니라 훨씬 즐거워진다. 흐름을 거스르지 말고, 흐름을 타라.

나의 전 직장이었던 블렌들에서는 회의 없는 화요일 정책을 썼다. 월요일에 주간 회의를 모두 마치고 나면, 모든 사람이 같은 이해 수준으로 업무를 할 준비가 되었다. 화요일에는 그런 에너지를 활용해서 일정을 비워두고 각자 자기 일에 집중해 큰 진전을 이룰 수 있었다.

### 5. 일정표를 운동 규칙처럼 취급한다

우리는 모두 근력 운동이 근육을 만드는 데 도움이 된다는 사실을 알고 있다. 초점과 집중력도 약간의 훈련으로 높일 수 있다. 더 자주, 더 오래 집중할수록 능숙해진다. 여기서 일정표가 중요해진다. 일정표를 이용해 집중 작업 시간을 매주 조금씩 늘려갈 수 있다. 운동 계획처럼 짧게 시작하여 시간을 서서히 늘려가도록 하라.

일주일 전체 일정을 정해두면 업무 계획과 실제 업무 수행 사이를 계속 왔다 갔다 할 필요가 없어진다는 이득도 있다. 어떤 업무를 시작할 때가 되면 바로 뛰어들 수 있다. 만약 방해받거나 산만해진대도 일정표를 확인하고 다시 업무로 돌아가면 된다.

1908년 아놀드 베넷Arnold Bennett은 《하루 24시간 어떻게 살 것인가》라는 책을 썼다. 그 책에서 베넷은 훌륭한 집중력 훈련법을 제시한다. 그는 출근길에 단 한 가지만 생각해보라고 말한다. "집을 나설 때 (우선 무엇이든) 한 가지 주제에 마음을 집중하라. 10미터도 못 가서 마음은 다른 주제로 슬그머니 빠져나가 코너를 빙 돌고 있을 것이다." 우리 모두는 마음이 얼마나 방황하기를 좋아하는지 안다. 베넷도 그 점을 잘 알고 있었고, 100여 년 전 그가 제시한 방법은 오늘날 사람들이 행하는 명상이나 마음챙김과 공통점이 많다. 베넷은 이렇게 우리를 격려한다. 집중력은 훈련할 수 있으며, 생각을 한곳으로 모으는 힘은 연습으로 키울 수 있다.

### 예상치 못한 일에 대처하기

만약 한 주를 미리 세세하게 계획할 수 있다면 삶은 금방 지루해질 것이다. 하지만 다행스럽게도 삶은 예측할 수가 없다. 좋은 일이다. 창의성은 이외의 상황에서 발전하기 때문이다. 그리고 훌륭한 아이디어는 가장 기대하지 않은 순간에 떠오르는 경우가 많다. 그러나 근무 시간에 관한 한 의외의 상황은 대부분 불편하거나 문제가 된다. 또 한편으로는 커브볼에 손쉽게 대응할 만큼의 여유 시간이 일정표에 충분히 남아 있다면, 아마도 업무 시간을 최대한 활용하지 못하고 있을 것이다.

예기치 못한 방해에 대처할 때 가장 먼저 해야 할 일은 사냥개처럼 업무 일정을 철통같이 지키는 것이다. 거기에는 연습이 좀 필요하다. 아무도 당신의 일정표를 대신 지켜주지 않는다. 그 책임은 온전히 당신에게 있다. 신중하게 우선순위를 정하고, 다른 사람들과 조율하고, 에너지를 어디에 쏟는 것이 가장 좋을지 결정했다면, 당신의 계획을 방해하려는 사람에게는 그럴 만한 이유가 반드시 있어야 할 것이다!

> **헤드폰 규칙**
>
> 블렌들에서는 헤드폰 정책을 시행했다. 헤드폰 착용은 방해 금지 신호로, 집중하고 있으니 방해받고 싶지 않다는 의미였다. 헤드폰을 사용해야 그 메시지를 전달할 수 있다는 점은 아쉬웠지만, 효과는 매우 컸다.

일을 중단시켜도 괜찮은 때와 그렇지 않은 때에 대해 확고하고 분명하게 소통하면 집중력을 유지하는 데 도움이 된다. 그렇기는 해도 예상치 못한 업무는 늘 생기기 마련이다. 그리고 때로는 그 일들을 미룰 수가 없다. 그럴 때는 꼼꼼하게 계획한 일정이 장애물로 생각될 수도 있지만 사실은 그 반대다. 세심한 계획은 이러한 상황이 발생할 때 냉정을 잃지 않고 쉽게 대처하도록 도와준다.

어째서 그런지 알아보기 위해 나의 주간 계획을 한 번 더 살펴보자. 이것이 당신의 하루라고 상상하라. 현재 오전 11시 40분이다. 팀 회의가 잘 진행됐고 오전 시간이 순조롭게 지나갔다. 계획한 대로 회의에서 나온 안들을 실행할 일정을 잡았고, 이제 이메일 몇 통만 처리한 다음 노스타운으로 출발하려고 한다. 그런데 갑자기 상사가 오늘 저녁까지 끝내야 할 일을 들고 당신 사무실로 들어온다. 상사와 논의한 결과 당신은 그 일을 처리하려면 남은 오후 시간을 비워야만 한다는 것을 깨닫는다. 다행히 당신의 일정표는 정확히 어떤 일을 보류하고 어떤 회의 일정을 다시 잡아야 할지를 말해준다.

이런 때에 당신은 반사적으로 일정표로 손을 내민다. 여기서는 노스타운에서의 미팅 약속을 지킬지 말지 몇 분 안에 결정해야 한다. 회의를 위해 그곳까지 갔다 오면 오후 시간을 많이 빼앗길 것이다. 약속을 다시 잡자고 말하기가 곤혹스러웠지만, 마케팅 대행사에 연락해보니 전혀 개의치 않는다. X 프로젝트의 브레인스토밍 역시 중요하지만 다른 날로 미룬다고 세상이 끝나지는 않는다. 따라서 모든 일을 곡예하듯 해내느라 마케팅 대행사와 회의를 서둘러 마치고, 집중하지 못한 채 브레인스토밍을 하고, 야근까지 하는 대신 간

|  |  |
|---|---|
| 9:00 a.m. | |
| 10:00 a.m. | 팀 회의 준비 9:30 a.m. |
| 11:00 a.m. | 팀 회의 10:00-11:00 a.m. |
| | 팀 회의에서 나온 실행안 계획 11:00 a.m. |
| noon | |
| 1:00 p.m. | 사무실-노스타운 이동 12:00-1:00 p.m. |
| 2:00 p.m. | 마케팅 대행사와 첫 회의 1:00 p.m. 노스타운 메인가 123 |
| 3:00 p.m. | 노스타운-사무실 이동 2:00-3:00 p.m. / 브레인스토밍 준비 2:30 p.m. |
| 4:00 p.m. | X 프로젝트 브레인스토밍 3:00-4:00 p.m. |
| 5:00 p.m. | 브레밍스토밍 후속 작업: 실행 계획과 회의록 정리 4:00 p.m |

단히 노스타운에 전화하고 프로젝트팀에 이메일을 보내라. 그것만으로도 오후 시간을 확보해 당장 해야 할 일에 집중할 수 있다.

## 예상치 못한 급한 업무의 수행 계획

1. 정말 당장 해야 하는 일인가? 당신이 처리 중인 다른 모든 일보다 더 중요한가? 그렇지 않다면 더 나은 시간으로 일정을 잡는다.
2. 그 일을 끝내는 데 얼마나 시간이 필요한가? 넉넉히 추산하고 일정표에 시간을 잡는다.
3. 일정표에서 충돌하는 항목이 있는지 확인하고 일정을 변경할 수 있는지 점검한다. 동료 여섯 명과 새로 잡을 회의 날짜까지는 아직 걱정하지 마라. 지금은 위기 상태고 그럴 여유가 없기 때문이

다. 회의 시간을 다시 잡겠다고만 알리고 나중에 시간을 잡도록 알림을 설정해둔다. 상황을 설명해주기만 하면 동료들은 이해할 것이다.

예상치 못한 급한 일이 주어지는 바람에 계획이 뒤집히면 좌절감이 든다. 그와 동시에 어떤 일을 보류해야 할지 정확히 알면 명료함과 마음의 평화가 생긴다. 그리고 쉽게 상황에 대응할 수 있다. 보류한 일을 잊어버릴까 봐 걱정되는가? 걱정하지 마라. 4장에서 살펴볼 금요일 재점검이 당신의 한 주에 안전망을 만들어준다. 오늘 할 수 없게 된 일을 사람들에게 알려주기만 하면 금요일 재점검 때 그 일이 당신의 레이더에 잡힐 것이다.

## 근무 시간에 대한 실험

엘리트 운동선수들은 경기력을 향상할 수 있는 요인을 샅샅이 찾기 위해서 생활의 모든 면을 살핀다. 훈련 기법부터 식단의 세부 사항까지 빼놓지 않고 샅샅이 검토한다. 그러고도 결과가 기대에 못 미치면 항상 이렇게 질문한다. 다음번에는 무엇을 다르게 할 수 있을까? 정상급 선수들은 성적을 바꾸려면 지금의 방식을 바꿔야 한다는 사실을 알고 있다.

업무에도 같은 접근 방식을 쓸 수 있다. 직업상 발생하는 온갖 상황에 대해 우리는 이미 운동선수처럼 하고 있다고 말해도 무방하다. 그렇다면 어떻게 경기를 향상시킬 것인가? 실험하라! 기술을 살짝 바꿔보고 그 효과가 마음에 드는지 살펴라.

당신이 목요일에는 시간을 지체하는 경향이 있어 업무 계획을 지키는 데 어려움이 있다고 하자. 그날은 다른 곳에서 일해볼 수도 있다. 다른 사무실에서 일하거나 다른 방향을 보고 앉기만 해도 효과가 있을 수 있다. 더 나아질 수 있다는 느낌이 들 때마다 일상적 방식을 바꿔 무엇이 효과가 있는지 확인하라. 다음은 이를 위해 준비한 질문 목록이다.

### 업무 시간 vs. 휴식 시간
- 회의 후 업무 흐름으로 돌아가기까지 얼마나 걸리는가?
- 생산적인 하루를 보내려면 하루 일정에서 숨 돌릴 시간이 얼마나 필요한가?

### 아침 일찍 일하기 vs. 밤늦게 일하기
- 아침에 가장 일이 잘되는가? 아니면 늦은 오후나 저녁에 영감이 떠오르는 경향이 있는가?

### 분주한 환경 vs. 조용한 환경
- 주변에 다른 사람들이 있을 때 일을 더 잘하는가? 아니면 혼자 있을 때 일을 더 잘하는가?

### 마감이 있는 일 vs. 마감이 없는 일

- 압박감을 느낄 때 일을 더 잘하는가? 마감이 임박해서 며칠간 집중 작업을 한 후에 결과가 더 좋은가, 아니면 시간이 정말로 많을 때 결과가 더 좋은가?
- 두 시간 후에 약속이 있다는 것을 알면 집중하기가 더 쉬운가 아니면 집중하기가 어려운가? 또는 노트북 배터리가 약 90분 정도밖에 남지 않았다는 걸 안다면 어떤가? 또는 아기가 한 시간 안에 잠에서 깰 거라는 걸 안다면 어떤가?

### 주 초반 vs. 주 후반 업무 효율

- (주말에 쉬고 나서) 주초에 일이 더 잘되는가 아니면 목요일이나 금요일이 되어야 본궤도에 오르는가? 월요일과 금요일을 비교하면 어떤가?

### 루틴 vs. 즉흥성

- 하루가 일정한 패턴을 따를 때 일을 더 잘하는가? 아니면 변화가 있고 즉흥적으로 일할 여유가 있는 날, 일을 더 많이 더 잘 해내는가?

### 음악 켜놓고 일하기 vs. 음악 없이 일하기

- 음악이 있을 때 일이 더 잘되는가 아니면 음악이 방해되는가? 어떤 종류의 음악이 효과가 있고 어떤 음악은 효과가 없는가?

### 비슷한 업무 모아서 처리하기 vs. 바로바로 처리하기
- 이메일 읽기, 제안서 작성, 회의 조직과 같이 비슷한 일들을 모아 두었다가 한꺼번에 처리할 때 더 많은 일을 해내는가 아니면 일이 쌓이는 걸 보면 불안한가?

### 서서 일하기 vs. 앉아서 일하기
- 서서 일하면 더 오래 집중할 수 있는가, 혹은 지치는가?

### 긴 근무 시간 vs. 짧은 근무 시간
- 더 오랜 시간 일하면 더 많은 일을 해내는가? 아니면 장시간 근무가 업무의 질 그리고/또는 양을 떨어뜨리는가?

### 온라인 연결 상태에서 일하기 vs. 오프라인 상태에서 일하기
- 인터넷이 계속 연결되어 있을 때 생산성이 향상되는가 아니면 일시적으로 연결을 끊은 상태에서 생산성이 향상되는가?

### 수면 시간 늘리기 vs. 수면 시간 줄이기
- 수면 시간을 한 시간 늘리거나 줄이는 것이 생산성에 어떤 영향을 미치는가? 언제 더 산뜻한 기분으로 기상하는가? 알람 시계를 사용할 때인가, 아니면 사용하지 않을 때인가?

### 함께 일하기 vs. 혼자 일하기
- 팀으로 일하면 더 많은 일을 해내고 더 많은 아이디어가 생기는가? 아니면 혼자 일할 때가 나은가?

### 긴 점심시간 vs. 짧은 점심시간
- 점심시간 후에 얼마나 오랫동안 집중할 수 있는가? 짧은 점심시간과 긴 점심시간 중 어느 쪽이 더 효과적인가? 바람을 쐬는 것이 도움이 되는가?

### 아침 운동 vs. 저녁 운동
- 출근 전에 운동할 때 더 생산적이고 민첩한가? 아니면 퇴근 후에 운동할 때 그런가?

## 일정표가 1단계다

축하한다! 당신은 업무들의 우선순위를 매기고 일정을 계획했다. 이제 그 일을 하는 것만 남았다. 물론 일주일을 꽉 움켜쥔 느낌을 즐길 일도 남았다. 해야 할 온갖 일이 파묻혀 있다고 느끼는 대신 당신은 그 일들을 명확한 틀 안에 넣었다.

당신이 나와 같다면 한 주를 보내면서 어떤 일에는 너무 많은 시간을, 어떤 일에는 너무 적은 시간을 배정했음을 알게 될 것이다. 또는 얼마나 자주 계산하지 못했던 일 때문에 옆길로 새게 되는지 알게 될 것이다. 이러한 관찰 정보는 소중하므로 기록해둘 가치가 있다(메모에 관한 글 참조). 한 주를 되돌아보는 시간을 잠시 갖는 것도 반복되는 업무 패턴을 찾아내는 데 도움이 된다. 일정표에 적힌 대로 일하면 당신의 한 주를 더 잘 이해할 수 있고, 이는 다시 다음 한 주를 계획하는 데 도움이 된다. 선순환이 일어난다.

이쯤 되면 궁금할 것이다. '정말 매주 모든 일을 이렇게 구체적으로 계획해야 하나? 다른 중요한 업무들과 이걸 어떻게 병행하지?' 걱정할 것 없다. 한 주의 나머지 일정에 대해서는 이어지는 장들에서 함께 살펴볼 것이다. 언제든 다음에 무엇을 해야 할지 결정할 때는, '3단 로켓'을 기억하고 따르면 된다.

> **메모**
>
> 메모장이나 포스트잇에 적는 것부터 디지털 시스템을 활용하는 것까지 온갖 방식으로 메모할 수 있다. 나는 디지털 방식을 선호한다. 모든 기기에서 빠르고 쉽게 접근할 수 있기 때문이다. 어떤 방법을 선택하건 가장 중요한 것은 신뢰할 수 있는 시스템을 갖추는 것이다. 메모 작성 요령은 이 책의 끝부분에 있는 보너스 장을 확인하라.

내가 이 3단 로켓 모델을 좋아하는 이유는 어떤 순간이든 무엇을 해야 할지 알려주기 때문이다. 그 절차는 다음과 같다.

- 일정표에 적힌 일이 언제든 우선이다. 일정표는 한 주의 업무가 계획되는 곳이며, 그것이 1단계다. 일정표가 당신의 기반이므로, 계획한 대로 실행하라.
- 지금 다른 일정은 없는가? 그럼 2단계인 할 일 목록의 일을 할 차례다.
- 오늘 처리할 일이 모두 끝났는가? 이제 3단계, 이메일 처리 시간이다.

일정표를 정리했으니 이제 본격적으로 시작할 차례다. 2단계는 이 책에서 가장 빠른 성과를 얻을 수 있는 부분을 제공할 것이다. 바로 '나만의 백업 두뇌'를 만드는 것이다.

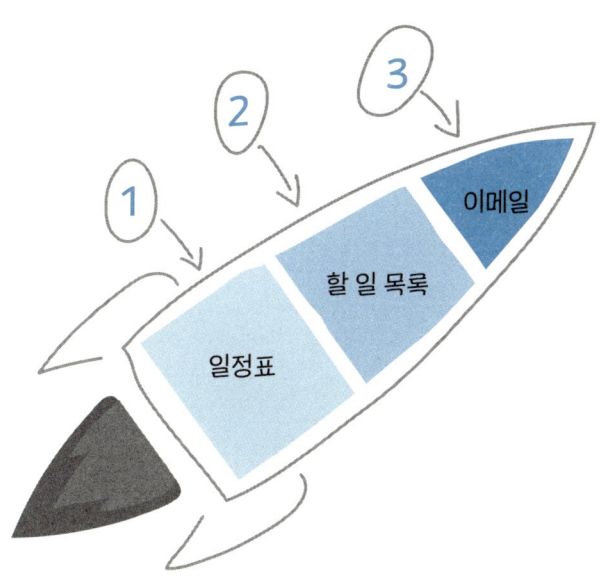

## 2. 할 일을 머릿속에 담아두지 마라

### 할 일 목록 앱을 사용해 백업 뇌 만들기

업무를 시작할 때보다 끝낼 때 더 큰 스트레스를 느낀 적이 있는가? 그런 날 저녁에는 해야 할 일들이 떠올라 마음이 어지럽다. 혹은 온전히 집중해야 하는 작업 중에도 해야 할 일들이 계속 불쑥불쑥 떠오를 것이다. '휴가 신청서를 제출해야 해' 아니면 '아무개에게 그 보고서에 대한 답신을 보내야겠다' 같은 생각이 날 것이다.

크든 작든 뇌가 계속 상기시키는 모든 작업은 열린 고리 open loop라고 할 수 있다. 그리고 열린 고리는 닫혀야 한다. 이 열린 고리 시스템이 유용한 이유는, 일이 완료되지 않으면 뇌가 그 일을 끝내려고 하기 때문이다. 즉 뇌는 기회가 있을 때마다 열린 고리를 상기시키며 언젠가는 그것을 처리하도록 우리를 재촉한다.

다만 이 메커니즘에는 한 가지 문제가 있다. 우리 뇌는 타이밍을 맞추는 재주가 형편없다는 점이다. 필요한 재료는 장을 다 보고 집에 와서야 생각나고, 급히 물어봐야 할 질문은 주간 회의가 끝난 직후에 떠오른다. 적절한 때에 알림을 보낼 수 없는 뇌는 결국 스토커처럼 일을 끝낼 때까지 계속 무작위로 신호를 보낸다. 열린 고리가 많을수록 신호도 많아지고 스트레스도 커진다.

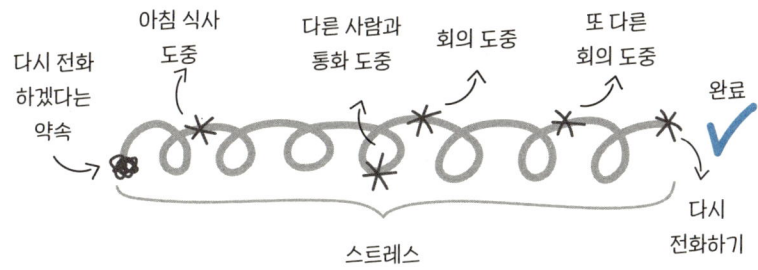

심리학자들은 우리의 사고 과정을 두 가지 기본 시스템으로 설명한다. 이런 시스템 사고 이론 theory of system thinking 은 대니얼 카너먼 Daniel Kahneman 의 베스트셀러 《생각에 관한 생각》으로 널리 알려졌다.

시스템 1은 빠르고, 본능적이고, 감정적이고 무의식적인 사고다. 이는 소리의 출처를 알아차리거나, 2 더하기 2를 계산하거나,

(운전에 숙달된 후) 고속도로를 순항하는 등의 일을 하게 해준다.

반면, 시스템 2는 느리고, 이성적이며, 신중하고, 의식적인 사고다. 주차 공간으로 차를 후진시키거나, 연설을 하거나, A에서 B까지의 경로를 계획하는 것은 전형적인 시스템 2의 영역이다. 이런 활동은 뇌의 에너지를 많이 소모한다. 그래서 뇌는 더 쉬운 일로 주의를 돌리려 한다. '수도꼭지를 고쳐야지' 같은 단순한 생각이 복잡한 제안서 작성보다는 덜 피로하기 때문이다. 지금 이 글을 읽는 동안에도, 당신의 뇌는 전혀 상관없는 일로 시선을 돌리고 싶어할 것이다. 이처럼 열린 고리는 우리의 집중을 방해하고, 스트레스를 유발하고, 일을 끝내지 못하게 한다.

그런 열린 고리를 일시적으로 막을 수 있다면 얼마나 좋을까? 상기하기를 원하는 정확한 날짜, 시간, 장소가 될 때까지 머릿속의 알림을 어떤 식으로든 일시 정지시킬 수 있다면? 아마 언젠가는 그렇게 되겠지만 지금 우리는 그런 식으로 뇌를 통제할 수 없다.

다행스러운 사실은 열린 고리와 그로 인해 발생할 수 있는 스트레스에 대한 또 다른 해결책이 있다는 것이다. 누군가 또는 무언가가 당신의 과업을 상기시켜줄 거라고 100퍼센트 확신하는 순간, 뇌는 그런 지속적인 내부 알림 소리를 낮춘다. 그러므로 우리에게 정말로 필요한 것은 뇌가 쉴 수 있도록 해주는 알림 전용 백업 뇌이다. 당신의 생각을 담아두는 외장 하드 드라이브처럼 말이다.

'작업 기억 working memory'을 알림 저장소로 사용하는 것을 멈

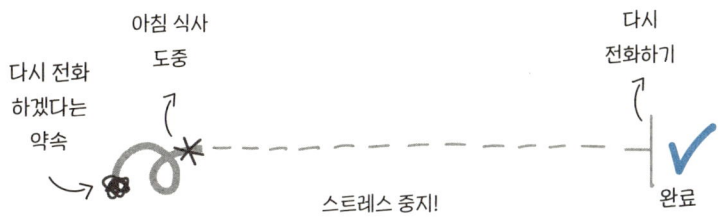

추면 당면한 업무를 처리할 공간이 확보된다. 모든 열린 고리를 우리 머리에서 이 백업 뇌(또는 두 번째 뇌)로 이동시키면 정말 중요한 일에 온전히 집중할 수 있다. 이런 훌륭한 통찰과 할 일 목록 앱에 관한 아이디어는 데이비드 앨런 David Allen 의 영향력 있는 책 《쏟아지는 일 완벽하게 해내는 법》에 나온다. 그의 표현에 따르면 "당신의 뇌는 생각하는 기계이지 저장 장치가 아니다".

복잡할 것 없다. 다음 두 가지 습관만 지켜도 뇌는 훨씬 가볍고 맑아진다.

- 모든 열린 고리를 백업 뇌로 이동시킨다. 빠를수록 좋다.
- 백업 뇌를 정기적으로 확인한다.

이 중 하나라도 소홀히 하면 혼란이 다시 찾아온다. 뇌는 열린 고리들을 다시 떠올리기 시작하고, 당신은 전처럼 스트레스와 과부하 속으로 돌아갈 것이다. 백업 뇌에 던져 넣는 것만으로는 충분하지 않다. 때때로 그것을 확인하고 업데이트해야 한다.

하지만 말했다시피 복잡할 것 없다. 복잡하면 지속하기 어렵다. 신경과학자 대니얼 레비틴Daniel Levitin은 그의 책《정리하는 뇌》에서 새로운 정리 시스템의 복잡성과 그것을 꾸준히 사용하는 사람들의 비율은 반비례한다고 지적한다. 즉 시스템이 단순할수록 그것을 계속 사용할 가능성이 크다. 고전적인 수확 체감의 법칙law of diminishing returns도 여기에 적용된다. 새 시스템의 기본 기능으로 얻는 이익이 나중에 부가 기능을 사용하면서 얻는 이익보다 훨씬 더 크다.

## 백업 뇌

나는 백업 뇌 아이디어가 좋다. 누가 백업 뇌를 원하지 않겠는가? 이어지는 페이지에서 당신만의 외장 메모리를 구축하는 방법을 한 단계씩 보여줄 것이다.

백업 뇌는 사실 두 부분으로 구성될 것이다. 하나는 우리가 이미 다룬 일정표다. 그리고 다른 하나는 할 일 목록이다. 할 일 목록의 큰 장점은 가장 단순한 형태라도 크고 작은 모든 열린 고리를 머리 밖 어딘가에 보관할 수 있도록 공간을 제공한다는 것이다. 그러므로 그 공간을 구축하기 전에 자신과 엄숙히 약속하라. 할 일 목록 사용의 기본 원칙, 단 하나. 머릿속에 저장하지 마라! 이상!

할 일 목록은 한 번에 한 단계씩 만들어나간다. 나는 그 단계

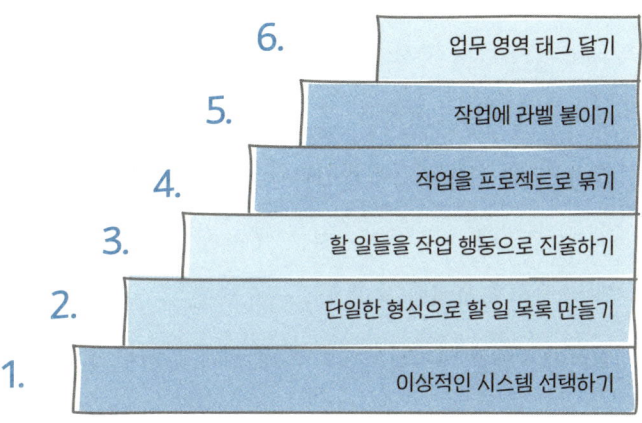

를 여섯으로 나눴다. 각 단계는 다음 단계로 이어진다. 이런 구성의 좋은 점은 처음 몇 단계가 가장 실행하기 쉬우면서도 가장 큰 이익을 가져다준다는 것이다.

### 1단계. 이상적인 시스템 선택하기

첫 단계는 당신의 할 일 목록에 적합한 시스템을 고르는 것이다. 더 집중하게 하고 스트레스를 줄이는 데 도움이 되는 외부 백업 시스템이어야 한다. 나는 "어떤 시스템을 사용해야 할까요?"라는 질문을 많이 받는데, 내가 좋아하는 시스템을 공유하기 전에, 좋은 시스템이란 무엇인지부터 설명하겠다.

- **디지털 시스템** 일정표처럼 할 일 목록을 종이에 작성하면 지저분

해지는 경향이 있다. 업무와 우선순위가 계속 바뀌는데 종이에 쓰면 끝없이 다시 작성해야 할 수 있다. 디지털 메모리를 사용하면 재작성이 훨씬 수월하다.

- **휴대전화와 컴퓨터 간에 동기화가 되는 시스템** 당신은 어디에 있든 할 일 목록에 바로 액세스하고 싶을 것이다. 그렇다면 선택의 폭은 상당히 좁아진다.
- **명확하고 빠른 시스템** 느린 시스템이나 오히려 더 복잡하게 만드는 소프트웨어 때문에 어려움을 겪는 사람이 너무 많다. 까다롭게 선택하라. 당신에게 필요한 것은 즐겨 사용할 시스템이다.

이제 선택을 좀 쉽게 해주려 한다. 맥과 아이폰을 쓰는가? 그렇다면 싱스Things를 추천한다(https://culturedcode.com/things/). 싱스는 세세한 부분까지 신경을 써서 아름답게 설계한 맥과 아이폰용 초고속 앱이다.

윈도우와 안드로이드폰 사용자라면 투두이스트(https://todoist.com/)를 써보라. 투두이스트는 명확하고 직관적이며 모든 플랫폼에서 작동한다.

싱스는 유료 앱이지만 제값을 톡톡히 한다. 투두이스트는 무료 버전도 당신에게 필요한 모든 기능을 갖추고 있다. 당신이 이 글을 읽을 때쯤에는 시장에 더 나은 앱이 나올 수도 있으므로 gripbook.com/apps에서 최신 정보를 확인하도록 하라.

지난 몇 년 사이에 지인 가운데 소프트웨어에 기꺼이 돈을 치르는 사람이 확실히 늘어났다. 무료와 유료 소프트웨어의 차이가 클 수 있으므로 나도 그들의 행동에 전적으로 찬성한다. 소프트웨어를 잘 만들어진 장비로 생각하라. 목수는 절대 장비에 돈을 아끼지 않는다. 좋은 재료가 좋은 결과를 만든다는 것을 알기 때문이다. 더 나은 소프트웨어는 당신의 작업에 그와 같은 역할을 할 수 있다. 그리고 할 일 목록에 대한 접근 방식을 전부 바꿀 수 있다.

앱을 찾아서 당신의 기기들에 설치했는가? 잘했다. 이제 2단계로 넘어가도록 하자.

### 2단계. 단일한 형식으로 할 일 목록 만들기

어떤 소프트웨어를 선택하든 이 단계에서 부담을 느낄 수 있다. 당신은 프로젝트, 태그, 체크리스트를 생성하고 위치, 첨부 파일, 색상, 메모를 추가할 수 있다. 다양한 옵션이 있다. 그리고 그것이 바로 사람들이 이런 종류의 시스템을 포기하기 쉬운 이유다. 옵션들을 이해하고 전부 기억하기가 너무 버겁다.

가능한 한 간단한 형태로 만들 것을 추천한다. 단일 목록으로 시작하라. 프로젝트 목록과 하위 목록은 당분간 보류하라. 또한 오늘 해야 할 일 또는 언젠가 해야 할 일을 결정할 필요도 없다. 사람들 대부분은 할 일 목록을 전혀 작성하지 않다가 디지털 할 일 목록을 하나 만들 때 가장 크게 득을 본다. 그러므로 한 번 더 이야기하는데, 하나의 목록으로 시작하라.

대부분의 업무 관리 앱에는 인박스Inbox라고 표시된 기본 목록이 있다. 찾아보라. 없는가? 그렇다면 만들어라. 이메일 메뉴처럼 들리는 것은 우연이 아니다. 들어오는 모든 메시지를 담는 상자이기 때문이다. 다만 이 상자는 다른 사람들이 보낸 메일이 아니라 정리되지 않은 모든 작업을 넣어두는 곳이다. 인박스는 모든 열린 고리, 즉 자신에게 해야 할 일이라고 계속 알려주는 모든 일을 보관하는 곳이다. 또한 업무뿐 아니라 집, 휴가, 취미, 가족 등과 관련된 것을 적어두는 곳이다. 인박스에 무엇을 넣을 수 있고 무엇을 넣을 수 없는지 같은 규칙은 없다. 이 시점에서 당신의 유일한 목표는 말 그대로 머릿속에 있는 모든 것을 내려놓는 것이다. 당신이 작업을 어떻게 묘사하는지는 이 단계에서 중요하지 않다. 일정으로 잡는 것도 마찬가지다. 할 일 목록과 일정표의 연결에 대해서는 4장에서 다룰 것이다. 중복된 항목에 대해서도 걱정하지 마라. 지금 중요한 것은 모든 업무를 시스템 어딘가에 적어두었다는 것이다.

이해를 돕기 위해 내 인박스에 있는 몇 가지 과업을 살펴보자.

- 월요일 회의의 새로운 구성 제안
- 마케일라와 약속 잡기
- 팀에 iOS 앱 오류 보고
- 다음 주 알렉스, 누어, 에이든과 로드맵 논의 일정 잡기

- 쓰레기봉투 구입

목록에는 업무도 있고, 개인적인 일도 있다. 어떤 항목은 다른 항목들보다 더 크고 더 중요한 일이다. 더 급한 일도 있고 덜 급한 일도 있다. 그건 문제가 되지 않는다. 지금은 모든 과업을 머릿속에서 꺼내 외부 시스템에 넣는 것만으로도 도움이 된다.

이 방식에 익숙하지 않다면 '나는 쉽게 기억할 수 있어. 적어둘 필요가 없어'라고 생각하기 쉽다. 하지만 그런 직감과 싸워 이겨서 이 새로운 습관을 기르는 것은 가치가 있다. 일단 각 과업과 열린 고리를 이 시스템에 넣는 요령을 터득하고 나면, 예전으로 되돌아갈 수 없다. 대단히 자유로워지기 때문이다.

이 단계는 메모지나 포스트잇, 종이 냅킨, 휴대전화나 노트북 등에 되는 대로 써두었던 예전의 할 일 목록을 정리하여 새로운 인박스에 추가하기에 좋은 때이기도 하다.

다음 페이지의 체크리스트도 유용할 수 있다. 이는 당신이 간과했을 수 있는 다른 작업들에 대한 기억을 되살리는 데 도움이 된다. 간과한 일은 항상 있기 마련이다. 지금 당장은 당신의 할 일 목록이 유용한지 아닌지는 중요하지 않다. 머릿속에 떠오르는 일을 전부 적는 게 목표다. 그러므로 작업을 암시하는 무엇이든 잡아채서 다른 일들과 함께 인박스에 적어둬라.

## 할 일 목록을 작성하기 위한 체크리스트

- ☐ 진행 중인 프로젝트
- ☐ 시작하고 싶은 프로젝트
- ☐ 당신이 정하거나 당신에게 할당된 목표(예를 들어, 업적 평가 피드백 등. 일정표를 작성할 때 이미 살펴봤지만, 목표와 책무를 할 일 목록에도 넣는 것이 좋다. 이 목록은 다음 주를 넘어서는 장기적인 관점을 포함한다.)
- ☐ 고객
- ☐ 준비해야 할 회의
- ☐ 잡아야 할 약속
- ☐ 프레젠테이션
- ☐ 중요한 전화, 음성 메시지, 문자
- ☐ 중요한 이메일
- ☐ 예산
- ☐ 서류 작업
- ☐ 세금
- ☐ 기기/장비
- ☐ 자기 계발
- ☐ 읽고 싶은 것(책, 잡지, 뉴스레터)
- ☐ 잡다한 집안일
- ☐ 정리해야 할 것
- ☐ 사야 할 물건
- ☐ 취미
- ☐ 백업
- ☐ 중요한 서류(여권 신청, 운전면허 갱신)
- ☐ 가야 할 곳

## 단축키 사용

며칠 전 노트북으로 이메일 답장을 쓰다가 집의 무언가를 수리해줄 사람을 찾아야 한다는 생각이 갑자기 났다. 생각할 겨를도 없이(대니얼 카너먼의 빠른 사고!) 나는 단축키를 사용해 '손상 사진 찍고

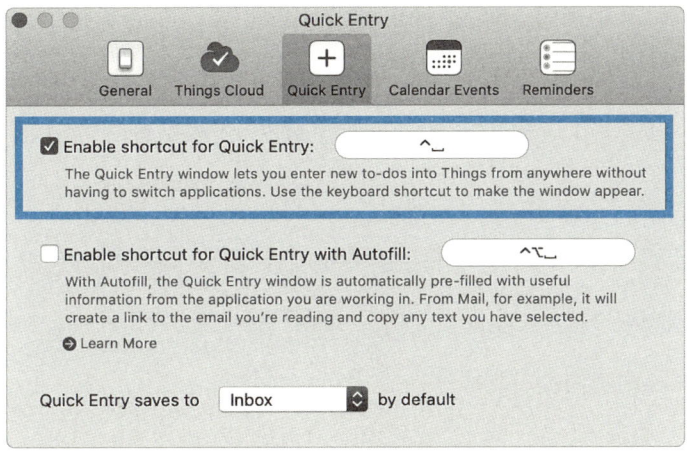

수리 견적 받기'를 입력하고 엔터키를 눌렀다. 그렇게 몇 초 만에 수리공에 대해서는 완전히 잊고 하던 일로 돌아갈 수 있었다. 할 일 목록에 빠르게 액세스하는 것은 필수다. 단축키 사용은 매일 많은 시간을 절약해주고 집중할 수 있게 해준다. 지금 바로 설정하도록 하라.

그렇다면 단축키는 어떻게 설정하는가? 만약 당신이 맥 사용자이고 할 일 목록 앱으로 씽스를 선택했다면 'Quick Entry' 옵션을 사용할 수 있다(씽스의 메뉴를 클릭한 다음 환경 설정 Preferences 을 선택하라). 한 손으로 쉽게 칠 수 있는 키 조합을 선택하고 익숙해질 때까지 그 단축키를 최대한 많이 사용해라.

새 소프트웨어를 사용함으로써 이제 머릿속에 있던 서로 무관한 알림들의 혼돈이 사라지고 정돈된 목록이 생겼다. 이제 가능한 한 빨리 모든 열린 고리를 백업 뇌로 이동시킨다는 원칙에 따라 할 일들을 계속 백업 뇌로 넘겨라.

그다음에 할 일은 백업 뇌를 정기적으로 확인하는 것이다. 여기서 다시 3단 로켓(57쪽 참조)이 등장한다. 일정에 틈이 생길 때마다 할 일 목록을 보는 데 익숙해지도록 하라. 할 일 목록을 연 다음에는 '일을 가장 많이 진척시키는 동시에 지금 할 수 있는 항목은 무엇인지' 결정할 시간을 잠시 갖는다. (이메일은 잠시 젖혀둬라. 이메일에 대해서는 다음 장에서 다룰 것이다.)

이런 식으로 할 일 목록을 작성하면 곧 한결 차분해지고 명료해지는 느낌이 들 것이다. 그리고 머릿속도 훨씬 덜 어수선할 것이다. 하지만 이건 시작에 불과하다. 이제 3단계로 넘어가보자.

### 3단계. 할 일들을 작업 행동으로 진술하기

인박스에 할 일을 기술해놓는 방식에 따라 얼마나 많은 일을 해내는가가 크게 달라진다. 제대로 기술하면 단순하고 실행 가능한 작업으로 표현되었다는 이유만으로 오랫동안 미뤄왔던 일들을 해치울 수 있을 것이다. 어떻게 그럴까? 당신이 화상 리더십 콘퍼런스에 참석했다고 가정하자. 직원이 이런 행사에 참석하면 회사에서는 배운 내용을 팀 전체와 공유하기를 기대한다. 공유 방법은 자유롭게 선택할 수 있다. 아주 힘든 한 주를 보내고 나서 새로운 아이디어들로 머리가 복잡한 상태로 노트북을 닫으려던 순간 당신은 그 일을 떠올리고 인박스에 업무를 추가한다.

- 리더십 콘퍼런스 내용 공유

일단 이 생각을 머리에서 비우고 나면 주말에는 휴식을 취할 수 있다. 당신이 걱정할 열린 고리가 없다.

월요일 아침이 된다. 일정표에 빈 시간이 생겨서 할 일 목록에서 이 업무를 본다. 그런데 그 일을 할 의욕이 당신에게 있는가? 없다. 어디서부터 시작해야 할지는 아는가? 그런 것 같지 않다. 그리고 그 주된 이유는 표현 방식 때문이다. 그러니까 이 일의 첫 단계는 무엇일까? 여전히 무엇부터 해야 할지 파악해야 하는 상태라면 이 일을 시작할 수 없다.

이제 금요일에 이것을 할 일로 정했을 때, 다음과 같은 일련의 작업으로 표현했다고 상상해보라.

- 콘퍼런스 메모 입력
- 콘퍼런스의 주요 내용을 담은 슬라이드 열 장 만들기
- 팀에 점심시간 프레젠테이션 초대장 보내기

이것들은 모두 실행 가능한 작업으로 보이므로 바로 뛰어들 마음이 훨씬 더 커진다. 두 예의 차이점은 업무를 기술해놓은 방식뿐이다. 두 번째 예에서는 무엇을 해야 할지 정확히 알 수 있고 결과도 쉽게 얻을 수 있다.

그러므로 할 일 목록을 볼 때 막막함을 느낀다면 작업 행동으로 진술하도록 하라. 업무들은 모호하고, 형태가 덜 갖춰져 있고, 너무 크고, 세부 사항이 불분명한 경향이 있다. 목적은 있지만 추진력이 부족하다. 작업 행동은 동사로 표현된다. 활기를 북돋우고 합당한 방향을 가리킨다. 명확하고 실행에 옮길 수 있다. 작업 내용에 동사가 없다면, 그건 하나 이상의 행동으로 바꿔주어야 한다는 좋은 단서다. 나는 인박스에 작업을 추가할 때 기본적인 질문을 자신에게 던지는 식으로 접근한다. '지금 당장 이 일을 하고자 할 때 이것이 어떻게 해야 하는지 알려주는가?' 좀 더 분명히 하기 위해, 내가 몇 가지 작업을 어떻게 행동으로 바꾸어 표현했는지 보여주겠다.

표현에 조금 더 시간을 들이면 모호한 업무를 실제로 수행할 구체적인 행동으로 업그레이드할 수 있다. 행동으로 바뀌면 제일 먼저 무엇을 해야 하고 시간은 얼마나 필요한지 파악할 수 있으므로 새로운 일을 시작하는 데 드는 에너지가 줄어든다. 2,500여 년 전 노자는 "천 리 길도 한 걸음부터"라는 말로 이 점을 언급했다. 실효성 없는 지시를 명확한 행동으로 나누는 과정이 시간 낭비처럼 느껴질 수 있지만 그런 시간이 당신의 계획에 견인력을 제공한다. 첫 걸음, 그리고 다음 걸음, 또 다음 걸음을 쉽게 내디딜 수 있게 하는 가장 효과적인 방법이다.

나는 업무 수행을 위한 행동을 바로 생각해낼 수 없다면 차선책으로 인박스에 'X 프로젝트의 다음 행동 파악하기'라는 식으로

| 모호한 업무 | 즉시 실행 가능한 작업 행동으로 표현 |
| --- | --- |
| X 프로젝트 보고 | 영업부 벤에게 X 프로젝트 보고서에 넣을 정보 요청하기 |
| 마케팅 전략 준비 | 마케팅 대행사와 회의 일정(회의 전에 미리 준비하는 게 현명할 것이다. 그렇다면→) |
| | 사라와 회의 일정 잡기, 회신; 마케팅 캠페인(회의 전에 제안서를 작성하고 피드백을 받는 것이 현명할 것이다. 그렇다면→) |
| | 다섯 가지 마케팅 아이디어가 포함된 제안서 초안 작성하기 |
| | 한나와 제안서 논의하기 |
| 여행 사진 | 인화할 여행 사진 보내기(사진이 너무 많아서 안 될 것이다. 그렇다면→) |
| | 인화할 여행 사진 고르기(이 방법은 되겠지만 먼저 사진을 편집해야 하므로→) |
| | 여행 사진 편집하기(이 방법은 괜찮겠지만 아직 노트북으로 사진을 옮기지 않았으므로 →) |
| | 카메라의 사진 노트북으로 가져오기 |
| 홈통 누수 | 홈통을 수리해줄 사람에게 전화하기(그러려면 먼저 사람을 찾아야 하므로→) |
| | 이웃에게 지난주 집수리에 부른 사람이 누군지 물어보기 |

메모해놓는다. 적어도 정확히 무엇을 해야 하는지 알려주는 후속 행동은 스스로 만든 셈이다.

한 가지만 더 이야기하고 다음 단계로 넘어가도록 하자. 업무를 실행 가능하게 만드는 방법 중 하나는 날짜를 덧붙이는 것이다. 그러나 짧은 시간 안에 해내야 하는 일정표의 업무들과 달리 할 일 목록의 작업 기한에는 날짜 지침만 정해놓으면 된다. 그 날짜 즈음에 그 작업을 처리하겠다는 뜻이다. 구체적 날짜를 명시하는 이유는 순전히 업무량 조절을 위해서다. 하루에 할 작업 수를 제한하는 한편으로 인박스를 정리하기 위해서다. 작업 날짜가 되는 즉시 그 작업은 인박스에서 사라진다. 인박스에는 여전히 처리해야 할 작업만 남게 된다.

작업에 임시 날짜를 부여하면 것은 다른 효과도 생긴다. '다음에 무엇을 시작해야 할까?'라는 질문에 답하기가 훨씬 쉬워진다. 더 이상 큰 목록의 모든 항목을 저울질할 필요 없이, 그날의 할 일에 바로 뛰어들 수 있다.

나는 2단계와 3단계를 별개의 단계로 다루었다. 하지만 약간만 연습하면 자연스럽게 업무를 작업 행동으로 표현할 수 있을 것이다. 또한 처음부터 할 일들을 실행 가능한 활동으로 적음으로써 얻는 보상을 경험할수록 2단계를 따로 거치지 않게 될 것이다.

할 일 목록의 인박스 사용법을 완전히 익히고 나면 '온갖 업무들 사이에서 어떻게 큰 그림을 놓치지 않을까?'를 고민하는 다음 단계로 넘어갈 준비가 된 것이다. 그 고민에 대한 답은 '프로젝트'다. 즉 여러 개의 행동 항목을 하나의 큰 제목 아래 묶는 방식이다.

**4단계. 작업을 프로젝트로 묶기**

자, 당신은 머릿속에 떠돌던 업무들을 전부 외부 기기의 할 일 목록으로 옮겼다. 그리고 그것들을 모두 명확한 작업 행동으로 바꿔주었다. 잘했다. 이제 당신은 맑은 정신을 지닌 행복한 소수 중 하나다. 하지만 당신의 할 일 목록이 마구 늘어나기 시작하는 날이 올 것이다. 누구나 그렇게 된다. 수십 가지 작업이 인박스에 쌓인다. 작업을 좀 더 명확하게 분류할 방법을 생각할 때다. 다음 몇 페이지에서는 무작위로 작성된 긴 작업 목록을 몇 가지 운용 가능한 프로젝트로 묶는 방법을 보여주려 한다.

### 언젠가 할 프로젝트

간단히 시작해보자. 2단계에서는 크고 작은 다양한 작업을 인박스에 넣어두었다. 하지만 그 모두를 지금 당장 할 수 있는 방법은 없다. 문제될 것 없다. 이제 할 일 목록 앱에 첫 번째 프로젝트를 생성할 때다. 나는 이를 '언젠가 someday 할 프로젝트'라고 부른다. 이곳은 지금 당장은 할 시간이 없는, 혹은 몇 주나 몇 달 후에나 할 시간이 날 아이디어들을 담는 공간이다. 그것들은 미래의 어느 시점에 고려할 아이디어들이다. 당신이 수강을 고려하고 있는 전문가 과정이나 다음 분기의 새로운 기회, 차고 청소, 예전 휴가 사진의 스캔, 몇 년 후 갖고 싶은 안식년 등을 말한다.

단기 작업과 장기 작업을 분리하면 해야 할 일이 깔끔해진다. 지금 당장 처리할 필요가 없는 작업을 계속 스크롤해서 보지 않고, 모두 안전하게 잘 보관할 수 있다.

아래 이미지는 나의 '언젠가 할 프로젝트' 예시다. 언젠가 할 프로젝트를 추가하면 할 일 목록을 깔끔하게 정리할 수 있다. (언젠가 할 프로젝트는 싱스 앱에서 기본으로 제공된다.) 그럼 인박스를 살펴보라. 몇 주 동안 손댈 수 없는 업무와 작업을 분명 찾을 수 있을 것이다. 그것들을 언젠가 할 프로젝트로 드래그하라. 혹시 잊어버릴까 봐 걱정된다면 그럴 필요 없다. 다음 장에서 이 업무와 작업을 기억할 방법을 보여줄 것이다.

할 일 목록의 가장 큰 가치는 업무를 머릿속에서 외부 디지털 시스템으로 보내는 데 있음을 한 번 더 강조하고 싶다. 그리고 백업 뇌를 복잡하게 만들수록 계속 사용할 가능성이 줄어든다는 사실을 기억하라. 나는 사람들이 열정적으로 모든 업무를 프로젝트로 분류

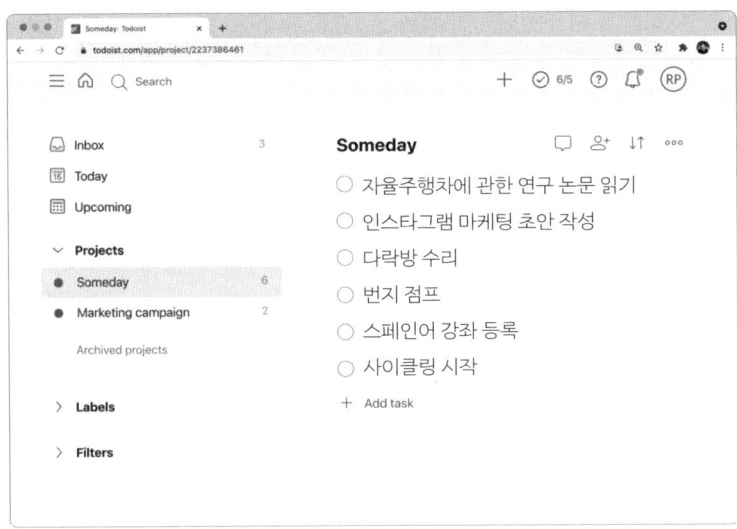

하다가 큰 혼란에 빠지는 모습을 보았다. 그들은 압도당하고는 그때부터 어디로 가야 할지 몰라서 시스템 전체를 없애버린다. 유감이다. 당신의 목표는 명확성과 용이성임을 명심하라. 업무와 프로젝트들을 보면서 '복잡해!'라는 생각이 든다면 시스템을 축소해야 한다.

할 일을 그룹화하는 것은 실제로 그것들을 관리하는 데 도움이 될 때만 의미가 있다. 한 프로젝트는 세 가지 작업으로만 구성될 수도 있고 집수리 같은 프로젝트에는 필시 수십 가지 작업이 포함될 것이다.

현재 나는 업무와 개인적인 일을 포함해 총 열아홉 개의 프로젝트를 진행 중이다. 그리고 여러 작업으로 구성된 할 일도 더 많이 만들어낼 수 있다. 하지만 나는 전체 프로젝트 목록이 한 화면에 딱 들어가 현재 가장 중요한 일들을 전부 볼 수 있는 상태가 좋다. 결국 프로젝트의 목적은 주요 목표를 잘 관리하는 데 있다.

다음 페이지의 그림처럼 할 일을 프로젝트로 묶어두면 작업이 뒤섞여서 사라지는 것을 방지할 수 있다. 이 스크린숏은 내가 진행 중인 '마케팅 캠페인' 프로젝트를 보여준다. 지금 두 가지 작업이 예정되어 있고, 둘 다 내게는 아주 명확해서 내가 무엇을 해야 하는지 정확히 안다. 또한 프로젝트로 모아둔 덕에 더 큰 그림도 볼 수 있다. 이 두 가지 작업을 끝내면, 다음 단계를 구상해야 한다(물론 작업 과정에서 이미 다음 단계를 정했을 수도 있다). 만약 다음 단계를 추가하지 못하더라도, 앱에 프로젝트가 여전히 남아서 시각적인 알림 역할을

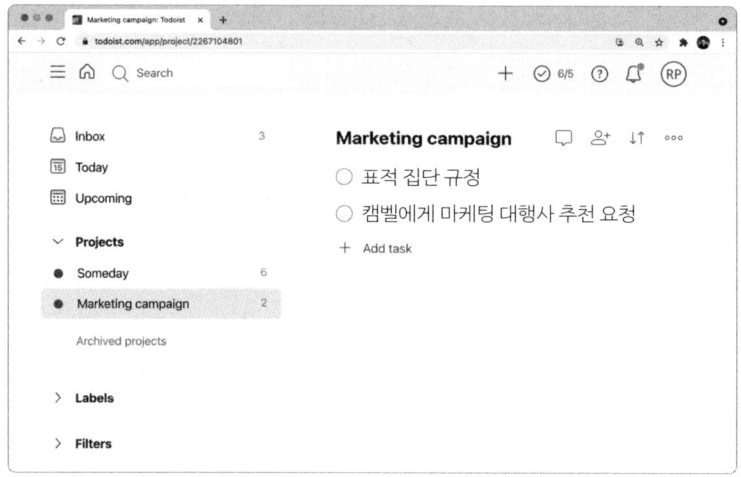

할 것이다. 반면에 한 프로젝트 아래 묶어두지 않고 다음 단계를 추가하지 않은 채로 이 두 작업을 완료했다면, 그 이후에 마케팅 캠페인을 잊어버릴 가능성이 있다. 누군가 그것에 대해 물어보거나 캠벨이 마케팅 대행사에 대해 보고하기 전까지는 기억하지 못할 것이다.

**5단계. 작업에 라벨 붙이기**

당신은 모든 열린 고리를 머릿속에서 백업 뇌의 할 일 목록으로 옮겼다. 모든 업무를 작업 행동으로 변환했다. 그리고 계속 큰 그림을 볼 수 있도록 프로젝트로 묶었다. 하지만 할 일 목록은 더 많은 도움을 줄 수 있다. 어떻게? 스마트 라벨을 사용하면 된다. 작업에 하나 이상의 태그를 달아두면 작업에 더 빨리 착수할 수 있도록 정리가 된다. 내가 가장 좋아하는 라벨 세 가지는 다음과 같다.

## 1. 에너지

우리의 에너지 수준이 하루 동안 어떻게 변하는지 1장에서 이야기했다. 자신의 리듬에 맞출수록 우리는 매일 더 많은 결과를 낼 수 있다. 베토벤을 예로 들어보자. 그는 매일 아침 정확히 60알의 원두를 갈아 커피 한 잔을 내려 마시고, 오전 6시 30분부터 오후 2시 30분까지 작곡을 하고, (와인 한 잔과 함께) 식사를 한 다음 긴 산책을 했다고 한다. 산책 후에는 카페에 앉아 신문을 읽고 간단히 요기했다. 아니면 윈스턴 처칠을 예로 들어보자. 그는 아침에는 침대에서 비서에게 책의 원고와 편지를 받아쓰게 했다. 그는 하루에 두 번 목욕하고 매일 오후에 한 시간 30분 동안 낮잠을 잤다. 이 특이한 일과는 이 영국 정치인에게 잘 맞아서 그는 총리로 두 번 재임했을 뿐 아니라 40권 이상의 책을 쓰고 노벨 문학상까지 받았다.

이렇게 여유로운 근무 시간은 흔치 않을 수 있지만 내가 장담하건대 당신의 근무 시간도 생각보다 융통성이 있다. 여기서 할 일 목록이 효력을 발휘한다. 연속으로 회의가 있는 날이라고 상상해보라. 마지막 회의가 오후 4시에 끝나서 퇴근 시간까지 두 시간이 남는다. 오후 6시까지 대단히 창의적인 제안서를 작성할 가능성은 작다. 하지만 할 일 목록에 태그를 달아놓았다면 그 시간을 최대한 활용할 수 있다. 당신은 최소의 에너지를 요구하는 일들을 간단한 작업 또는 저에너지 라벨을 사용해 묶어놓을 수 있다. 고도의 에너지가 필요한 작업이 진도가 나가지 않을 때도 좀 더 쉽게 처리할 수 있는 저에너지 업무를 골라서 해낼 수 있다. 이는 양방향으로 가능하다. 딥 워크 deep work (최대한 인지 능력을 발휘하여 완전한 집중 상태에서 하는 작업 - 옮긴이)나 두뇌 작업 태그는 집중이 필요한 작업을 묶는 데 도움이 될 수 있다. 그러면 적절한 때에 그것들과 씨름할 수 있다.

| 전체 | 저에너지 |
|---|---|
| ☐ | 미셸의 이메일에 답장 쓰기　저에너지 |
| ☐ | 내일 중복 예약 취소　저에너지 |
| ☐ | 영수증 스캔　저에너지 |

### 2. 장소

작업 장소를 지정하는 라벨을 사용할 수도 있다. 그러면 같은 장소 라벨이 붙은 몇 가지 작업을 한꺼번에 처리할 수 있다. 당신이 여러 장소에서 일한다고 가정해보자. 아마도 현장에서만 할 수 있는 작업이 있을 것이다. 집에서만 할 수 있는 작업이 있다면 '집'이라는 라벨을 붙인다. 그리고 '사무실' 같은 라벨은 근무 시간에 할 수 없는 모든 일을 제외시키므로 집중도를 높이기에 좋다.

필요한 특정 도구나 자원에 근거해 라벨을 붙이는 방법도 있다. '프린터'나 '드릴' 같은 간단한 라벨을 붙이면 된다. 저에너지 작업 모두가 같은 장소와 연관된 것은 아니다. 내 경우 '사무실'이라는 라벨로 필터링하면 영수증 스캔부터 시작할 수 있다는 것을 알 수 있다.

| 전체 | 집 | 사무실 | 저에너지 |

- 화분 물 주기  (집) (저에너지)
- 미셸의 이메일에 답장 쓰기  (저에너지)
- 내일 중복 예약 취소  (저에너지)
- 영수증 스캔  (사무실) (저에너지)

### 3. 사람

    요즘 이메일과 채팅으로 진행되는 작업이 점점 많아지지만, 나는 여전히 얼굴을 마주 보고 이야기할 때 일을 더 빨리, 더 잘 처리하는 경향이 있다. 영상 통화일지라도 되도록이면 일대일 만남을 틈틈이 계획한다. 라벨을 사용하면 사람들의 이름과 할 일을 연결할 수 있다. 내 예전 상사 알렉산더와 그랬듯이 말이다. 우리 둘 다 일정이 빡빡했기 때문에 나는 그와 마주치면 그 기회를 놓치지 않고 내 업무 목록에 있는 일들을 전부 이야기하고 싶었다. 알렉산더라는 라벨 하나만 누르면 그의 조언이 필요한 항목들을 필터링할 수 있었다.

    라벨을 사용함으로써 나는 할 일 목록에 유용한 층을 하나 더 두고 이미 조각난 시간을 최대한 활용할 수 있었다. 그리고 어떤 라벨이 다른 라벨보다 내게 효과적임을 알게 되었는데 당신도 선호하는 라벨이 생길 것이다. 당신에게는 사람 이름 라벨이 고에너지 또는 저에너지 작업 라벨보다 더 유용할 수 있다. 어떤 라벨이 자신에게 가장 효과적인지는 여러 가지를 시도한 다음 결정할 문제다.

| 전체 | 알렉산더 | 집 | 사무실 | 저에너지 |

- ☐ 마케팅 계획 초안에 대한 피드백 받기  〔저에너지〕
- ☐ 화요일 조와의 회의에 빠져도 되는가?  〔저에너지〕

## 6단계. 업무 영역 태그 달기

작업 관리를 위해 거칠 수 있는 마지막 단계가 있다. 바로 프로젝트 묶기다. 4단계에서는 긴 할 일 목록을 관리 가능한 프로젝트 집합으로 나누는 방법을 보여주었다. 다음 단계로 그 프로젝트들을 업무 영역으로 분류할 수 있다. 이는 프로젝트로 묶기와 마찬가지로 줌아웃하여 큰 그림을 보게 해주고 작업을 더욱 빠르게 필터링하는 데 도움이 된다.

제일 먼저 업무와 개인 용무 간에 선을 그을 수 있다. 이것은 매우 유용한 구분이지만 여기서 그치지 않고, 나아가 책무에 따라 프로젝트들을 묶을 수도 있다. 예전에 내가 블렌들에서 했던 일을 예로 들어보자. 최고 제품 책임자로서 나는 다음 네 가지 영역을 담당했다.

- **제품 개발** 제품을 개선하고 스마트 기능을 추가하여 사용자 기반을 확장하기 위해 노력했다.
- **팀 개발** 기존 직원을 교육하고 새로운 직원을 채용하여 직책마다 적임자를 배치하려 했다.

- **전략 개발** 회사의 미래 비전을 개발하기 위해 노력했다.
- **자기 계발** 계속 성장하고 도전하기 위한 조치를 취했다.

나의 모든 직무는 보통 이 네 가지 책임 영역 중 하나에 속했다. 나는 이러한 업무 영역에 따라 할 일 목록에 제품, 팀, 전략, 자기 계발 태그를 달았다. 아래는 내 싱스 앱 화면이다. 이런 업무 영역별 구분은 내가 큰 그림을 볼 수 있게 하는 동시에 (아마도 더 중요하게는) 프로젝트와 작업에서 누락된 영역이 눈에 띄게 해주었다. 블렌들-자기 계발이 비어 있으면 나는 새로운 강좌나 새로운 도전 과제를 찾아야겠다는 자극을 받았다.

```
◈ 블렌들-제품
○ 재무
○ 새 웹사이트
◈ 블렌들-팀
◈ 블렌들-전략
◈ 블렌들-자기 계발
◈ 개인 용무-집
◈ 개인 용무-사이드 프로젝트
```

우리의 업무 영역은 모두 다르다. 매출액 증가가 당신의 직무 중 하나라면 마케팅 캠페인을 함께 묶을 수 있다. 다음 스크린숏은 이것이 할 일 목록 앱에서 어떻게 표시될지를 보여준다.

개인 프로젝트에서도 똑같이 할 수 있다. 예를 들면 취미와 관련된 프로젝트나 집안일을 함께 묶을 수 있다. 하지만 단순함을 유지해야 한다는 것을 기억해라. 도움이 될 때만 조직화 단계를 추가해라.

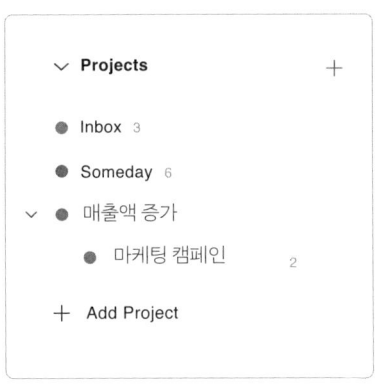

### 보너스 단계. 반복 작업과 프로젝트

내가 좋아하는 또 다른 유용한 옵션은 반복 작업 설정이다. 추천한 앱들은 모두 반복 마감일을 설정할 수 있어서 매일, 매주, 또는 심지어 1년에 한 번씩 반복되는 업무를 파악할 수 있다. 이 기능은 어떤 작업을 업무 루틴에 통합하고 싶을 때도 이상적이다. 나의 반복 작업에는 매일 최소 한 페이지씩 책 읽기, 일주일에 한 번 사용자가 보고한 문제 검토하기, 매달 주주 보고서 작성하기 등이 있었다.

다음 스크린숏은 매주 재활용 분리수거를 하라고 일깨워주는 반복 작업 내용이다. 다음은 반복 설정을 고려할 수 있는 작업이다.

- 핵심 수치 또는 보고서 검토
- 동료와의 회의
- 미리미리 휴가 계획 세우기
- 보험 갱신 또는 보험사 변경을 위한 보험 증서 확인
- 새로운 습관의 강화
- 정기적 주택 관리

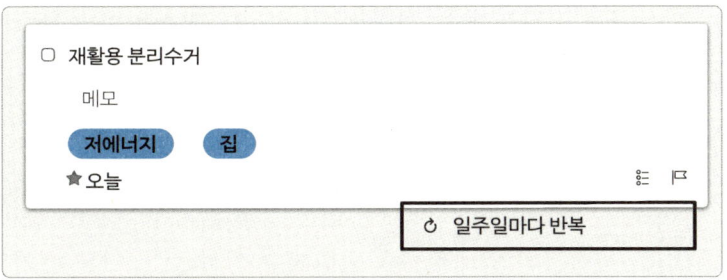

반복 작업을 할 일 목록이 아니라 일정표에 바로 추가하면 어떨까? 좋은 질문이다! 일정표는 특정 날짜에 해야 할 일들을 적어두는 곳이다. 반면 반복 작업은 잊고 싶지 않지만, 대개 특정 날짜와 무관한 일들이다. 만약 내가 어떤 일을 특정 날짜에 반드시 완료하고 싶다면 그 시간을 일정표에 확보해둘 것이다.

**2분 규칙**

프로젝트와 업무 영역으로 할 일 목록을 정리하고 환상적인 기분이 들더라도 그 자체를 목적으로 삼지는 마라. 나는 할 일 목록이 너무 길어지지 않도록 2분 규칙을 고수한다. 데이비드 앨런에게서 배운 또 다른 보석 같은 가르침으로, 2분 내로 할 수 있는 일이라면 그 자리에서 처리하라는 것이다. 그럼 기억할 일이 하나 줄어든다!

**대기 중 목록**

아마 당신은 적어도 일정 시간은 다른 사람들과 일하고 가끔은 그들의 후속 작업을 기다려야 할 것이다. 우리는 모두 업무를 잊거나 마감일을 지키지 못할 때가 있다. 하지만 자신의 업무를 위해 다른 사람들의 결과물이 필요할 때 누구와 무엇을 합의했는지 일별할 수 있는 믿음직한 개요가 있으면 도움이 된다. 이때 대기 중 목록이 유용하다. 사실 대기 중 목록은 '언젠가' 목록과 유사한 프로젝트이다. 다른 사람들이 건네주기를 기다리고 있는 모든 일을 대기 목록에 추가하거나 그쪽으로 옮겨라. 그러면 언제 다시 확인해야 하는지 한눈에 알 수 있다. 만약 별도의 목록을 만들고 싶지 않으면 앞서 말한 라벨을 사용해도 된다. 당신에게 가장 효과적인 라벨이라면 무엇이든 괜찮다.

## 할 일 목록의 활용

우리의 3단 로켓을 다시 상기해보자. 1단은 일정표다. 2단은 할 일 목록이다. 일정표에 빈 시간이 있을 때만 할 일 목록의 일에 손을 댄다. 다시 말하면 일정이 빌 때는 언제나 자동으로 할 일 목록을 연다. 이렇게 하면 하루에도 여러 번 할 일 목록을 보게 되므로 뇌가 열린 고리에서 정말로 벗어나서 이 시스템을 신뢰하기 시작할 것이다.

그런데 이 시스템이 현실에서는 어떤 모습일까? 내게 효과적인 방식은 다음과 같다.

- 지금 계획된 작업이 없는가? 오늘 목록을 열거나 오늘 날짜로 작업을 필터링한다. 각 작업에 대략적인 마감일을 이미 설정해두었기 때문에 오늘 하고 싶은 일을 즉시 확인할 수 있다.
- 목록을 훑어보고 하고 싶은 일을 고른다. 결정을 못 하겠는가? 아이젠하워 매트릭스를 사용하여 중요하나 긴급하지 않은 일을 우선으로 처리한다.
- 그날 할 일 중 가장 귀찮거나 짜증 나는 일을 제일 먼저 처리하는 습관을 들인다.

약속시간과 약속시간 사이, 점심 식사 후, 또는 일과 후에 짬이 있다면 잠깐 인박스를 확인하고 중요도에 따라 작업의 순위를 매겨라. 가능하면 하루에 한 번 이상 할 일 목록을 확인해라. 하지만 확인 못 하더라도 걱정하지 마라. 일정표와 할 일 목록의 어떤 일도 놓치지 않을 방법을 4장에서 보여줄 것이다.

신뢰할 수 있는 스마트 할 일 목록과 일정표를 만들었으니 이제 그 일들을 실제로 하기만 하면 된다.

### 3단 로켓

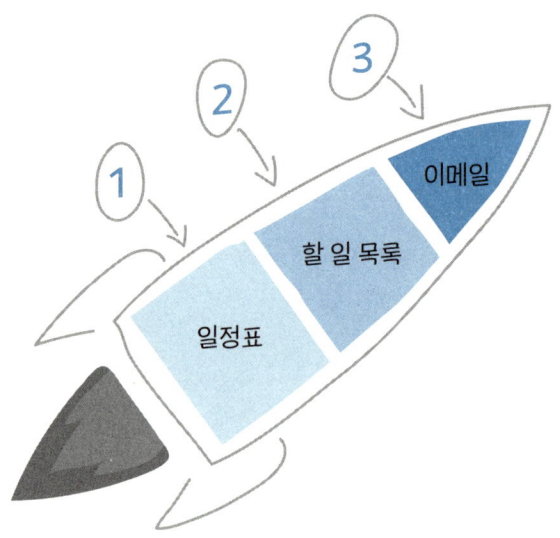

## 7가지 동기유발 요인

일한다는 게 이론적으로는 충분히 쉬워 보이지만, 생각과 현실은 다른 법이다. 당신이 나와 비슷하다면 무엇을 해야 하는지 안다고 해서 항상 충분한 건 아닐 것이다. 때로는 약간의 압박이 필요하다.

수년에 걸쳐 나는 일곱 가지 동기유발 요인motivator을 취합했고 현재 나 자신을 슬쩍 자극하기 위해 매일 사용하고 있다. 그건 마치 필요할 때마다 뒤져볼 수 있는 도구 상자를 가진 것과 같다.

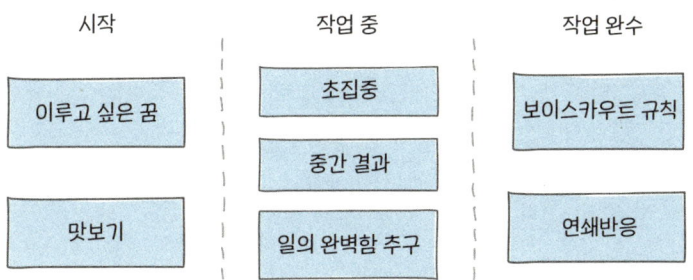

일에 착수할 마음이 일지 않을 때는 왼쪽 열의 동기부여 요인이 이상적이다. 그러나 착수가 어렵듯이, 작업에 대한 열의를 유지하고 완료까지 이끌어가는 것도 어렵다. 그럴 때는 가운데와 오른쪽 열에 있는 요인이 도움이 된다. 그 방법을 살펴보도록 하자.

### 동기유발 요인 1. 이루고 싶은 꿈

마음속에 목표가 있으면 일을 시작하고 끝까지 해내기가 훨씬 더 쉽다. 두려운 일이나 중단 후 다시 시작해야 하는 일인 경우는 특히 그렇다. 목적의식은 아주 중요한 동기유발 요인이다. 의사가 되고 싶어 하는 내 친구를 예로 들어보자. 그는 학위를 취득하기 위해 많은 것을 희생하고 엄청난 에너지를 쏟아부어야 한다. 동시에 무엇이 동기를 부여해주는지 종종 이야기한다. 그는 사람들을 돕는 데 필요한 전문 지식을 습득하고 싶다고 말한다. 그 목표는 그가 이루고 싶은 꿈이다. 그는 동기가 약해진다고 느낄 때마다 자신의 목표를 상기하면서 새로 에너지를 채운다.

'이루고 싶은 꿈'은 목표에 계속 집중하게 해주고 조금이라도 그것을 향해 노력하게 하는 동기유발 요인이다. 나의 경우 아침을 순조롭게 시작하면 온종일 힘차게 보낼 수 있다. 그래서 매일 밤 잠자리에 들기 전에 주방을 청소하고 집을 정리 정돈한다. 좋아하는 일은 아니지만 왜 그 일을 하는지는 잘 안다.

또 다른 예를 들자면, 관심을 끄는 다른 일이 항상 있기 때문에 내게는 새로운 팀원 채용이 좀처럼 최우선순위로 느껴지지 않지만, 장기적으로는 팀의 강화가 문제를 해결해준다는 것을 안다. 이 최종 목표를 염두에 두면 채용 업무를 처리하는 데 도움이 된다.

**동기유발 요인 2. 맛보기**

아이들의 편식은 악명이 높다. 그러나 낯선 맛과 질감 천지인데 누가 아이들을 탓할 수 있겠는가? 어떤 부모들은 '한 입만'이라는 말로 이 문제를 해결한다. 아이가 몇 번만 먹어보면 사실 맛이 괜찮다는 것을 깨닫게 되리라는 생각에서다. 그것이 평생 브로콜리를 좋아하게 되는(안 될 게 뭔가?) 시작점이 될 수도 있다.

한 입만 맛보기는 이른바 편식쟁이만을 위한 동기유발 요인이 아니다. 우리 모두가 첫 번째 장애물을 넘는 데 도움을 줄 수 있다. 이 동기유발 요인을 사용하는 요령은 다음과 같다.

- **쉽게 달성할 수 있는 명확한 목표를 세운다.** 그것을 달성하는 즉시 그만둘 수 있다. 일단 100단어만 써보자거나 아직 펼치지도 못한 책을 다섯 쪽만 읽어보자고 할 수 있다. 원하는 만큼 작은 과업을 정하라. 한 문장 쓰기도 좋고, 두 페이지 읽기도 좋다. 그 목표에 도달하면 계속하고 싶을 수도 있다.
- **범위를 한정한다.** 10분 동안 제안서를 작성해본다. 그 뒤에도 여전히 막히면 중단한다. 대개 몇 분이면 일의 흐름을 타기에 충분하다. 또는 프란체스코 치릴로 Francesco Cirillo의 포모도로 기법 Pomodoro Technique을 사용해본다. 타이머를 25분으로 설정한다. 타이머가 울릴 때까지 일에 집중한다. 5분간 휴식한다. 이를 반복한다.
- **재미있는 것으로 시작한다.** 나는 아이패드용 애플 펜슬을 집어 들 때 즐겁다. 그것은 마치 마법처럼 아직도 새롭다. 그리고 머릿속에 있는 것을 그리려고 노력하다 보면 종종 새로운 통찰이 떠오른다는 것도 알고 있다. 그래서 시작하고 싶지 않은 일이 있을 때

는 생각을 가시화하기 위해 아이패드를 집어 든다. 당신에게도 이와 같은 효과가 있는 뭔가가 있는지 살펴보라. 당신이 신나게 일을 시작하게 해주는 것이 있는가?

**동기유발 요인 3. 초집중**

완전히 집중한 상태, 주변 세상을 잊을 만큼 완전히 몰두한 느낌보다 좋은 것은 없다. 하지만 우리 인간이 실제로 한 가지 일에 얼마나 오래 집중할 수 있다고 생각하는가? 2005년 캘리포니아대학교에서 진행한 한 연구에 따르면 최대 11분이라고 한다.[1] 다른 연구에서는 우리를 방해하는 사람이나 산만하게 만드는 메시지가 항상 있어서 한 번에 3분 이상 집중할 수 없다고 한다. 작업 중단 후 제자리로 돌아오려면 엄청난 에너지가 필요할 수 있다. 피곤하면서도 너무나 익숙한 일일 것이다.

작업 공간과 환경도 집중력에 큰 영향을 미친다. 항상 초집중에 미치지 못하는 듯하거나 절제력을 너무 많이 요구한다면 몇 가지 소소한 작업 공간 조정이 도움이 될 수 있다. 몇 가지 제안을 하자면 다음과 같다.

- **알림을 끈다.** 끝없이 들어오는 메시지는 집중력을 앗아간다. 휴대전화의 진동이나 화면에 깜빡이는 알림 숫자도 무시하기가 너무 어렵다. 집중력을 높이고 싶다면 모든 기기의 알림을 꺼라. 알림

의 주기능은 당신이 행동하게 하는 데 있다. 진동, 소리, 선명한 색상은 즉시 우리의 주의를 끈다. 그것들을 끄면 당신으로부터 무언가를 원하는 다른 사람들에게 언제 주의를 기울일지를 통제할 수 있다. 나는 마우스를 가져가지 않으면 작업 표시줄과 메뉴 바가 자동 숨김이 되도록 내 맥 컴퓨터를 설정해두었다. 다른 운영체제의 자동 숨김 설정 방법도 구글을 검색해보면 바로 알 수 있다.

- **사용하고 있는 프로그램 외의 것들은 닫는다.** 책상이 깨끗해야 일하기가 더 쉽다. 그래서 나는 디지털 작업 공간도 깨끗하게 유지하라고 충고한다. 한 번에 하나의 프로그램만 (또는 정말 필요한 프로그램들만) 열어두는 습관을 들여라. 산만함이 최소화될 것이다.

- **좋은 헤드폰에 투자한다.** 나는 사무실에서 헤드폰을 즐겨 쓰지만, 집에서 일할 때도 아주 유용하다. 주변의 소리를 차단하여 주변 사람들의 소리가 거의 들리지 않는 노이즈 캔슬링 헤드폰을 사용해보라. 나는 열렬한 팬이다!

- **일하는 데 도움이 되는 음악이 있다면 준비해놓는다.** 나는 데스메탈(파괴, 죽음, 고통 등 무거운 소재를 사용하는 과격한 사운드의 헤비메탈 – 옮긴이)을 들을 때 작업 성과가 가장 좋은 사람들을 알고 있다. 집중력을 향상해준다고 입증된 다양한 소리를 들려주는 노이즐리 noisli.com와 포커스앳윌 focusatwill.com 같은 서비스도 있다. 아니면 스포티파이에서 집중력을 높여주는 음악 플레이리스트를 찾아보라. '맥시멈 콘센트레이션 Maximum Concentration'을 검색해서

들어보면 아주 좋을 것이다.

- **시야를 바꾼다.** 집에서 일하든 사무실에서 일하든 사람들이 돌아다니는 모습이 눈에 들어오면 주의가 산만해지고 집중력이 흐트러질 수 있다. 벽을 마주하든 창을 내다볼 수 있게 하든 전망을 바꾸면 일시적일지라도 집중력이 높아지는 것으로 알려져 있다. 어디에서 가장 일이 잘되는지 실험하고 알아내도록 하라.

- **가능하면 다른 사람들이 볼 수 있는 곳에서 일한다.** 당신은 어떤지 모르겠지만 나는 일하는 사람들로 둘러싸인 사무실이나 카페에서 확실히 더 많은 일을 해낸다. 이런 식의 감독이 나를 일에 더 집중하게 만든다.

- **자신에게 집중을 강제할 수 있는 다른 방법을 찾는다.** 작가 루만 알람Rumaan Alam은 책을 쓰고 싶을 때 남편의 힐튼 호텔 포인트로 며칠씩 호텔 방에 틀어박혀 지냈다. 이는 빨래 개기, 저녁 식사 준비, 고지서 납부 등의 방해 요인들을 뒤로하고 글쓰기에 온전히 몰두할 수 있게 해준다. 3주 만에 그는 최신 소설의 초고를 완성했다.

- **한 번에 한 가지 일만 한다.** 전적으로 이 개념만 다룬 책이 많지만, 요지는 하나다. 여러 가지 다른 과업을 동시에 해내려고 하지 않을 때 일을 더 빨리, 더 잘 해낸다는 것이다.

---

**포커스 메이트**

작업을 지속하기 위해 추가적인 도움이 필요하다면 포커스 메이트 닷컴

> (Focusmate.com)의 이용을 고려해보라. 이 서비스는 지구 어딘가에 있는 한 사람을 무작위로 50분 동안 연결해준다. 두 사람은 무슨 작업을 하고 있는지 짧게 공유한 후 카메라를 켜두고 작업을 시작한다. 일이 막힐 때 이 서비스는 내가 본궤도로 돌아오게 하는 데 매우 효과적이다. 얼마나 효과적인지 아마 당신도 놀랄 것이다.

### 동기유발 요인 4. 촉매제: 중간 결과

과학 시간에 배웠던 이 용어를 기억할 것이다. 화학에서 촉매제는 반응 속도를 높이기 위해 추가하는 새로운 물질을 말한다. 일을 할 때 중간 결과는 탁월한 촉매제다. 이루고 싶은 꿈이라는 동기 요인과 달리 촉매제는 결승선 도달이 아니라 일의 진전을 이야기한다.

솔직히 우리가 중간 결과를 더 많이 활용하지 않는다는 게 나는 놀랍다. 이미 한 일을 보면 다음 단계를 추진할 에너지가 생긴다. 산을 오르는 것과 비슷하다. 얼마나 올라왔는지 가끔 뒤돌아보면 계속 산을 오를 힘이 생긴다. 다음 표는 중간 결과를 어떻게 활용할 수 있는지를 보여준다.

#### 1. 중간 결과 달성

내 경험상 큰 프로젝트의 최종 목표를 달성하려면 중간 결과를 알 필요가 있다. 피드백을 통합해 진행 과정을 미세하게 조정하면 최종 결과가 더 좋아질 뿐 아니라 중간 결과를 보면서 계속 활기

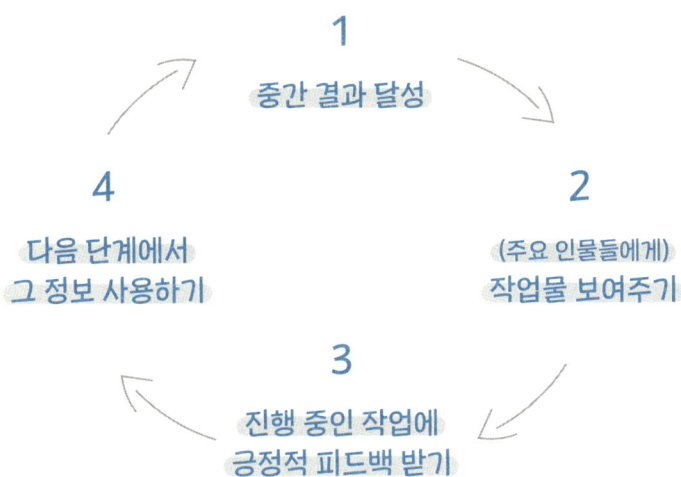

차게 몰두할 수 있다.

중간 결과가 유용하려면 두 가지가 확인되어야 한다. 1)실행 가능해야 하고 2)중간 결과를 받는 사람에게 가치가 있어야 한다. 당신이 중요한 프레젠테이션을 준비하고 있다고 해보자. 첫 번째 중간 결과는 프레젠테이션의 개요와 슬라이드 목록이 될 수 있다. 아직 준비가 다 끝나지는 않았지만 공유할 수 있는 가시적인 진전이다.

또는 여섯 가지 마케팅 캠페인의 디자인 작업을 맡았다고 가정해보자. 고객에게 여섯 개 모두의 스토리보드를 제시하는 것보다 한 개의 캠페인을 먼저 완성해서 보여주면, 클라이언트가 최종 결과물에 대해 훨씬 더 명확하게 그림을 그려볼 수 있을 것이다. 다시 말해, 중간 결과물이 이미 클라이언트에게 확실한 가치를 제공하는 것이다.

## 2. (주요 인물들에게) 작업물 보여주기

당신이 작업 중인 것을 다른 사람들이 알아서 볼 거라고 가정하지 마라. 진행하면서 작업물을 적극적으로 공유하는 것은 당신의 몫이다. 나는 이 과정에서 아는 사람들에게 협조를 구하는 경우가 얼마나 드문지를 보고 자주 놀란다. 왜 그런지 우리는 우리의 작업이 그 자체의 장점으로 주목받으리라고 생각한다. 주목받지 못한다면 그만큼 훌륭하지 못한 게 틀림없다고 여긴다. 물론 말도 안 되는 생각이다. 사람들은 자기 일을 하느라 바쁘다. 그들의 침묵을 나쁜 신호로 받아들이는 대신 당신의 작업이 그들의 레이더에 아직 잡히지 않았다고 추정하는 게 더 옳다. 당신의 작업을 자랑스럽게 여기고 당신이 얼마나 신이 났는지 다른 사람들에게 알려라!

누군가와 작업을 공유하는 시점이 빠를수록, 그 사람이 누구인지가 더 중요해진다. 막 일을 시작했을 때는 긍정적 에너지를 받고 싶을 테니 말이다. 통념에 따르면 파트너, 부모, 친구 등 당신이 아끼는 사람들로부터 유용한 조언을 기대하면 안 된다. 그들은 결함에 대해 솔직하게 말할 가능성이 적기 때문이다. 하지만 초기 단계에서는 그런 긍정적 반응을 들으면 격려가 되고 계속해서 앞으로 나아갈 수 있게 해준다.

일하다가 중간에 막힐 때도 당신의 작업물을 보여주면 도움이 될 수 있다. 당신의 고객(또는 독자나 사용자)에게 가치 있는 무언가를 제공하려면 당신이 어떤 작업 과정에 있는지 명확히 해야 하기 때문이다. 간단한 프레젠테이션 초안에 2부, 3부라고 표시한 빈 슬라이드를 추가해 작업이 이어질 거라고 알려주기만 해도 된다. 그 과정에서 새로운 영감이 자주 떠오를 것이다.

### 3. 진행 중인 작업에 긍정적 피드백 받기

이제 내가 가장 좋아하는 부분이다. 주요 관계자에게 당신의 작업물을 공유한 후에는 편안히 앉아 그들의 반응을 받아들이면 된다. 그리고 부끄러워하지 마라. 지금은 당신의 작업에 자부심을 가질 때다. 신나는 무언가를 만들었으니 만천하에 알려라! 이 단계에서 많은 에너지를 얻을수록 더 보람을 느낄 것이다.

### 4. 다음 단계에서 그 정보 사용하기

긍정적인 반응 외에 당신의 작업을 개선할 방법에 대한 조언도 얻을 수 있다. 기분이 상할 수도 있겠지만 조언을 무시하지 마라. 그들의 조언을 다음 단계에 반영하라. 격려 이상의 것을 적극적으로 구하려면 "어떻게 생각하세요?"에서 "개선점 한 가지를 지적해주시겠어요?"로 질문을 바꿔라. 모든 지적을 고려하고 이 과정을 다시 신속히 반복 진행하라.

대부분의 소프트웨어 엔지니어는 이 원칙에 익숙하다. 그들의 모든 코드는 동료들에게 공개되어 빠른 피드백과 흥미를 불러일으킨다. 이 단계를 적용하면 모두가 이 강력한 동기유발 요인의 이점을 누릴 수 있다.

## 동기유발 요인 5. 일의 완벽함 추구

몇 년 전 나는 〈스시 장인: 지로의 꿈〉이라는 멋진 다큐멘터리를 보았다. 영화는 늙은 일본인 요리사(당시 85세) 오노 지로의 정확하고 계획적인 일상을 따라간다. 그는 매일 같은 시각에 집을 나서서 같은 기차를 기다렸다가 타고, 그와 그의 팀은 매일 전 세계적으로 유명한 초밥을 만든다. 지로의 제자들은 그의 수많은 기술 중 하나를 완전히 익히기 위해 몇 달 동안 훈련받는다. 훈련은 쉽지 않지만, 그들은 일에서 진정한 즐거움을 느낀다. 이상적인 식감을 위해 문어를 50분 동안 주무르는 것이든 밥을 적정 온도로 식히는 것이든, 모든 세부 사항이 완벽해야 한다. 그런 완벽 추구가 핵심이다. 그리고 영화는 그 모습을 아름답게 포착한다.

이번 동기유발 요인의 경우 어떻게 시작하는가가 아니라 어떻게 끝까지 유지하느냐가 포인트다. 규모가 큰 일을 하고 있거나 사실상 일을 끝내지 못하고 계속 진행 중일 때는 매 순간 완벽함을 추구하기가 힘들다. 중간 결과가 훌륭한 추진체지만 우리는 지로와 일본인의 카이젠改善 개념으로부터 다른 유형의 동기 요인을 빌려올 수 있다.

카이젠은 '더 나은 방향으로의 변화' 또는 '개선'을 뜻하는 일본어 단어다. 바쁘고 목표 지향적인 생활 속에서 우리는 결과를 무엇보다도 중시하는 경향이 있다. 카이젠은 그 반대다. 결과가 아닌 여정에 초점을 맞춘다. 작업 행위 자체에 대한 깊은 감사와 부단히 완성해가는 과정을 중시한다. 이 아이디어는 계속 앞으로 나아가게 하는 강력한 동기가 될 수 있다. 주의 깊게 반복하다 보면 작업의 아름다움이 보이기 시작한다. 작업을 어떻게 개선할 수 있는지도 알게 된다. 그리고 이렇게 반복하는 과정을 거치며 작업이 어느 정도 예측 가능해진다. 이러한 예측 가능성에는 추가적인 이점이 있다. 현재 무엇을 하고 있고 다음 단계가 무엇인지 정확히 알면, 여러 작업 중에서 하나를 선택해야 하는 스트레스가 줄어든다는 것이다. 나는 이 동기유발 요인의 열렬한 팬이고, 당신도 일하면서 이를 받아들이기를 권한다.

### 동기유발 요인 6. 보이스카우트 규칙

보이스카우트 규칙은 열린 고리를 매듭 지어야겠다는 마음이 생기지 않을 때를 위한 것이다. 내가 다른 소프트웨어 엔지니어들로부터 배운 이 동기 요인은 한층 더 노력하도록 우리를 밀어붙인다.

프로그래머의 임무는 새로운 기능을 만들어내는 것이지만

그들의 시간은 대부분 기존 코드의 일부를 수정하고 버그를 해결하는 데 쓰인다. 일단 문제가 해결되어도 원래 코드는 여전히 약간 지저분할 수 있다. 어떤 프로그래머는 불완전한 코드를 그대로 둘 수도 있다. 어쨌거나 원래 코드는 현재 작업의 일부가 아니니 말이다. 하지만 훌륭한 프로그래머는 그러지 않는다. 훌륭한 프로그래머들은 보이스카우트 규칙을 준수하여 항상 자신이 발견한 상태보다 더 깔끔한 코드로 만든다. 자연 속의 진짜 스카우트들처럼.

보이스카우트 규칙은 그 자체로 보상이 된다. 작업을 잘 끝내고 싶은가? 그렇게 하라. 당신이 무슨 일을 하고 있든 바로잡거나 정리해야 할 것들에 항상 부딪히기 마련이다. 마스터플랜에만 눈이 멀지 말고 정리해가면서 일하라. 미납 청구서를 발견한다면 다른 사람이 처리하도록 메모해두어라. 공유 문서를 편집하면서 이전 초안을 발견한다면 보관해두어라. 빈틈없이 하면 그 일을 더 잘하게 될 것이다. 그리고 더 만족스럽게 마무리하게 될 것이다.

**동기유발 요인 7. 연쇄반응**

결승선을 두고 꾸물거리고 있을 때를 위한 동기유발 요인이 하나 더 있다. 당신의 작업이 촉발할 연쇄반응을 상상해보는 것이다. 당신이 수행 중인 업무나 작업이 사실상 최종점인 경우는 거의 없다. 대개 다른 사람들이 당신의 작업을 기반으로 작업하기 위해 기다리고 있다. 크든 작든 당신의 기여가 그들의 출발점이고, 당신이 작업에 투자한 에너지가 그들을 앞으로 나아가게 한다.

연쇄반응을 일으키려면 당신이 언제 끝낼지를 다른 사람에게 필수적으로 알려야 한다. 사람들이 당신의 결과물을 기다리고 있다면, 작업 중이며 완료되는 대로 공유하겠다고 알려주는 친절을 베풀어라. 그들이 당신이 거의 완료했다는 사실을 알고 있는지 확신이 서지 않는가? 대개는 과도한 소통이 너무 부족한 소통보다 낫다.

이 장에서 당신은 백업 뇌를 구축하기 시작했다. 그것이 가져다주는 명확성과 평온함 그리고 뇌를 본연의 역할인 사고에 집중하게 하는 방식을 경험했다. 일정표를 사용하여 방향을 잡고 할 일 목록 앱으로 명료하게 사고하는 것은 자신에게 주는 선물이자 환상적인 시작이다. 이제 업무에 필수인 또 한 가지, 이메일을 다루려 한다. 연구에 따르면 직원들은 이메일에만 일주일에 평균 열세 시간을 쓴다고 한다.[2] 이에 대해 무언가 조치를 취할 수 있을까? 끊임없는 업무 연락에 어떻게 대처할 수 있을까? 그리고 어떻게 하면 이메일을 처리하는 시간을 최대한으로 활용할 수 있을까? 다음 장에서 다룰 내용이 바로 그것이다.

# 3. 이메일 처리 시간을 일정에 넣어라

## 효율적으로 메일함 관리하기

만약 이제부터 이메일을 읽거나 답장을 보낼 수 없다고 말한다면 어떨까? 당신은 무슨 생각을 할까? 그럴 리 없다는 생각? 기존 고객들에게 작별 인사를 하고 새로운 고객의 유치도 잊어야겠다는 생각? 이메일을 무시하면 직장을 잃을 수도 있다는 생각? 그런데 이메일이 그토록 중요하다면, 당신은 매일 이메일 처리 시간을 일정표에 따로 두는가? 이메일이 당신이 하는 일에 필수라면(내 경우는 분명히 그렇다) 일정표에서 확실한 자리를 차지해야 마땅하다.

    1장에서 우리는 일정표의 기본과 한 주를 계획하는 법을 살펴봤다. 2장에서는 할 일 목록을 작성하여 더 중요한 일에 뇌를 되돌려주는 법을 다루었다. 이제 한 주 계획의 세 번째 요소로 이메일 처리를 위한 시간을 지정하는 법을 다루려고 한다. 그렇다, 오늘부터 이메일은 더 이상 시간 날 때마다 틈틈이 처리할 일이 아니다.

하루에 세 번, 한 번에 30분씩 시간을 배정해두는 것으로 시작하라. 그 30분 동안 나는 최대한 많은 이메일을 처리하려고 노력한다. 미처 처리하지 못한 메일은 다음 이메일 처리 시간으로 넘긴다. 이메일 처리 시간은 아침 첫 업무로 한 번, 점심시간 전이나 후에 한 번, 근무 시간이 끝나기 직전에 한 번, 이렇게 분산한다. 하지만 90분이면 정말 충분할까? 우리 대부분에게는 그렇다. 분명히.

잠시 일정표에 적어둔 다른 업무들은 전부 무시하고 일정표상에서 이메일 처리 시간이 어떻게 보일지 아래 표를 살펴보라.

| | 11 월요일 | 12 화요일 | 13 수요일 | 14 목요일 | 15 금요일 |
|---|---|---|---|---|---|
| 8:00 a.m. | | | | | |
| 9:00 a.m. | 이메일 9:00 a.m. | 이메일 | 이메일 | 이메일 | 이메일 |
| 10:00 a.m. | | | | | |
| 11:00 a.m. | | | | | |
| noon | | | | | |
| 1:00 p.m. | 이메일 12:30 a.m. | 이메일 | 이메일 | 이메일 | 이메일 |
| 2:00 p.m. | | | | | |
| 3:00 p.m. | | | | | |
| 4:00 p.m. | | | | | |
| 5:00 p.m. | 이메일 5:00 p.m. | 이메일 | 이메일 | 이메일 | 이메일 |

처음에는 과하다고 느껴지더라도 이 전략을 시도해보라. 효과가 있기 때문이다. 그리고 그 이유는 다음과 같다.

- 이메일을 바로바로 관리하는 데 실제로 얼마나 시간이 걸리는지 확인할 수 있다. 지금은 아마 모를 테니 그건 발전이다.
- 다음 이메일 처리 시간에 확인하면 되니 다른 시간에는 메일함을 닫아둘 수 있다.
- 간과한 이메일이 있지 않을까 하는 걱정을 그만둘 수 있다. 왜냐하면 다른 업무에서 이메일을 분리했기 때문이다. 이 점에 대해서는 잠시 후에 자세히 알아보도록 하겠다.

근무 시간 내내 이메일에 답장만 쓰기는 어렵지 않을 것이며 당신도 원한다면 분명 그럴 수 있을 것이다. 사실 수년간 나는 이메일에 너무 많은 시간을 썼다. 물론 나와 함께 일했던 사람들은 자신들의 질문에 대한 나의 신속한 답변을 좋아했지만, 정작 나는 가장 중요한 일을 하는 데 어려움을 겪었다. 이메일은 가려움과 같다. 긁을수록 심해진다. 더 많은 메시지를 보낼수록 더 많은 메시지를 받게 된다(대개 답장할 수 있는 속도보다 빠르게). 당신이 즉시 답장해주는 사람으로 소문이 나면 사람들도 금방 따라서 메일을 보내는 경향이 있고 거기에는 결과가 따른다. 생각해보면 우리가 이메일에 너무 많은 시간을 할애하는 것은 정신 나간 짓이다. 그건 타인이 우선시하는 일에 응답하고 그것을 처리하는 데 우리의 시간을 쓴다는 뜻이다. 그건 내가 너무 잘 아는 상황이다.

　　블렌들이 네덜란드에서 성장하기 시작했을 때 처리해야만 하는 이메일의 양은 그야말로 폭증했다. 곧 메일함이 내 시간을 지배했다. 무언가 바꿔야 했다. 나는 낮 동안 이메일을 완전히 무시하면 훨씬 더 많은 일을 해낼 수 있음을 알아차렸다. 중요한 이메일도 있었지만 급하지 않은 것들이 대부분이었다. 결과는? 나는 이른 아침과 저녁 시간으로 이메일 처리를 미뤄두었다가 이전과 같은 방식으로 처리했다. 당연히 이 방식은 큰 성공을 거두지 못했다. 얼마 후부터 나는 아침 일찍부터 밤늦게까지 일하면서 나와 내가 아끼는 사람들을 불행하게 만들었다. 나에게는 더 나은 계획이 필요했다. 하지만 끊임없이 날아드는 이메일들 가운데서 정말로 중요한 이메일을 어떻게 골라낼 수 있을까? 그리고 초과근무를 해가며 메일함을 관리하지 않고도 가장 중요한 업무를 처리할 방법은 무엇일까?

### 다른 접근법 찾기

　　당신의 받은메일함이 어떤 상태인지 모르겠지만 관리하기를 포기했다고 해도 나는 놀라지 않을 것이다. 아니면 정기적으로 저녁 내내 또는 토요일 오전 내내 받은메일함을 정리하고 있을지도 모른다. 당신의 자유 시간을 단축하고 일시적인 완화를 가져올 뿐인 접근법이다.

그런 이유로 나는 완전히 다른 방법을 시도해보기를 권한다. 내 방법은 모든 메시지를 처리하고 받은메일함을 비워내는 어떤 이상적인 최종 목표를 추구하지 않는다. 그럼 어떤 방법일까? 내 방법의 핵심은 이것이다. 다른 업무 틈틈이 이메일을 끼워 넣는 대신, 하루 중 고정된 시간을 이메일에 할애하는 것이다. 이 시간에 당신은 가능한 한 많은 이메일을 처리하고, 그 어느 때보다 이메일 처리에 집중한다. 그리고 그런 방법에는 이점이 있다.

곧 간단한 체크리스트를 사용해서 개별 이메일을 더 빠르게 처리하는 방법을 보여주겠다. 첫 번째 단계는 이메일을 묶음 단위로 처리하는 것이다.

**묶음 처리**

일정표에 있는 비슷한 종류의 작업(예를 들면 이메일)을 모아서 처리하는 방법은 간단하지만 효과가 있다. 그 이유는 다음과 같다.

- 모든 도구와 적절한 소프트웨어가 준비되어 있어 시간을 절약하고 쉽게 작업을 완료할 수 있다.
- 작업이 반복적이므로 몰입하기 쉽다. 회의와 창의적인 브레인스토밍, 통화, 이메일 보내기 등 다른 과업들 사이를 오갈 때는 그런 몰입이 불가능하다.
- 멀티태스킹은 신화다. 한 번에 여러 작업을 수행한다는 건 사실 작업

> 사이를 빠르게 오간다는 뜻이다. 그리고 주의를 전환하여 당면한 일에 완전히 집중하기까지는 늘 시간이 걸리기 때문에 멀티태스킹은 주의를 얕게 분산시킨다. 한 번에 한 가지 일을 하는 편이 훨씬 효과적이고 스트레스가 덜하다.
> - 한 번에 얼마나 많은 작업 또는 이메일을 처리하기를 원하는지 또는 시간을 얼마나 거기에 쏠지 정해두었으므로 종료점이 명확한 상태에서 작업할 수 있다.

30분은 긴 시간 같지 않지만, 그 시간에 메일함을 얼마나 많이 관리할 수 있는지 놀랄 것이다. 비법은 이메일의 삭제가 아니라 이메일의 처리다. 간단히 말해서 이메일을 주의 깊게 읽고, 후속 조치를 결정한 다음 발신자에게 연락하는 것이다.

어떻게? 받은메일함의 맨 위에서 시작하여 아래로 내려간다. 모든 수신 메일은 다섯 가지 중 하나로 처리할 수 있다.

1. 요청을 거절하기로 한다. → 그 결정을 알리고 이메일을 보관한다.
2. 취해야 할 조치가 없다. → 이메일을 보관하기만 하면 된다.
3. 2분이 안 걸리는 조치가 필요하다. → 그 자리에서 처리한다.
4. 시간이 더 걸리는 조치가 필요하며 정해진 기한이 있다. → 곧바로 일정표에 그 업무 일정을 잡는다.

5. 시간이 더 걸리는 조치가 필요하지만 정해진 기한은 없다. → 할 일 목록에 과업을 추가한다.

다음 도표는 이런 처리 과정을 순서도로 보여준다. 어떤 범주에 속하는 메일이든 발신자에게 신속히 답장을 보내라. 지금은 그들의 요청에 응할 수 없더라도 가능한 한 빨리 답장한다. 나중에 해보자고만 해라. 정확히 언제라고 지정할 필요는 없다.

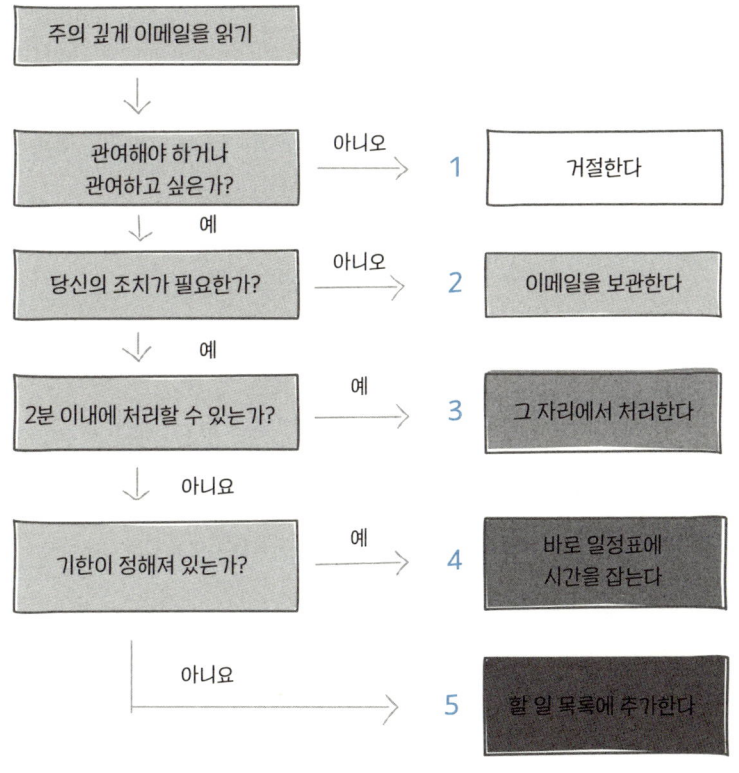

고객이 다음 주말까지 견적을 보내달라고 요청했다고 하자. 일정표를 확인하니 화요일 오후에 빈 시간이 있어 그때 견적을 보내기로 일정을 잡아둔다. 이 시점에서 고객에게 화요일에 견적을 내주겠다고 답장을 보낼 수도 있지만 그러면 계획이 어긋났을 때 여유가 없다. 그러므로 그들의 요청을 확인했으며 살펴보고서 다음 주에 다시 연락하겠다고 답장하는 게 더 현명하다. 원한다면 일정표에 금요일 마감이라고 적어두어라. 그렇게 하면 여유가 있다.

### 1. 거절한다

언제든 거절하는 답장을 보낼 수 있다는 것을 명심하라. 새 일을 수락하기 전에 1장의 아이젠하워 매트릭스에 대입해본다. 요청받은 일이 당신이 설정한 우선순위에 부합하는가? 그렇지 않다면 요청을 거절한 충분한 이유가 된다.

상사나 부서장이 요청한 일도 마찬가지다. 선별하라. 그들이 요청한 업무의 다수가 당신 업무의 우선순위와 일치하지 않는다면 그들에게 알려야 한다. 요청받은 일 한 가지를 그냥 해주는 게 지금은 편할지 몰라도 장기적으로는 당신의 시간 투자에 대해 신중하게 고려하는 편이 회사에 더 좋다. 그 인식의 첫걸음은 본연의 업무를 방해하는 요소들을 지적하는 것이다.

## 2. 이메일을 보관한다

이메일을 읽었는데 당신이 취할 조치가 없으면 메일을 보관해둔다. 많은 사람이 이메일을 여러 폴더로 나누어 정리한다. 당신도 그럴 것이다. 이제 그런 시간 소모적인 습관을 끊을 때다.[1] 이메일 검색 기능이 계속 향상됨에 따라 이메일 찾기는 이제 식은 죽 먹기다. ('대화 형식으로 보기'로 설정해놓아라. 그러면 자동으로 관련 이메일이 함께 뜬다.) 또한 스토리지 요금도 점점 저렴해지고 있으므로 받은메일함 용량도 문제가 되지 않을 것이다. 만약 문제가 된다면, 가끔씩 오래된 이메일 덩어리를 영구 삭제하는 것이 마주치는 모든 메시지를 보관할지 삭제할지 고민하는 것보다 더 효율적이다.

나의 조언은 삶을 단순화하라는 것이다. 처리한 이메일은 하나의 범용 보관함으로 이동시켜라. 당신의 이메일 소프트웨어에 보관함이 없다면 새로운 폴더를 만들고 보관함이라고 이름 붙여라. 이메일을 처리한 다음 매번 적합한 폴더를 찾느라 스크롤할 필요가 없다. 보관함에 저장하면 끝이다.

## 3. 그 자리에서 처리한다

시간과 수고를 대폭 덜어줄 수 있는 또 다른 좋은 습관이 있다. 2분 이내에 처리할 수 있는 이메일이라면 바로 처리하라. 그러면 일정표에 빈자리가 있는지 살펴보거나 할 일 목록에 또 다른 항목을 추가할 필요가 없다.

### 4. 바로 일정표에 시간을 잡는다

기한이 있는 (그리고 2분 이상 소요되는) 업무 메일은 일정표로 보내는 게 적합하다. 그렇게 하면 작업을 확실히 끝낼 수 있다. 30분도 걸리지 않을 일이라는 것을 알더라도 할 일 목록을 지나쳐 일정표로 직행하라.

완충 장치도 중요하다. 마감 직전에 작업 일정을 잡는 대신 적어도 하루 전으로 일정을 잡아라. 그러면 예상보다 일이 더 많거나 예상치 못한 일이 발생해도 걱정이 없다. 그리고 작업이 잘 진행된다면 일정보다 일찍 결과물을 전달해줄 수 있다.

### 5. 할 일 목록에 추가한다

당신이 조치를 취해야 하고 마감일이 정해져 있지 않은 업무 메일은 할 일 목록으로 보내면 된다. 바로 새로운 작업으로 추가해두면 나중에 처리하기 좋을 것이다. 그 이메일을 처음부터 다시 읽고 이해하지 않아도 되기 때문이다. 그리고 업무는 당신이 수행할 작업 행동으로 써둔다('회의 준비'처럼 모호하게 써두지 말고 '출장 요리 업체에 전화해서 점심 회의 선택지 문의하기'처럼 적어둔다). 그러면 어디서부터 시작해야 하는지 금방 파악될 것이다. 하지만 언제 그 일을 할지는 아직 걱정하지 마라. 다음 장에서 새로운 한 주 계획의 일부로 할 일 목록을 다시 알아볼 때 그 점을 살펴볼 것이다.

어떤 조치를 일단 발신자에게 답장을 보내고 나면 해당 메일은 보관함으로 보낼 수 있다.

효율적인 이메일 사용법을 전부 알더라도 시도 때도 없이 받은메일함에 신경이 쓰인다는 걸 인정한다. 사실 우리는 이메일에 중독되어 있다. 그리고 그것은 우연이 아니다.

## 이메일은 왜 그렇게 중독성이 있는가?

니르 이얄Nir Eyal은 그의 책《훅》에서 우리가 제품에 중독되는 과정을 분석한다. 우리는 이메일을 확인하고 싶은 충동을 아주 잘 안다. 아침에 일어났을 때, 계산대에서 줄을 서서 기다리는 동안, 심지어 친구와 이야기하는 동안에도 거부하기가 어렵다. 이얄에 따르면 이는 우연이 아니다. 이메일은 습관을 만드는 기술 제품이기 때문이다. 이메일은 다음 조건을 모두 갖추고 있다.

1. 일상성과 흥미진진함을 결합하여 기대감을 높인다. 무엇을 받게 될지 알 수 없다.
2. 접근성이 매우 높다.
3. 시선을 끄는 빨간 점이나 진동 알림으로 주의를 끌어당긴다.
4. 성취감을 주고, 이는 즉각적인 만족감으로 이어진다.

찰스 두히그Charles Duhigg의 책《습관의 힘》은 이런 중독이 어떻게 작용하는지 설명한다. 그는 모든 중독에는 신호와 루틴, 분명한 보상이라는 세 가지 공통점이 있다고 말한다. 받은메일함은 보상의 잭팟이다(왓츠앱 WhatsApp 같은 메시지 서비스도 마찬가지다). 메일함은 칭찬, 일자리 제안, 친구의 메시지를 전달해준다. 물론 나쁜 소식을 접할 가능성도 있다. 솔직히 말하면 가능성이 꽤 크다. 그러나 아주 좋은 소식을 들을 가능성이 항상 이긴다. 그것이 우리를 중독시킨다. 새 이메일이 깜짝 놀랄 만큼 좋은 소식을 주지 않는다 해도 우리는 여전히 약간의 보상을 받는다. 순간적으로 안심하고, 정보를 얻고, 교감한다. 참고로 말하자면 이메일은 카지노의 슬롯머신도 같은 방식으로 작동한다.

대부분 이메일을 읽으라는 신호는 휴대전화나 컴퓨터로 온다. 2장에서 '초집중의 기쁨'에 대해 읽은 후 이런 알림들을 껐다면 문제의 근원을 제거한 것이다. 알림이라는 지속적인 '외적 촉발제' 외에도 산만해지거나 일이 막힐 때 쉬운 도피 방법으로 이메일이 선택되기도 한다. 이메일을 열어서 답장을 보내는 것이 마치 일을 하는 것처럼 느껴지는(이메일도 결국 업무이므로) 동시에 당신이 해야 할 복잡하고 중요한 업무에서 벗어나게 해주기 때문이다.

두히그는 이메일에 중독되지 않기가 불가능하다고 주장한다. 새로운 수신 메시지 각각이 작은 보상처럼 느껴지기 때문이다. 하지만 우리 뇌를 만족시켜줄 다른 방법이 있다. 보상받는 느낌을 유지하면서 나쁜 습관을 더 건강한 습관으로 바꿀 수 있다. 사람마다 이메일에서 받는 보상은 다르다. 누군가에게는 사람들과의 관계가 보상이다. 또 다른 누군가에게는 업무로부터의 짧은 휴식이 보상이다. 나는 이메일을 확인하는 대신 짧은 산책을 하는 사람들을 안다. 집중이 되지 않을 때마다 팔굽혀펴기를 몇 번 하는 사람도 있다. 또는 커피 한 잔으로 자신에게 보상을 할 수도 있다.

내 개인적 해결책은 이메일을 열 때마다 새로운 메시지에 정신이 팔리지 않도록 받은메일함의 이메일이 바로 뜨지 않도록 설정한 것이다. (이를 위해 지메일용 플러그인 '부메랑'을 쓴다. 이메일 관리를 위한 앱과 플러그인에 대한 정보를 더 보려면 gripbook.com/apps를 방문하라.) 당신 마음에 들고 더 건전한 이메일 사용 습관을 발전시키는 데 도움이 되는 스마트 툴과 보상을 선택하라.

## 이메일이 무의미할 때

이메일은 중독성이 있을 뿐만 아니라 무의미할 때가 많다. 이메일 자체는 놀라울 정도로 우리에게 거의 도움이 되지 않는다. 대개는 업무를 한다는 느낌만 줄 뿐이고, 가치 있는 내용은 드물게 섞여 있다. 중요한 것은 첨부파일, 프레젠테이션, 당면 문제다. 현재 받은메일함에 있는 이메일 대화를 살펴보라. 당신의 최우선순위에 직접적인 도움이 되는 것은 몇 개나 되는가? 이메일 자체가 이뤄주는 게 많지 않다는 바로 그 사실도 이메일을 주의 분산 요소로 만든다. 당신은 해야 할 일, 어떻게 그것을 할 계획인지, 왜 어떤 방식으로 진행하거나 진행하지 말아야 하는지 끝없이 메시지를 주고받고, 모든 각도에서 당신의 관점을 되풀이할 수 있지만 사실은 정말로 해야 할 일을 회피하고 있을 뿐이다.

**이메일로부터의 탈출**

당신이 가장 원하지 않는 상황은 이메일 자체를 위해 이메일을 보내는 것이다. 그렇다면 정도를 벗어난 이메일 주고받기를 어떻게 식별할 수 있는가? 경고 신호는 쉽게 알아챌 수 있다. 대화에 참여하는 사람보다 많은 수의 이메일이 오갔다면 적신호다. 또 다른 신호는 논의가 원래 이메일의 주제에서 멀리 벗어날 때다. 대화를 핵심 쟁점으로 되돌려놓기 위해 최선을 다할 수 있겠지만, 다른 소통 수단으로 바꾸는 게 더 나을 수 있다. 전화를 걸거나, 영상 통화를 하거나, 채팅을 하거나, 짧은 대면 회의 일정을 잡거나, 동료의 자리에 들러라. 회의를 즐기는 사람은 아무도 없지만 15분간의 온라인 또는 대면 협의가 부산하게 이메일을 또다시 주고받는 것보다 훨씬 효과적이다.

지금부터는 답장 버튼을 누르기 전에 이렇게 자문하라. '정말 내가 관여할 필요가 있을까?' 좀 냉정하게 들리지만 덧붙일 유용한 내용이 없다면 아무것도 덧붙이지 않는 게 가장 좋다. 물론 사전에 팀과 이 문제에 대해 논의하는 것이 도움이 될 수 있다. 틀림없이 곧 서로에게 보내는 메일이 훨씬 줄어들 것이다. 그리고 그것은 모두에게 도움이 된다.

## 이메일에 관한 추가 조언

하루에 세 번 이메일 작업 시간을 정하는 것은 큰 진전이지만 받은메일함을 효과적으로 관리할 수 있게 도와주는 유용한 도구와 기법이 더 있다.

### 읽지 않은 메일을 0으로 만들 생각은 하지 마라

받은메일함을 관리하는 효과적인 방법일 수 있지만 나는 '받은메일함 제로 접근법'을 좋아하지 않는다. 이름처럼 목표는 빈 받은메일함이다. 맨 아래까지 비운 사람이 승자다. 문제는 초점이 틀렸다는 것이다. 당신이 받는 이메일 대부분이 다른 사람들의 필요와 우선순위와 관련이 있다. 당신의 시간 대부분을 자신의 우선순위에 쓴다면 당신은 더 행복할 것이다(그리고 당신의 상사도 더 행복할 것이다).

### 자신이 쓰는 이메일 앱에 대해 배워라

이메일을 사용하는 시간이 많으므로 이메일 앱이 제공하는 모든 기능은 탐색해볼 가치가 있다. 읽기 창의 개인화, 이메일의 빠른 검색, 단체 메일 쉽게 보내기 등 많은 기능이 있다. 나는 지메일을 쓰기 전에 무수히 많은 프로그램을 써봤다. 속도, 강력한 검색 기능, 여러 추가 기능이 있는 지메일이 내게는 완벽한 도구다. 유감스럽게도 항상 우리가 사용할 이메일 앱을 고를 수 있는 건 아니다. 대부분은 고용주가 당신이 쓸 앱을 선택한다. 그럴 때도 이메일 앱의 기능을 알아보기를 그만두어서는 안 된다.

### 단축키를 익혀라

단축키 익히기는 정기적으로 사용하는 모든 소프트웨어에 해당되는 조언이지만 이메일에는 더욱더 필수다. 시간을 내서 단축키를 익혀라. 단축키를 쓰면 새 메일 작성, 받은메일함 확인, 메시지 보관, 이메일 발신과 검색을 더 빨리, 더 쉽게 할 수 있다. 이것들은 자주 수행하는 명령어이므로 마우스를 사용하지 않고 단축키를 쓰면 즉시 시간을 절약할 수 있다.

### 템플릿을 활용하라

이메일로 많은 질문을 처리하다 보면 비슷한 답변을 쓸 때가 많다. 답변을 재활용하면 많은 시간을 절약할 수 있다. 이때는 지메일의 '준비된 답변canned responses 사용하기'가 유용하다. 맥과 iOS에는 자주 사용하는 구절을 입력하는 기능이 기본으로 있다(설정→키보드→텍스트). 텍스트익스팬더TextExpander처럼 보다 정교한 앱을 사용하거나 간단히 자신이 좋아하는 메모 앱에 저장해놓고 복사-붙여 넣기를 할 수도 있다. 이렇게 하면 이메일을 쓰는 속도가 빨라질 뿐만 아니라 문구를 계속 수정해가면서 더 나은 답변을 할 수 있다.

### '안 읽음 = 할 일' 시스템에 의존하지 마라

많은 사람이 읽지 않은 상태 표시가 된 메시지에만 주의를 기울이는 습관이 있다. 나는 처리해야 할 이메일을 간과하기 쉬운 이 습관을 권장하지 않는다. 이메일을 대충 훑어보기만 했는데 깜빡하고 '읽지 않은 상태 표시' 버튼을 누르지 않으면 이 일은 당신의 레이더에서 사라질 위험이 있기 때문이다.

이메일을 최대한 잊어버리기 어렵게 만들어라. 방법은? 처리한 메일을 항상 수동으로 보관 처리하면 된다. 이렇게 하면 받은메일함에 있는 메시지는 모두 여전히 작업이 필요한 것들이다. 그보다 더 명확할 수는 없다. 그리고 보너스로 메시지를 보관함으로 이동하는 마지막 단계가 대단한 만족감을 준다.

### 받은메일함 설정법

나는 항상 수신 메일에 엄격해지려고 노력한다. 뉴스레터나 SNS 사이트의 업데이트는 내게 없어도 되는 잡음이다. 몇 번의 클릭으로 이런 이메일의 다수를 수신 거부할 수 있다. 수신 거부를 하지 않고도 받은메일함이 어수선해지지 않기를 바란다면 필터를 사용하면 된다. 대부분의 이메일 프로그램에서는 특정 발신인의 이메일을 자동으로 보관하는 필터를 설정할 수 있다.

## 지메일의 중요 편지함

지메일을 사용하는가? 그렇다면 이 작업을 해주는 도구가 있다. 설정에서 받은메일함 유형으로 들어가 '중요한 메일Priority Inbox' 먼저 표시를 선택하라. 이제 지메일이 자동으로 수신 이메일을 중요, 별표, 기타로 분류할 것이다.

| 설정 | | | | | |
|---|---|---|---|---|---|
| 기본 | 라벨 | 받은메일함 | 계정 및 가져오기 | 필터 및 차단된 주소 | 전달 및 POP/IMAP |
| 받은메일함 유형: 중요한 메일 먼저 표시 | | | | | |
| 받은메일함 섹션: | | 1. 별표 | | 옵션 ▼ | |
| | | 2. 중요 | | 옵션 ▼ | |
| | | 3. 비어 있음 | | 섹션 추가 ▼ | |
| | | 4. 기타 | | 옵션 ▼ | |
| | | 자동 분류함 맞춤 설정 | | | |

이 도구는 매우 효과적일 뿐만 아니라 훈련도 시킬 수 있다. 특정 이메일에 대해 중요도 마커를 클릭하거나 해제할 수 있기 때문이다. 이를 통해 지메일은 해당 발신자의 향후 이메일을 중요한 이메일로 취급할지 말지 알 수 있다.

| 중요하지만 읽지 않은 메일 | | |
|---|---|---|
| ☐ ☆ ▶ | 그랜트 슐러 | Fwd: 모바일 전문가 즉시 섭외 가능 — W |
| ☐ ☆ ▶ | 나, 로사, 에이든 | PMs — 참조, 이번 주에 면접이 3건 있습니다. |
| ☐ ☆ ▶ | 클레먼트 라 라우 | Fwd: 10월 주주 업데이트 — 안녕하세요, 여러분 |
| ☐ ☆ ▶ | 에이든 갈레흐 | 11월 제품 업데이트 — 안녕하세요, 여러분 |
| ☐ ☆ ▶ | 홈런닷컴 | 데이터 채용 팀에 합류되었습니다 |

### 회의 중에 이메일을 확인하지 마라

회의 중에 이메일을 확인하는 습관은 우리 모두가 당장 고쳐야 할 습관이다. 중요한 이야기를 하려고 하는데 대화 상대가 이메일에 정신이 팔려 있으면 정말 화가 난다. 우리 대부분이 한 번쯤은 저지른 짓이어도 말이다.

회의 중에 이메일 업무를 보는 것은 엄청난 시간과 에너지 낭비다. 자신뿐만 아니라 다른 사람들의 시간까지 낭비하는 행동이다. 또한 이메일을 읽고 이해하는 데도 온전히 집중하지 못한다. 답장이 의미만 통해도 다행이다. 이것이 당신 이야기라면 스스로의 일정을 비판적으로 돌아보라. 이메일을 처리하기에 가장 좋은 시간은 언제인가? 회의 중에 답장할 만큼 중요한가? 반대로 당신이 덧붙일 내용도 없는데 지루한 회의에 앉아 있는 거라면 그것이야말로 바로 해결해야 할 문제다.

## 이메일 작성 요령

이메일을 더 잘 쓰고 싶은가? 그렇다면 시간을 들여라. 효과적인 이메일 작성을 위한 나의 세 가지 조언은 다음과 같다. 달성하고자 하는 것을 생각하고, 짧게 쓰고, 능동적으로 소통하라.

### 이메일을 보내는 목적을 생각한다

타이핑을 시작하기 전에 이메일의 목적을 생각하면 도움이 된다. 답변을 원하는가? 그냥 알려주기만 하면 되나? 아니면 행동을 촉진하기를 원하는가? 메일을 읽을 사람을 설득하려 하는가? 목표가 명확하면 더 나은 이메일을 작성할 수 있다.

### 짧게 쓴다

이메일의 목적이 무엇이든 짧게 작성하라. 바로 요점을 말하라. 대개 수신자는 모두 바쁘기 때문에 긴 이메일을 보면 '힘들다'는 생각부터 한다. 반면에 짧고, 요점이 분명하며, 간결하게 묻는 이메일은 '할 수 있는' 일처럼 보여 더 빨리, 더 나은 답장을 받을 가능성이 더 크다. 질문 사항이 많은가? 몇 통의 이메일로 나눠 보내거나 전화로 또는 얼굴을 맞대고 논의하는 방법을 고려하라.

또한 뉴스레터를 클릭하게끔 제목을 다는 기술을 완벽히 습득한 마케터들에게서 힌트를 얻어라. 명확한 제목은 수신자에게 무엇을 원하는지 즉시 알려준다. 짧은 제안서에 대한 피드백을 원한다고 가정하자. 그렇다면 이메일 제목을 "이 짧은 제안서를 살펴봐주시겠어요?"로 하면 좋을 것이다.

### 다음 대화까지 미리 고려하며 쓴다

당신의 목표가 이메일 사용 시간을 줄이는 데 있다면 능동적으로 소통하는 것이 좋다. 어떻게? 미리 생각하라. 개방형 질문을 하기보다는 제안을 하라. 그러면 수신자는 '예' 또는 '아니요'로만 대답하면 된다. 수신자가 바쁜 사람일수록 더 효과적이지만 결국 모든 사람에게 더 좋은 방법이다. 그 이유를 알아보려면 아래에 주고받은 이메일을 살펴보라.

| | |
|---|---|
| 나 | 안녕하세요! 동료로부터 주소를 받았습니다. 만나 뵙고 X 프로젝트에 대해 논의하고 싶습니다. |
| 상대방 | 네, 좋습니다. 언제가 좋으세요? |
| 나 | 저는 수요일과 목요일이 가장 좋은데 언제가 좋으세요? |
| 상대방 | 저는 목요일 오후 2시에 시간이 됩니다. 어디서 볼까요? |
| 나 | 암스테르담의 그쪽 사무실은 어떨까요? |

첫 번째 이메일에서 바로 제안을 하면 이 모든 장황함을 피할 수 있다. 상대방이 당신보다 바쁜 사람이라면 서너 개의 시간과 장소를 제안하라. 처음부터 대안을 제시하면 다음과 같이 한 번의 답신으로 약속을 잡을 수 있다.

| | |
|---|---|
| 나 | 만나서 커피를 마시며 X에 대해 논의하고 싶습니다. 다음 주 수요일 오전 10시에 귀하의 암스테르담 사무실에서 만나는 게 편할까요? 저는 수요일 온종일 또는 목요일 오전 11시 이후 아무 때나 괜찮습니다. |
| 상대방 | 저는 수요일은 안 되고 목요일 오후 2시에 시간이 됩니다. 그 |

럼 그때 뵙죠!

## 사내 메신저 사용법

우리 대부분에게 전자 통신은 이메일로 국한되지 않는다. 많은 기업이 메신저 서비스를 사용하는데 거기에는 그럴 만한 이유가 있다. 계속 정보를 주고받기 위해 왓츠앱에 단체 채팅방을 개설할 수도 있다. 블렌들에서는 슬랙Slack을 사용했다. 이메일도 사용하기 쉽지만, 왓츠앱과 슬랙을 사용한 연락은 문턱이 더 낮다. 그리고 대화 기록이 저장되기 때문에 정보를 간단하게 공유할 수 있고, 모두가 더 친밀해지며, 불필요하게 작업이 중복될 가능성도 줄어든다. 모두가 항상 채팅방에 있으므로 소통이 더 빠르고 쉽다.

분명히 이러한 서비스에는 이점이 있으며 귀중한 시간을 절약해준다. 하지만 이메일과 마찬가지로 우리는 인스턴트 메신저를 어떻게 사용할지 결정해야 한다. 채팅 프로그램에서는 즉각적인 답변을 기대하는 경향이 있다는 큰 단점이 있기 때문이다. 빠른 답변을 받는 편리함은 특히 근무 시간 후에도 업무 관련 메시지를 받으면 바로 답장해야 한다는 엄청난 압박감을 동반한다. 긴급한 메시지든 아니든 일단 봤다면 안 본 것으로 할 수가 없다. 아침까지 버틸 수 있기를 빈다.

메신저나 왓츠앱, 슬랙, 팀스Teams를 최대한 활용하고 싶은가? 나의 조언은 다음과 같다.

- **알림을 꺼라.** 중요한 작업에 집중하려 한다면 이러한 앱들이 계속 방해하게 둘 수 없다. 상사의 중요한 메시지를 놓칠까 봐 걱정되는가? 대부분의 서비스는 예외를 둘 수 있게 한다. 왓츠앱에서는 특정 그룹이나 개인의 새 메시지 알림을 무음으로 설정할 수 있으며 슬랙도 이 옵션을 제공한다(개인별 또는 채널별). 슬랙에는 집중해서 일할 때 유용한 '방해 금지' 상태도 있다. 나는 가능한 한 많은 것을 무음으로 설정해둘 것을 제안한다. 언제든 나중에 확인하고 따라잡을 수 있다. 단, 급한 업무 상황이 발생했을 때 서로 연락할 방법을 모두 알고 있도록 하라.

- **상태 설정을 사용하라.** 슬랙과 팀스 둘 다 상태 표시줄이 있어서 현재 당신이 어디에 있는지 또는 무엇을 하고 있는지 몇 마디로 알릴 수 있다. 사람들은 이를 통해 당신이 출장 중인지, 회의 중인지, 휴가 중인지 또는 사무실에 있는지 알 수 있다. 물어볼 필요가 없어 모두가 덜 번거롭다.

- **바로 용건을 이야기하라.** 채팅에서 사람들을 괴롭히는 한 가지는 "안녕!"만 던져놓고 답변을 기다리는 질문이다. 그런 사람들은 내가 대답을 해야 그제야 질문을 던진다. 발신자는 친근하고 가볍게 접근하려는 것이겠지만 수신자로서는 무슨 일인지 전혀 모르는 채 바로 답장하도록 '강요당하므로' 짜증이 난다.

- **채팅을 이메일처럼 취급하라.** 사람들이 슬랙이나 왓츠앱으로 내게 무언가를 요청할 때 나는 새 메일과 똑같은 방식으로 처리한

다. 2분 이내로 가능한가? 그러면 그 자리에서 처리한다. 시간이 더 필요하면 일정표에 표시하거나 할 일 목록에 추가한다. 이런 식으로 인스턴트 메시지를 내 루틴에 통합하면 중요한 작업을 놓칠 위험이 줄어든다.

- **단축키를 익혀라.** 이메일과 마찬가지로 메신저에서도 단축키를 사용하면 많은 시간을 절약할 수 있다.

이 장에서 당신은 근무 시간에 이메일과 기타 커뮤니케이션을 위한 시간을 따로 두었다. 받아들이기 힘들 듯하면 하루 세 번, 30분씩 이메일 처리 시간을 일정에 넣는 것으로 시작하라. 자신의 속도대로 이 장을 다시 살펴보면서 다른 요소들을 하나씩 추가할 수 있다.

이메일로 3단 로켓이 완성되었지만, 아직 끝은 아니다. 지금까지 여러 도구들을 사용하여 스마트 시스템을 구축했지만, 그것을 어떻게 유지할 수 있느냐는 문제가 남았기 때문이다.

# 4. 안전망을 두고 일하라

## 금요일 재점검이 제공하는 명확성과 안정감 누리기

당신은 일정표를 짰고, 할 일 목록을 준비했으며, 근무 시간 중에 이메일에 집중할 시간도 정했다. 잘했다! 하지만 거기서 멈추지 마라. 정기적인 유지 관리가 없으면 시스템이 무너지기 쉽다.

유지 관리에 필요한 건 간단한 루틴 하나뿐이다. 매주 30분 시간을 내어 일정표를 업데이트하고 할 일 목록을 정리하면 된다.

나는 데이비드 앨런의 《쏟아지는 일 완벽하게 해내는 법》에서 '주간 검토 weekly review'에 대해 처음 읽었는데 지금은 그것 없이는 생활할 수 없다. 주간 검토는 간단하면서도 강력한 도구로서 지금부터 그 설정 과정을 설명하려 한다.

왜 매일 또는 한 달에 한 번이 아니라 일주일에 한 번일까? 좋은 질문이다. 주방을 떠올려보라. 설거짓거리를 일주일 동안 싱크대에 쌓아두면 곧 위생적으로 위험한 곳이 된다. 반대로, 매일 매 순간 깨끗한 조리대와 비어 있는 식기세척기를 유지한다는 건 절대 불가능하다. 그릇을 쓰고 나서 즉시 설거지하는 것은 매우 비효율적이다. 하지만 계속 설거지를 하지 않고 두면 어느 순간 사용할 그릇이 없어질 것이다. 설거지와 마찬가지로 직장에서 일을 잘 해내려면 균형을 잘 잡아야 한다. 그리고 나는 업무의 경우 일주일에 한 번이 적당한 주기임을 알게 되었다. 그 정도면 큰 그림을 놓치지 않으면서 일주일 동안 융통성 있게 일할 수 있다.

내가 '금요일 재점검'이라고 부르는 주간 검토는 한 주간의 근무에 안전망 역할을 한다. 이어지는 회의와 진화해야 할 급한 불로 하루하루가 아무리 혼란스러워도 금요일 재점검이 당신을 다시 정상 궤도로 돌려놓는다. 사실 한 주 동안 더 혼란스럽게 지낼 수 있도록 해준다. 금요일에 재정비할 시간이 있다는 것을 알기 때문이다.

### 점검으로 얻는 것

금요일 재점검은 (1)지난 한 주의 근무를 되돌아보고 (2)오는 한 주의 근무를 예견하기 위해 일주일에 한 번 자신과 약속한 날이다. 매주 점검과 계획을 위한 시간을 따로 두었다는 것을 알면 다른 때는 미진한 부분을 걱정할 필요가 없다. 만약 짬을 내지 못했거나 놓친 일이 있다면 이 시간에 발견하게 될 것이다. 업무 현황을 파악하는 데 도움이 되는 주간 재점검은 일주일에 30분이면 충분하다. 그리고 그것이 마음의 평화를 준다는 말을 내가 했던가?

## 주간 재점검에 가장 적합한 시간 찾기

나는 항상 금요일 오후에 주간 재점검을 한다. 이유는 간단하다. 맑은 정신으로 새롭게 주말을 시작하고 싶기 때문이다. 금요일 오후에 일정표와 할 일 목록을 검토해두면 아주 개운하다. 지난 한 주 동안 끝내지 못한 모든 일을 파악하여 새로 일정을 잡고, 우선순위를 정하고, 다음 주 계획을 세워놓았기 때문이다. 그래서 주말에 일을 잊고 있기가 더 쉬워진다. 하지만 토요일이나 일요일을 선호하는 사람들도 있다. 또 다른 친구는 새로운 에너지로 한 주를 시작하겠다며 월요일 아침을 선택한다. 어떤 시간이든 자신이 계속 지킬 수 있는 요일과 시간을 선택하는 것이 중요하다.

주간 재점검은 보통 30분이면 충분하다. 하지만 처음 시작할 때는 모든 걸 정리하는 데 약 90분 정도를 할애해야 한다.

내가 금요일 재점검의 취지를 설명하면 사람들 대부분이 즉시 동의한다. 한 주 업무의 명확성과 마음의 평화? 누가 그것을 마다하겠는가? 하지만 사람들이 주간 검토를 시작하는 데 어려움을 겪는 모습도 지켜봤다. 그러므로 그 문제부터 해결하도록 하자. 잠시 이 책을 덮고 당신이 원하는 시간에 90분을 일정표에 확보하라. (내가 말했듯이 처음 한 번 해본 후에는 시간이 덜 걸린다.) 걱정하지 마라. 복잡하지 않다. 재점검을 네 번은 해보겠다고 약속할 수 있다면 요령을 터득하게 될 것이다. 그러고 나면 이것이 작업 수준을 끌어올려주는 가장 강력한 도구가 될 것이다.

그렇다면, 금요일 재점검은 어떻게 하는가? 두 부분으로 나뉜다. 지난 한 주 돌아보기와 다가올 한 주 내다보기다.

## 1. 지난 한 주 돌아보기

금요일 재점검은 지난주에 못 지킨 부분을 조사하고 정리하는 것으로 시작된다. 얼마나 많은 것들이 뒤섞여 잊혔는지 갑자기 생각난대도 걱정하지 마라. 그것을 파악하고 조처할 수 있게 하는 데 주간 검토의 의의가 있기 때문이다. 그럼 시작해보자.

### 일정표 확인하기

이 부분은 한 주 내내 큰 마음의 평화를 준다. 그리고 믿을 수 없을 만큼 간단하다. 방법은 다음과 같다. 지난주에 일정으로 잡았던 각각의 회의와 작업을 클릭하고 다음과 같이 질문한다.

- 메모한 게 있는가? 또는 회의록이 있는가? (그렇다면 그것들을 검토하고 내가 조치할 게 있다면 전부 할 일 목록에 추가한다.) 필요하거나 원하는 후속 작업이 더 있는가?

- 약속을 또 잡을 필요가 있는가? 그렇다면 일정으로 잡았는가?
- 지난주에 계획했던 일을 전부 했는가? 현재 상황을 알려줘야 하는 모든 사람에게 연락했는가?

### 모든 종류의 인박스 살펴보기

아마 지난주에 할 일 목록 인박스에 새 항목을 많이 추가했을 것이다. 지금이 그 모든 일을 (이미 실행하지 않았다면) 명확하고 실행 가능한 작업으로 전환하기에 적합한 때다. 그런 다음 적절하다면 해당 프로젝트로 드래그할 수 있다.

더 많은 종류의 인박스가 있을 수 있으므로 미결 업무가 있는지 잠시 확인한다. 확인해볼 것들은 다음과 같다.

- 노트
- 책상 여기저기 놓인 메모
- 노션Notion 또는 마이크로소프트 원노트OneNote 같은 메모 앱
- 이메일 속 받은메일함 (이번 주에 간과한 주요 업무가 없는지 재빨리 훑어보기만 하라. 이메일 작업에 빠지지 마라.)
- 그리고 우편물, 다운로드 폴더의 파일들, 찍어놓은 사진들, 촬영해놓은 동영상, 채팅 앱에서의 대화도 잊지 마라. 후속 조치가 필요한 것이 있는지 전부 확인한다.

**진행 중인 프로젝트 확인하기**

작업 관리 시스템에 있는 프로젝트들을 하나씩 살펴본다.

- 프로젝트 내에 있는 각각의 작업을 읽고 애매한 부분은 명확하고 실행 가능한 작업으로 다시 표현한다. 업데이트가 필요한 미확정 항목을 확인한다. 그리고 각 프로젝트의 다음 단계를 파악하는 것이 가장 중요하다. 파악하지 못했다면 지금이 그걸 할 때다.
- 추가해야 할 새로운 프로젝트가 있는가? 또는 완료되어서 목록에서 지워야 할 프로젝트가 있는가?
- 모든 프로젝트와 (2장에서 설명한) 지정된 업무 영역은 여전히 최신 상황을 나타내고 있는가? 이것이 핵심이다. 어떤 일도 놓치지 않을 방법이다.
- 대기 중 목록에 리마인더를 보내야 할 사람이 있는가?
- '언젠가 할 프로젝트' 목록도 잊지 말고 살펴본다. 다음 주에 시작할 수 있는 작업이나 프로젝트가 있는가?

## 2. 다가올 한 주 내다보기

위에서 수집한 모든 정보를 통해 당신은 가까운 미래에 무엇이 중요한 일인지 명확하게 파악했다. 그것들을 기억하라. 다음 단계는 다가오는 한 주를 설계하는 것이다.

### 다음 주 일정표 계획하기

1장에서 한 주 업무 계획을 짜는 법을 자세히 설명했다. 지금 다시 그렇게 계획을 짤 것이다. 재빨리 상기해보자.

- 당신의 책무와 목표에 부합하는 일을 선택한다.
- 긴급한 일과 중요한 일의 균형을 맞춘다. 중요하나 긴급하지 않은 업무에 가능한 한 많은 시간을 할애하도록 노력한다.
- 적을수록 좋다. 우리는 너무 많은 일을 떠맡는 경향이 있으므로 적은 수의 일을 계획한다. 이번 주에 우선시할 업무를 두세 가지로 줄이도록 노력하라.

이러한 우선순위를 염두에 두고 한 주를 계획하면 된다. 다음은 내가 거치는 6단계다.

1. 모든 우선적 업무, 회의, 약속에 시간을 배정한다.
2. 모든 회의는 참석자들로부터 확인받았는가?
3. 외부 회의 장소로 이동할 시간을 포함했는가?
4. 회의에 필요한 준비 시간을 일정표에 포함했는가?
5. 해당 회의에 필요한 정보가 아직 더 있는가?
6. 이번 주 일정표에 이미 몇 가지 일이 잡혀 있을 것이다. 그중에 이제 불필요하거나 중복된 것이 있는가? 취소할 수 있는 일은 없나?

## 목표

현시점에서는 구체적 목표가 정해지지 않았을 수 있다. 계획과 꿈은 대부분 머릿속에 반쯤 형태를 갖춘 상태로 존재하기 때문이다. 5장과 6장에서는 당신이 목표를 설정하도록 도와줄 것이다. 일단 목표를 명확히 세우고 나면, 주간 점검은 각 목표를 하나씩 점검하고 각각의 다음 단계를 정리하기에 완벽한 시간이 될 것이다.

블렌들에서는 1년에 네 번 팀별로 지난 분기 평가를 했다. 번번이 제기됐던 문제점 한 가지는 우리 모두가 작업 일정을 잡을 때 자신의 목표를 간과하는 경향이 있다는 것이었다. 그래서 놓친 기회가 얼마나 될까! 그런 경험을 통해 나는 내 목표를 새로운 한 주의 기반으로 삼는 법을 배웠다.

## 개인 체크리스트

다음 단계는 금요일 재점검을 위한 기본 체크리스트 만들기다. 당신에게 중요한 사항, 당신의 일, 개인 생활을 포함해라. 수년 동안 나의 체크리스트에는 '제품 팀 회의에서 써둔 메모 검토'가 포함되어 있었다. 매주 그 메모들을 특별히 잘 살펴보고 싶어서 반복 작업으로 설정했다. 체크리스트에 '백업해두기'를 고정 항목으로 둔 사람도 있고, '직원들의 소식이 담긴 이메일 보내기'가 포함된 인사 담당자도 있다. 다시 말해 주간 재점검의 중점 사항을 결정하는 사람은 당신이다. 개인에 맞춘 체크리스트 항목을 통해 이 시스템을

| 금요일 재점검 체크리스트 ||
|---|---|
| 표준 체크리스트 | 릭의 리스트 |
| 지난 한 주 돌아보기 ||
| 일정표+회의록 검토 | 일정표+회의록 검토 |
| 인박스 살펴보기 | 인박스 살펴보기 |
| 프로젝트 검토 | 제품 팀 회의에서 쓴 메모 검토 |
|  | 프로젝트 검토 |
|  | 데스크톱과 다운로드 정리 |
|  | 에너지 수준 평가 + 통찰력 기록 |
| 다음 한 주 예견하기 ||
| 일정표 작성 | 일정표 작성 |
|  | 목표 검토 |
|  | 모든 미결제 송장 결제 |
|  | 개인적 사명 다시 읽기(5장에서 자세히 설명) |

최대한 활용할 수 있다. 나의 체크리스트는 위와 같다.

## 한 주의 성찰을 다음 단계로 가져가기

금요일 재점검 시간은 할 일 목록을 정리하고 다음 주 근무 계획을 세우기에 완벽한 시간이다. 또한 한 주를 되돌아보고 무엇이 효과가 있고 무엇이 효과가 없는지에 대한 귀중한 통찰을 얻을 좋은 기회이기도 하다. 나는 빼놓지 않고 나의 에너지 수준을 1에서 10까지 평가하고 그 이유를 적는다. 그러면 작업 흐름의 패턴을 감지하는 데 도움이 된다. 다음은 당신의 재점검에 추가를 고려할 수 있는 다른 질문들이다.

- 이번 주의 가장 자랑스러운 성취나 개인적 승리는 무엇인가?
- 계획대로 최우선 과업을 달성했는가? 달성한 이유 또는 달성하지 못한 이유는 무엇인가?
- 이번 주의 가장 큰 교훈은 무엇인가? 다음 주에 참조할 점은 무엇인가?

### 실행에 도움되는 팁!

나는 꽤 오랫동안 주간 재점검을 하도록 사람들을 교육해왔다. 예외 없이 모두가 이 간단한 시스템을 통해 미결 업무를 마무리하고 더 나은 계획으로 새로운 한 주를 시작할 수 있다고 말한다. 그래도 주의해야 할 함정이 몇 가지 있다. 내가 듣는 가장 흔한 문제는 "매주 금요일에 재점검 일정을 잡아놓고는 이행하지 않는다"라는 것이다. 친숙한 이야기인가? 재점검이 마음의 평온을 가져다준다는 것을 알지만 실행하지 못하는 듯한가? 다음 몇 가지가 도움이 될 수 있을 것이다.

- 일정표의 계획을 얼마나 잘 지키는가? 기억하라. 일정표는 신성하다. 한 주를 쌓아 올릴 반석이다. 익숙해지기까지 시간이 조금

걸릴 수도 있지만 한 주의 계획을 잘 지킬수록 더 유용할 것이다. 금요일 재점검은 그 계획의 일부다.

- 불안감이 당신의 발목을 잡고 있는가? 온갖 마무리되지 않은 일과 흩어진 할 일을 생각하니 부담스럽게 느껴지는가? 그건 자연스러운 일이다. 하지만 그것이 당신을 낙담시키게 두지 마라. 그냥 다시 시도해보라. 일을 무시하거나 회피한다고 해서 그 일이 사라지지는 않는다. 게다가 금요일 정리 시간을 일정표에 넣는다는 것은 고정된 시작 시간뿐만 아니라 고정된 종료 시간도 있다는 뜻이다. 그 시간 블록의 끝에 도달하면, 그냥 멈춰라. 그다음에는 다음 주의 일정을 잡아서 다른 시간에 마무리하면 된다.

- 시간이 적절한가? 앞에서 말했듯이 나는 금요일 오후에 주간 재점검을 하는 게 좋다. 그러면 한 주의 결승선을 확실하게 통과하면서 다음 주가 분명하게 예견된다. 주말을 맞이하기에 아주 좋은 방법이다. 당신에게 적합한 시간을 찾기 위해 시간을 바꿔가며 시도해보라. 금요일 오후에 급한 업무를 처리해달라는 호출을 자주 받는다면 정신없이 바빠지기 전인 금요일 오전이 더 나을 수도 있다. 아니면 주말의 조용한 시간에 시도해볼 수도 있다. 아니면 재점검 시간을 선물 같은 시간으로 바꿀 수도 있다. 내 친구 하나는 보상으로 카푸치노를 마시며 길게 휴식 시간을 보내면서 재점검을 한다.

- 개인 체크리스트가 너무 긴가? 아니면 모호한가? 정리 작업이 계

속 같은 지점에서 막힌다면, 나머지 부분을 건너뛸 위험이 있다. 이는 목록을 단순화해야 한다는 신호다.

- 주간 재점검 일정을 지키기가 어려운가? 누군가와 짝이 되어서 주간 재점검을 해보라. 그 짝이 가장 가까운 동료일 필요는 없다. 당신에게 필요한 넛지nudge(행동을 부드럽게 유도하는 작은 개입을 뜻하는 행동경제학 용어-옮긴이)를 제공해줄 누구라도 괜찮다. 이 협력자를 찾는 법은 7장에서 살펴볼 것이다.

- 금요일 재점검에 시간이 너무 오래 걸리는가? 정해둔 시간 내에 끝내기가 힘들다면 과한 욕심을 내고 있는지도 모른다. 지금은 분명하게 현황을 파악하는 데만 집중하라. 주간 재점검을 하면서 항목을 지워나가려 하지 마라! 점검 과정에서 실질적인 작업까지 하고 싶은 유혹을 느끼겠지만, 주간 재점검 때마다 시간에 쫓긴다면 작업 자체는 나중에 하는 게 좋다. 먼저 재점검에 집중하라.

- 처음에 몇 번 해보면 금요일 재점검이 자연스럽게 이루어지기 시작할 것이다. 그 시점이 되면 2분 규칙을 적용해볼 수 있다. 2분 이내에 끝낼 수 있는 일을 발견하면 그 자리에서 처리하라. 그 외의 것들은 할 일 목록이나 일정표에 저장하라.

만약 주간 근무를 개선해줄 한 가지만 실천하고자 한다면 금요일 재점검을 하라!

- **일정표에 따라 일한다**
  - ☐ 일정표에 모든 회의와 약속을 적어둔다.
  - ☐ 명확한 시작 및 종료 시각을 지정한다.
  - ☐ 초대장을 보낸다.
  - ☐ 이동, 준비, 행정 처리 시간을 포함한다.
  - ☐ 우선순위 프로젝트에서 자신의 업무 시간을 일정으로 잡는 게 가장 중요하다.

- **우선순위 파악**
  - ☐ 자신의 직무들을 간추려본다(직무해설서 및 회사 목표 참조).
  - ☐ 그러한 직무를 바탕으로 주요 업무 목록을 작성하고 긴급하나 중요하지 않은 업무는 가능한 한 많이 위임한다.
  - ☐ 업무 목록을 우선적인 업무 두세 개로 줄이고 집중한다.
  - ☐ 각각의 우선적 업무에 대해 첫 단계를 생각해본다.
  - ☐ 각 단계를 진행할 시간을 다음 주 일정표에 할당한다.

- **한 주 계획 확인**
  - ☐ 회의 준비 시간을 충분히 확보했는가?
  - ☐ 참석이 필요한 모든 사람을 초대했는가?
  - ☐ 장소나 온라인 회의 링크는 전부 설정되었는가?
  - ☐ 일정표가 당신의 우선순위를 반영하고 있는가?
  - ☐ 이메일 처리 시간을 따로 두었는가?
  - ☐ 근무 시간을 최대한 활용하고 있는가? 창의적 일과 일상 업무 일정을 최적의 시간에 배정했는가? 회의와 창의적 일을 오갈 필요가 별로 없도록 일정을 잡았는가?
  - ☐ 가장 중요한 일을 주초에 하도록 계획해두었는가?
  - ☐ 여유 시간을 두었는가?

- **예상치 못한 일의 처리**
  - ☐ 정말 그 일을 지금 당장 해야 하는지 확인한다.
  - ☐ 시간이 얼마나 걸릴지 여유 있게 추산한다.
  - ☐ 일정표에 작업 계획을 잡는다.
  - ☐ 상충되는 약속을 확인하고 그들에게 약속을 다시 잡아야 한다고 알린다.
  - ☐ 후속 작업(약속 변경 등)을 할 일 목록에 추가한다.

- **할 일 목록 작성**
  - ☐ 할 일 목록 앱을 선택한다(gripbook.com/apps 참조).
  - ☐ 모든 작업을 디지털 할 일 목록에 추가한다.
  - ☐ 업무를 실행 가능한 행동으로 표현한다.
  - ☐ 작업을 프로젝트별로 묶는다.
  - ☐ 작업을 신속히 필터링할 수 있도록 라벨을 추가한다.
  - ☐ 업무 영역별로 분류한다.

- **이메일을 처리할 시간을 따로 둔다**
  - ☐ 하루에 세 번 30분씩 이메일을 처리할 시간을 일정에 넣는다.
  - ☐ 이메일 알림을 끈다.
  - ☐ 읽지 않는 뉴스레터 구독을 취소한다.
  - ☐ 이메일 프로그램의 단축키를 익힌다.
  - ☐ 이메일을 짧게 쓴다.
  - ☐ 오가는 메일을 줄이기 위해 능동적으로 소통한다(예를 들어 미팅 일정을 잡을 때 미리 날짜를 제안한다).

- **이메일을 하나씩 처리한다**
  - ☐ 조처가 전혀 필요하지 않다면, 메시지는 보관만 하면 된다.
  - ☐ 요청을 거절하기로 결정했다면, 발신자에게 알린다.
  - ☐ 2분 이내에 그 일을 끝낼 수 있다면, 그 자리에서 처리한다.

- ☐ 시간이 걸릴 일이고 기한이 정해져 있다면, 일정표에 추가한다.
- ☐ 시간이 걸릴 일인데 기한이 정해져 있지는 않다면, 할 일 목록에 추가한다.

- **금요일 재점검 체크리스트**
- ☐ 지난 한 주를 돌아본다.
- ☐ 일정표와 회의록을 검토한다.
- ☐ 모든 인박스를 살펴본다.
- ☐ 진행 중인 프로젝트를 확인한다.
- ☐ 목표 달성을 위해 이룬 진전 상황을 요약한다.
- ☐ 이제 다음 한 주를 예견해본다.
- ☐ 목표와 우선순위를 반영하도록 다음 주 근무를 계획하고 일정표에 써놓는다.

# 2부

## 한 해를 장악하라

**GRIP YOUR YEAR**

어떤 농부가 언제 어떤 일을 할지 생각하지 않고 그때그때 적합해 보이는 일을 했다고 상상해보라. 그는 여름 끝자락의 수확을 위해 추운 겨울에 밭을 갈러 나가지 않을 게 거의 확실하다. 또는 훈련 계획을 세우지 않은 평범한 마라톤 주자는 어떨까? 결코 새벽에 일어나 아직 몇 달이나 남은 경주를 위해 비바람을 무릅쓰고 달리지 않을 것이다.

대충 해서는 수확도 마라톤 경주도 할 수가 없다.

계획에 따라 노력해야 한다.

그리고 그런 노력은 일찌감치 시작된다. 먼저 무엇을 재배하고 싶은지 알아야 하기 때문이다. 또는 왜 달리고 싶은지 알아야 하기 때문이다. 명확한 목표와 5개년 계획을 세워두는 사람도 있다지만, 그렇지 않은 우리는 어떤가?

이 책의 1부에서는 일을 어떻게 해야 할지 집중적으로 살펴봤다. 이제 우리는 그 초점을 무엇과 왜로 바꾸려 한다. 무엇이 당신을 움직이게 하는가? 그리고 그 이유는 뭔가? 우리 중 다수가 이러한 질문에 대해 깊이 생각할 시간을 내지 않는다. 어쩌면 그런 생각이 이미 바쁜 우리 삶에 미칠 파장을 경계하고 있는지도 모른다. 아니면 마음속에는 목표가 있지만,

그것을 설명할 시간을 내지 않는 건지도 모른다.

다음 세 장에서는 당신이 정말로 원하는 것이 무엇인지 알아내는 방법을 보여줄 것이다. 한 해의 목표들로 계획을 세우는 방법을 차근차근 알려줄 것이다. 그리고 한 번에 한 단계씩 그 목표를 달성해가는 방법을 설명할 것이다.

마지막으로 끝까지 해내는 기술 중 내가 가장 좋아하는 책임 파트너와의 주간 세션을 살펴볼 것이다.

# 5. 무엇이 당신을 행동하게 하는가

## 나를 움직이는 원동력 찾기

내가 진정으로 원하는 것은 무엇인가? 이것은 매우 중요하지만 많은 사람이 묻기 두려워하는 질문이다. 두려워하지 마라! 그 질문을 회피하면 놓치는 게 너무 많다.

    4장까지는 일을 해내는 방법, 즉 일정표와 할 일 목록을 활용해 우선순위의 일들을 더 많이 해낼 방법을 중점적으로 설명했다. 이 장에서는 일상적 실천에서 더 근본적인 질문, 즉 무엇이 왜 당신에게 동기를 부여하는가로 초점을 옮길 것이다.

    이어지는 페이지에서는 당신에게 온갖 종류의 질문을 던질 것이다. 이 장을 최대한 활용하려면 질문을 읽고 답을 적어두기를 추천한다.

원동력을 탐색하는 과정은 성공에 대한 욕구만큼이나 복잡할 수 있다. 나의 접근 방식은 간단하다. 일단 해보는 것이 좋아하는 일을 찾을 가장 좋은 방법이다. 시도해보고 좋아하는 일은 계속하고 나머지는 그만두어라. 정해진 건 아무것도 없다.

나는 일을 진전시키려면 목표를 세워야 한다고 믿는다. 물론 그건 나만의 생각이 아니다. 수많은 연구에 따르면 노력의 지향점이 있을 때 변화가 생긴다.[1] 하지만 목표를 설정하려면 먼저 당신을 설레게 하는 일이 무엇이냐는 근본적인 질문을 살펴볼 필요가 있다. 나 자신을 탐색하며 이 개인적 퍼즐에 열정, 능력, 사명이라는 세 가지 조각이 있다는 것을 알게 되었다.

## 무엇이 당신을 이끄는가?

### 열정

2005년 애플의 창업자 스티브 잡스 Steve Jobs는 스탠퍼드대학에서 열정을 좇으라는 감동적인 연설을 했다.[2] 그는 학생들에게 이렇게 말했다. "여러분이 사랑하는 일을 찾아야 합니다. (…) 위대한 일을 할 유일한 길은 여러분이 하는 일을 사랑하는 것입니다. 그런 일을 아직 찾지 못했다면 계속 찾으세요. 안주하지 마십시오. 모든 마음의 문제가 그러하듯이 그런 일을 찾으면 알게 될 것입니다." 잡스에 의하면 당신의 열정을 생각할 때 제한을 두어서는 안 되며, 상상력을 마음껏 펼쳐야 한다. 다음과 같이 질문하라.

- 시간 가는 줄 모르고 할 수 있는 활동은 무엇인가?
- 지루한 줄 모르고 언제든 읽고, 듣고, 볼 수 있는 것은 무엇인가? 아무리 해도 질리지 않는 것은 무엇인가? 당신을 매료시키는 것은 무엇인가?
- 당신이 다른 대다수 사람보다 더 많이 아는 것은 무엇인가?
- 시간이나 돈(또는 기타 제약)이 문제가 되지 않는다면 몇 개월 동안 무엇을 가장 하고 싶은가?

하지만 열정만이 당신을 움직이는 것은 아니다. 이 퍼즐에는 두 조각이 더 있다. 바로 능력과 사명이다.

**능력**

칼 뉴포트Cal Newport는 그의 책《열정의 배신》에서 그가 '장인 마인드셋craftsman mindset'이라고 부르는 것에 대해 이야기한다. 열정은 '세상이 나에게 무엇을 줄 수 있는가?'라는 질문에 집중하는 데 반해 장인 마인드셋은 '내가 세상에 무엇을 해줄 수 있는가?'에 초점을 둔다. 뉴포트에 따르면 장인 마인드셋은 당신의 탐색에 더 유익한 출발점이다. 자신이 잘하는 일로 시작하여 열정을 찾을 때까지 그 길을 따라가도록 하라. 당신이 원하는 일과 세상이 원하는 일은 항상 아주 약간만 겹치기 때문에 열정에서 출발하는 것은 위험하다고 그는 말한다. 열정의 보상을 받기는 쉽지 않다.

**열정**
내가 좋아하는 일은
무엇인가?

⟷

**능력**
내가 잘하는 일은
무엇인가?

사람들을 고용할 때 나는 항상 장인 마인드셋을 가진 사람, 즉 자기 일에 능숙한 동시에 그 일에 열정이 있는 사람을 찾는다.

그렇다면 당신의 능력은 무엇인가? 다음 질문에서 약간의 단서를 얻을 수 있다.

- 당신은 무엇을 잘하는가? 주변 사람들에게 도움이 되는 일들 중에서 당신이 쉽게 할 수 있지만, 스스로는 잘 인식하지 못하거나 당연하게 여기는 것은 무엇인가?
- '나는 세상에 무엇을 해줄 수 있는가?'를 자문하라. 무엇이 떠오르는가?

자, 열정뿐만 아니라 당신이 잘하는 일을 좇는 것이 매우 중요하다. 이것은 세 번째 퍼즐 조각으로 이어진다.

**사명**

지금까지 잘해왔다. 하지만 당신의 원동력에는 또 다른 층이 있다. 심지어 스티브 잡스도 단지 일이 좋아서 매일 출근한 게 아니다. 그는 중요한 무언가를 이루고 싶었다. 그는 애플을 설립했을 때 그 무언가를 "인류를 발전시키는 사람들을 위한 도구를 만들어 세상에 기여한다"로 정의했다. 다시 말해서 그에게는 사명이 있었다.

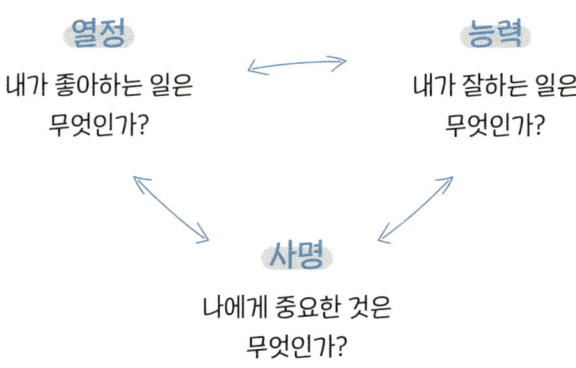

스티븐 코비는 이 아이디어를 그 유명한 '성공한 사람들의 일곱 가지 습관' 가운데 하나인 '목적을 생각하고 시작하라'로 발전시켰다. 그는 당신이 방금 숨을 거두었다고 상상해보라고 한다. 그리고 가족과 친구들이 추모식에서 당신에 대해 무슨 이야기를 할지 적어보라고 권한다. 당신은 세상을 떠난 후 어떻게 기억되고 싶은가? 이 연습문제가 당신에게 도움이 되지 않더라도 괜찮다. 당신에게 중요한 것이 무엇인지 생각할 방법은 더 있다.

파두모 다이브Fadumo Dayib는 사명을 지닌 여성이다. 그녀는 충분히 치료할 수 있는 질병으로 자녀를 열한 명이나 잃고 조국인 소말리아에서 케냐로 건너온 부모에게서 태어났다. 가족이 케냐에서 소말리아로 다시 추방된 후 곧바로 그녀는 피난을 떠나야 했다. 이번에는 내전 때문이었다. 다이브와 동생들은 핀란드로 가서 망명 허가를 받았다. 그녀는 열네 살에 글을 읽는 법을 배웠고, 핀란드에서 간호학교에 진학했으며, 두 개의 석사 학위를 취득했고, 현재 박사 과정을 밟고 있다. 2014년에 그녀는 1984년 이후 소말리아에서 처음 치러지는 선거에서 대통령 후보로 출마하기 위해 조국으로 돌아가겠다는 포부를 밝혔다. 자신의 웹사이트에 그녀는 이런 글을 썼다. "나의 목표는 식견 있는 정치 지도력으로 내전을 겪은 소말리아의 재건을 돕는 것이다. 내 삶의 소명은 네 자녀에게 헌신적인 어머니의 삶뿐만 아니라 소말리아의 발전이다. 인류에게 봉사하는 것이다." 사명이란 이처럼 크고 분명할 수 있다.

사명 찾기는 매우 개인적인 여정이다. 다이브의 이야기를 통해 당신이 대담한 사명을 정하고 어떤 것에도 방해받지 않기를 희망한다. 당신의 사명이 대통령이나 영웅이 되는 것이어야 하는가? 전혀 그렇지 않다. 하지만 그것이 가능함을 깨닫는 것은 좋은 일이다.

일론 머스크Elon Musk와 화성에 사람들을 보내려는 그의 계획에 대해 당신이 어떻게 생각하든 임팩트에 대한 그의 생각은 여기서 유용할 수 있다. 그는 무언가의 임팩트를 그것의 이로움과 거기에 영향을 받은 사람 수의 곱으로 측정한다. 즉 많은 사람에게 끼친 작은 이로움은 소수에게 끼친 큰 이로움과 같은 임팩트가 있다. 자신의 사명을 찾는 데 도움이 될 만한 몇 가지 힌트를 주자면 다음과 같다.

- 스티븐 코비가 제안한 대로 상상해본다. 당신은 어떻게 기억되고 싶은가?
- 어떻게 하면 최대한 많은 사람에게 작은 이로움을 줄 수 있는가? 이를 위해 어떤 열정과 능력을 동원할 수 있는가?
- 무엇이 당신을 화나게 하는가? 이 격한 감정은 당신의 사명이 어디에 있는지 알려주는 힌트가 될 수 있다.

이 세 가지 퍼즐 조각, 즉 열정, 능력, 사명은 그것들을 위해 노력하기 시작할 때 의미가 더 커진다. 이어지는 페이지에 제시된 밑줄에 당신의 생각을 각각 적어보라. 복잡하게 적을 필요는 없다. 나는 에버노트Evernote에 글머리 기호를 넣고 세 개의 퍼즐 조각을 열거하는 방법을 쓴다. 이 메모는 계속 조금씩 바뀌는데, 지금은 다음과 같다.

**사명**   내게 중요한 것은 무엇인가?

- 나는 매일 세상이 조금씩 더 나아지게 만들고 싶다.
    - 내가 하는 일을 통해
    - 직장 밖에서 하는 프로젝트를 통해
    - 지구를 보호하고 빈부격차를 줄이는 데 내 역할을 다함으로써
    - 가족과 친밀하고 애정 어린 관계를 돈독히 함으로써

**열정**   내가 즐거이 하는 것은 무엇인가?

- 나는 다른 사람이 사용할 수 있는 뭔가를 만들기를 좋아한다.
- 나는 문제를 해결하는 것을 즐긴다.
- 나는 느린 것을 더 빠르게, 또는 복잡한 것을 더 쉽게 만드는 방법을 찾기를 좋아한다.
- 나는 유용한 일을 하는 게 좋다.
- 나는 기초부터 무언가를 만들어가는 게 좋다.

**능력**   내가 잘하는 것은 무엇인가?

- 나는 일을 진행시키는 데 능하다.
- 나는 복잡한 것을 간단하게 만드는 데 능하다.
- 나는 자제력이 강하다.
- 나는 이야기를 잘 들어주는 사람이다.
- 나는 전략적 사고에 능하다.

- 나는 우선순위를 잘 정한다.

나는 금요일 재점검을 할 때마다 이 메모를 읽는다(4장 참조). 무엇이 나를 움직이게 하는지 놓치지 않게 해주고 내 작업이 그와 일치하는지 확인할 수 있기 때문이다. 그리고 나 자신에 대해 새로운 무언가를 알게 될 때마다 그에 맞춰 퍼즐 조각들을 업데이트한다.

**사명**   내게 중요한 것은 무엇인가?

- 
- 
- 
- 

**열정**   내가 즐거이 하는 것은 무엇인가?

- 
- 
- 
- 

**능력**   내가 잘하는 것은 무엇인가?

-

- _____
- _____
- _____

### 빨리 시작하라

나의 절친한 친구들은 얼마 전에 집을 팔고, 캠핑카를 타고 유럽 전역으로 여행을 다니고 있다. 1년째 여행 중인 헤르만과 시스케는 그 어느 때보다 행복하다고 한다. 그들의 열정, 능력, 사명의 퍼즐 조각이 모두 맞아떨어진 덕이다. 그들은 자유롭게 살기를 원했고(열정) 둘 다 음악에 재능이 있고 손재주가 좋아서(능력) 직접 밴을 수리할 수 있었고 그러면서 돈도 벌 수 있었다. 여행 중에 만난 사람들에게 마음을 여는 것도 그들에게는 중요했다(사명). 이런 방랑자 생활방식이 현 단계의 그들에게 이상적인 것으로 밝혀졌지만 그저 운이 좋았던 건 아니다. 몇 개월 동안 브레인스토밍을 하고 계획한 덕분이었다.

머릿속 생각이 정말 당신이 원하는 것인지 알아보려면 시도해보는 수밖에 없다. 집과 캠핑카를 맞바꾸는 것이 옳은 행동일지 지겨울 만큼 고민할 수도 있겠지만, 그것을 알아낼 확실한 방법은 실제로 행동에 옮기는 것뿐이다.

당신이 무엇을 원하는지 발견하려면 개인적 사명과 열정, 능력에 대해 생각하는 것부터 시작하라(1). 이 세 가지 퍼즐 조각을 규

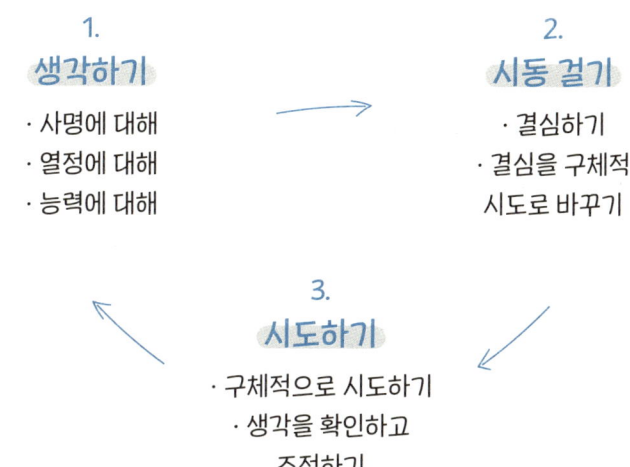

정하고 나면 각 퍼즐 조각에 대한 결심으로 시동을 건 다음(2) 그 결심을 구체적인 시도로 바꿀 수 있다(3).

사명이나 열정, 능력이 당신이 다른 일을 해야 한다고 시사하는가? 혹은 다른 취미를 추구하라고 말하는가? 세 개의 퍼즐 조각에 더 잘 맞는 결심을 할수록 그것이 당신에게 더 잘 맞을 것이다. 당신의 결심이 내 방랑자 친구들처럼 인생을 바꾸는 것일 필요는 없다. 푸드뱅크(식품을 기탁받아 소외계층에 무료로 제공해주는 단체 - 옮긴이)에서 자원봉사를 하거나, 리틀 리그를 지도하거나, 연설 강좌를 수강하는 등의 평범한 일이 될 수도 있다. 그 결과로 얻은 경험은 당신이 정말로 원하는 것이 무엇인지 더 정확하게 파악하도록 도와줄 것이다.

그렇다면 퍼즐 조각을 어떻게 결심으로 바꿀 수 있을까? 다음은 그 예들이다.

- **사명**  양성평등을 옹호하는 것이 나에게는 중요하다.
- **결심**  이 목표를 위해 노력하는 단체에 가입한다. 또는
- **결심**  모든 사람이 동등한 대우를 받을 수 있도록 회사 문화를 바꾸기 위해 노력한다. 또는
- **결심**  친구들과 토론을 위해 북클럽을 시작한다.

보다시피 모두 사명에서 비롯된 이 결심은 범위가 다양할 수 있다. 그중 하나를 선택하여 그에 따라 행동해보면 이 사명이 진정으로 당신에게 동기를 부여하는지 알아내는 데 도움이 된다. 열정과 능력의 퍼즐 조각을 결심으로 바꾸는 것도 마찬가지다. 목공 작업이 신난다면 목공 강좌에 등록하여 그것이 그저 일시적인 마음인지 알아보라. 또는 나의 아버지에게서 힌트를 얻어라. 아버지는 드럼에 소질이 있는지 알아보기 위해 56세에 드럼 연주를 시작했는데, 소질이 있는 것으로 밝혀졌다.

결심을 끌어내는 데 도움이 되는 충고가 더 필요한가? 다음은 내게 도움이 되었던 것들이다.

- 선택은 몇 번이고 되돌릴 수 있고 한 번에 제대로 선택하지 못해도 괜찮다. 결심과 그에 따른 행동은 보통 쉽게 변경하거나 취소

할 수 있다.
- 금요일 재점검 덕분에 나는 정기적으로 나의 선택을 되돌아본다. 그리고 처음에 약간 불안했던 결심이 가장 보람을 주곤 한다는 것을 알게 되었다. 그러므로 더 자주 되돌아보고 거기서 얻은 통찰을 활용하라.
- 당신이 사명이나 열정, 능력을 추구하지 않는다는 것은 당연히 다른 것을 선택한다는 의미다. 새로운 일에 대해 '아니요'라고 말한다면 현재 직장에 '예'라고 말하는 것과 같다. 그 선택이 당신을 행복하게 하는가?

당신의 결심을 구체적인 행동으로 표현하지 않는다면 그 결심으로 뭔가를 할 가능성은 희박하다. '모든 사람이 동등한 대우를 받을 수 있도록 회사 문화를 바꾼다'는 결심을 예로 들어보자. 훌륭한 포부지만 실행에 옮기기는 어렵다. 하지만 좀 더 구체적으로 '양성평등에 관한 핸드북을 만들 실무단을 모집하여 회사 문화를 변화시키겠다'라고 하면 행동으로 바꿔 표현한 것이다. 그리고 행동의 형태로 표현된 결심은 당신의 목표를 위한 완벽한 발판이 된다.

많은 사람이 일과 개인 생활에서 달성 가능한 목표를 설정하는 데 어려움을 겪는다. 어떻게 목표를 설정할지 자세히 살펴보기 전에 한 걸음 물러서서 이렇게 질문해보자. 애초에 목표를 세우는 것이 왜 좋은 생각일까?

## 목표는 이정표다

나는 개인 목표를 설정하는 것을 매우 좋아한다. 목표는 가장 중요한 일에 집중하도록 도와준다. 그리고 무엇을 하지 않을지 결정하도록 도와준다. 나는 항상 명확한 결과를 지향하면서 노력할 때 더 많은 일을 해낸다. 다른 사람도 마찬가지다. 하지만 내 말만 듣고 목표의 효과를 믿을 필요는 없다.

에드윈 로크Edwin Locke와 게리 레이섬Gary Latham은 1974년부터 목표 설정의 중요성을 연구해왔다. 그들은 함께 수백 건의 연구를 검토하고 그것을 기반으로 목표 설정 이론Goal-Setting Theory을 발전시켰다.[3] 이 이론은 올바로 한다면 목표가 생산성을 높이는 효과적인 방법이 될 수 있다고 말한다. 핵심은 다음과 같다. 명확하고 충분히 도전적인 '무엇'과 구체적인 '언제'를 정기적인 진행 상황 피드백과 결합하는 것이다. 지금부터 그 모든 과정을 하나씩 살펴보자.

목표라는 단어에 알레르기가 있는 사람도 있다는 걸 안다. 아마도 상사나 다른 누군가가 설정한 불가능한 목표 때문에 그것이 너무 크고 무겁게 느껴지기 때문일 것이다. 또는 과거에 개인적인 목표에 들떴다가 실패한 경험 때문일 수도 있다. 이런 부정적인 경험을 한 적이 있다면 목표 설정에 열광하지 않을 수 있다.

그렇더라도 나는 당신이 새로운 방식으로 새로운 목표를 추구해보기를 바란다. 내 방식에서 목표는 최종 목적지가 아니라 길을 가다가 잠시 멈춰 숨을 고르고 얼마나 멀리 왔는지 기념할 수 있는 이정표다. 목표를 달성하면 기분이 아주 좋다. 그리고 당신은 원하는 만큼 목표를 작고 실천하기 쉽게 만들 수 있고, 그것은 장담하건대 묘책이다.

### 목표는 활력을 준다

목표가 시야에 들어올 때 에너지가 폭발하는 경험을 해본 적이 있을 것이다. 경주에서 마지막 코너를 돌아 저 앞에 결승선이 보일 때처럼 말이다. 할 만해 보이는 마지막 구간이 분명하게 보이면 마지막으로 한 번만 더 힘을 내면 된다. 목표를 통해서도 그와 같은 짜릿함과 추가적인 힘을 얻을 수 있다.

### 목표 설정

목표 달성 여부는 목표를 얼마나 신중하게 설정했는가에 달려 있다. 잘 정립된 목표는 결승선에 도달하느냐, 중도에 포기하느냐를 좌우할 수 있다. 당신도 SMART 목표 설정 기법에 대해 들어본 적이 있을 것이다. 이것은 목표가 구체적이고specific, 측정 가능하고measurable, 달성 가능하고achievable, 현실적이고realistic, 시기적절해야timely 한다는 원칙을 말한다. 이 기준에는 문제가 없지만 나는 조금 덜 복잡한 기준을 선호한다. 그래서 나는 목표를 오직 두 가지 지표로만 확인한다.

### 1. 그것이 나를 설레게 하는가?

열정, 능력, 사명을 바탕으로 목표를 세운다면 그 목표에 설레지 않을 수 없다. 그런 이유로 나는 이를 목표의 주요 기준으로 삼는다. 목표를 향해 나아간다는 생각 자체가 나의 열정을 불러일으켜야 하고, 목표 달성은 축하할 만한 일이어야 한다. 달성 가능성, 현실성, 측정 가능성 같은 일반적인 기준은 이에 비하면 밋밋하다.

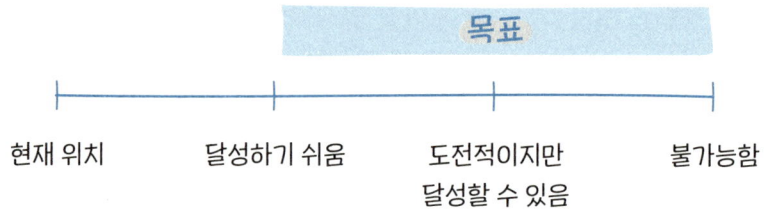

목표에 대한 열정은 어느 정도 그것이 얼마나 큰 도전인가에 달려 있다. 그것을 달성하려면 얼마나 노력이 필요한가? 이룰 수 없는 목표를 설정하는 것은 의미가 없지만, 너무 쉬운 목표여도 안 된다. 동기를 유지하는 핵심 열쇠 중 하나는 이 두 극단의 중간에 있는 목표를 세우는 것이다.

하지만 상사나 경영자가 정해준 목표는 어떤가? 이럴 때는 그들의 열정을 이해하려고 노력하면 도움이 될 수 있다. 왜 이 목표가 당신의 상사에게 중요한가? (때때로 당신은 상사와 가치관이 다르다는 것을 알게 될 것이다. 그런 일이 자주 일어난다면 적합한 직장에 몸담고 있는지 질문해야 할 때가 된 건지도 모른다.) 상사가 왜 그렇게 흥미를 느끼는지 그 이유를 듣기만 해도 큰 차이가 생긴다. 그리고 어떤 목표가 왜 중요한지 어느 정도 알게 되면 목표 달성에 필요한 동기를 얻을 수 있다.

### 2. 목표에 도달하면 알 수 있는가?

목표에 실제로 언제 도달할지 미리 아는 것은 대단히 중요하다. 이는 수많은 연구로 증명됐고 나도 개인적으로 몇 번이고 이를 목격했다. 목표가 구체적이지 않다면 목표 달성에 어려움을 겪을 것이다. 블렌들에서 내가 맡은 업무 중 하나는 회사의 전략 구상이었다. 아무도 이것이 중요하다고 나를 설득하지 않아도 됐으므로 열정은 문제가 되지 않았다. '블렌들의 미래 생각하기'라고 칭하며 이것을 나 자신의 목표로 삼을 수 있을 것이다. 하지만 그러면 언제 그것을 끝마칠지 어떻게 알 수 있을까? 그러는 대신 '올해 남은 기간의 계획을 6월 1일까지 발표하기'를 목표로 정하면 어디가 결승선인지 확실하다. 그러므로 목표를 세울 때는 '언제 목표가 달성되는가? 언제 목표가 완수되는가?'라는 질문에 분명한 답을 갖고 있는 것이 중요하다. 목표하는 결과가 명확한지 시험하려면 다음과 같이 질문하면 된다. 내가 목표에 도달하면 다른 사람들이 알 수 있는가? 그에 대한 대답이 '예'라면 충분히 구체적이다.

현실적으로 3개월 이상 앞을 내다보며 계획해야 하는 목표는 곤란하다. 결승선이 너무 멀다. 나는 목표 마감일을 다음 분기 내로 정하려고 노력한다. 더 큰 프로젝트라면 목표를 더 작은 단위로 나누는 것이 좋다.

**도전적 목표**

존 F. 케네디 John F. Kennedy 대통령은 최초로 달에 인간을 착륙시키고 싶어 했다. 파두모 다이브는 여성이 차지한 적 없는 소말리아의 최고위직을 목표로 삼았다. 조디 윌리엄스 Jody Williams 는 지구상에서 지뢰를 없애기를 원했다. 그리고 빌 게이츠 Bill Gates 는 말라리아를 근절시키기를 원했다. 이것들은 때때로 '크고 위험하고 대담한 목표 BHAGs, Big Hairy Audacious Goals'라고 불린다. 나는 도전적인 목표 stretch goals 라는 용어를 선호한다. 만약 현재 세운 목표에 도전 의식을 느끼지 못한다면 목표를 약간 높여 잡을 때다.

도전적 목표를 잘 설정하는 것 자체가 기술이다. 평소 범위를 벗어나지만, 결코 도달할 수 없을 만큼 요원하지는 않은 범위에 있어야 한다. 큰 목표를 위해 분투하도록 동기를 부여하고 도전에 나서고 싶다면 그 목표는 불가능한 것과 어렵지만 달성 가능한 것 사이 어딘가에 있어야 한다. 1961년 5월 25일 케네디 대통령이 10년 안에 인간을 달로 보낼 계획이라고 발표했을 때 그 목표는 어려워 보였지만 명확했다. 동시에 지구상의 모든 사람이 달로 가는 로켓을 상상할 수 있었다. 바로 그것이 도전적 목표의 두 번째 요소다.

스스로 좋은 도전적 목표를 설정하고 싶다면 다음 체크리스트로 평가해보라.

- ☐ 이 목표를 달성하는 것을 분명히 상상할 수 있다.
- ☐ 이 목표에 대해 생각하면 약간 걱정이 된다.
- ☐ 어떻게 이 목표를 달성할 수 있을지 모르겠다.
- ☐ 내가 그것을 할 수 있을지 주변 사람들이 대놓고 의문을 표한다.
- ☐ 이 목표를 달성할 생각을 하면 몹시 흥분된다.

목표와 도전적 목표 둘 다 당신을 앞으로 나아가게 한다. 내 경험으로 볼 때 두 종류의 목표가 혼재할 때가 가장 효과적이다. 나는 아주 크고, 야심 찬 목표 한두 개와 시간과 노력을 들인다면 반드시 달성할 수 있는 작고 실행 가능한 목표를 몇 개 세워둔다.

목표에 도달할 확률을 최대로 하고 싶을 테니 한꺼번에 너무 많은 목표를 세우지 않도록 주의하라. 나는 최대가 일곱 개라고 생각하며 그 이상은 권하지 않는다. 적을수록 좋다는 것을 기억하라. 그렇긴 해도 나는 항상 적어도 목표가 네 개는 있는 것을 좋아한다. 그러면 한 가지 목표에서 막히면 언제든 또 다른 목표로 초점을 옮길 수 있다.

## 목표 기록

이제 실질적인 문제를 이야기해보자. 당신은 목표를 어떤 식으로 기록하는가? 일정표와 할 일 목록, 이메일과 마찬가지로 선택할 수 있는 도구들이 아주 많다. 하지만 나는 구글 문서의 새 파일에 목표들을 적어두는 것을 좋아한다.

다음 표를 보면 나는 6월 말까지 달성할 목표를 여섯 개로 정했고 그중 두 개를 이미 달성했다. 기한은 모두 똑같다. 내가 구글 문서를 즐겨 사용하는 이유는 그냥 빈 페이지에 원하는 대로 자유롭게 적어두면 되기 때문이다. 그리고 구글 문서를 쓰면 내 목표의 일부 또는 전부를 다른 사람들과 쉽게 공유할 수 있다.

물론 관리자와 함께 설정한 목표를 문서화할 수 있는 자체 시스템을 갖춘 기업이 많다. 나는 업무 목표를 구글 문서 목록에도 추

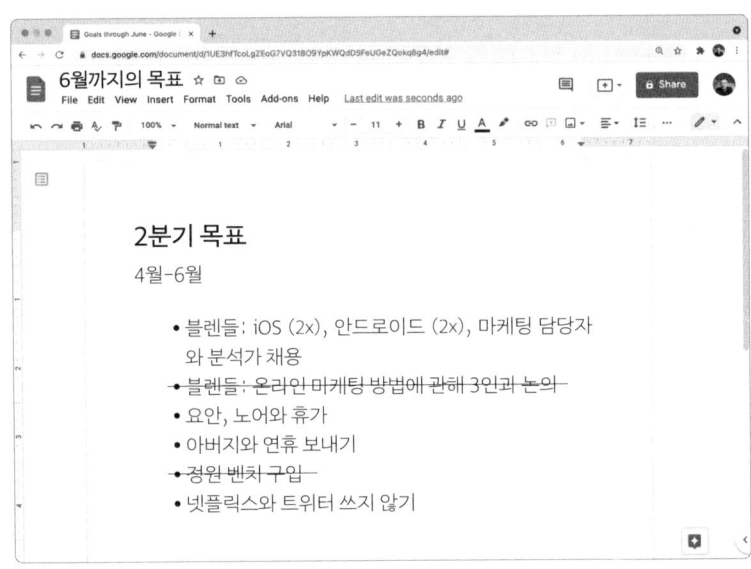

가하는 습관을 들였다. 그렇게 하면 내가 노력 중인 모든 목표가 한 곳에 모인다. 당신도 이렇게 해보기를 강력하게 권한다. 모든 목표를 한눈에 볼 수 있다는 게 중요하다.

## 목표 달성

이제 당신은 목표를 작성했고, 왜 그것들이 당신에게 중요한지 알고 있고, 언제 끝낼지도 정했다. 잘했다! 그리고 이제는 그 목표를 이룰 때다.

### 첫 단계

지금 당신은 어디서부터 시작해야 할지 막막한 채로 목표 중 하나를 쳐다보고 있을지도 모른다. 무리도 아니다. 그것이 도전적 목표라면 더더욱. 내 친구 헤르만과 시스케 그리고 캠핑카에서 살고자 하는 그들의 꿈을 다시 생각해보라. 당신은 어디서 시작하겠는가?

사실 그것은 놀라우리만치 간단하다. 자신에게 이 한 가지만 질문하면 된다. 이 목표를 향해 나아가기 위한 구체적인 첫걸음은 무엇일까? '중고 캠핑카 매물 확인' 또는 '경험 많은 친구에게 조언 구하기'가 될 수 있다. 1장에서 당신의 우선순위를 구체적인 작업 행동으로 바꿨던 것을 기억하는가? 목표 추구도 같은 방식으로 진행된다. 다음 단계는 무엇일지 결정하고 결승선을 넘을 때까지 이 과정을 반복하면 된다.

다음 단계를 생각해보았는가? 훌륭하다. 다른 것을 하기 전에 먼저 일정표를 집어 들고 그 단계를 완료하는 데 필요할 시간을 일정으로 잡아두어라. 그렇게 하면 확실하게 이 중요한 (하지만 긴급하지는 않은) 과업이 한 주의 우선순위가 될 수 있다.

그 후에는 그 일에 본격적으로 착수하면 된다. 이메일을 닫아라. 넷플릭스에서 로그아웃하라. 휴대전화에서 페이스북과 인스타그램을 없애라(휴대전화를 보이지 않는 곳에 두면 더 좋다). 모든 집안일을 다른 시간으로 미루고 그 일을 시작하라. 시작하기가 힘든가? 몇 가지 조언을 더 하자면 다음과 같다.

- 몇 분 안에 첫 번째 작업을 완료할 수 있도록 첫 단계를 더 작게 만들어라. 엑셀을 능숙하게 사용하는 것이 당신의 목표라면 타이머를 설정해놓고 유튜브에서 5분짜리 엑셀 강습을 시청하라. 또는 운동과 관련된 목표라면 '10분 스트레칭'으로 시작하라.
- 첫 단계를 완료한 후에는 자신에게 보상을 제공하라. 짧은 휴식, 커피 한 잔, 또는 다른 작은 선물을 자신에게 주어라.
- 이 목표가 왜 그렇게 중요한지 상기해보라. 당신은 무엇을 달성하기를 희망하는가? 이 목표에 도달했을 때 어떨지 눈을 감고 상상해보라.

많은 사람이 큰 계획을 세우지만 모두가 그 계획의 결실을 보는 것은 아니다. 목표 달성의 비결은 야심 찬 계획을 실행 가능한 작은 작업 여럿으로 나누는 연습을 하는 것이다. 이 간단한 기술이 당신을 얼마나 멀리 데려가고, 얼마나 많은 것을 성취하게 하는지 놀라게 될 것이다.

## 마감일을 현실적으로 정하라

좋은 목표에는 마감일도 있어야 한다. 마감일은 스트레스가 많은 관리자가 직원들을 괴롭히려고 만들어낸 것이 아니다. 우리 작업에 마감일이 효과가 있다는 것은 이미 입증되었다. 마감일이 없으면 덜 중요한 문제로 주의가 흐트러지고 목표에 결코 도달하지 못할 위험이 있다.

마감을 길게 잡으면 이상적일 듯하지만 그렇지 않다. 일은 항상 주어진 시간을 다 채울 때까지 늘어진다는 파킨슨의 법칙 Parkinson's law 을 보라. 복잡한 기술 프로젝트에 빠듯하게 4주의 기한을 주면 장담하건데 마감일까지 해낼 수 있을 것이다. 작은 규모에서도 마찬가지다. 회의 시간을 두 시간으로 잡아놓으면 120분을 꽉 채우게 된다. 하지만 현실적인 마감은 일을 완료하고 계속 나아가도록 도와준다.

### 한 번에 너무 많은 목표를 세우지 마라

또 다른 흔한 함정은 너무 많은 목표를 세우는 것이다. 여러 목표로 주의가 분산되면 그중 어느 것도 달성하지 못할 수 있다. 앞서 밝혔듯이 나의 이상적인 목표 개수는 4~7개다. 그 이상이면 모든 목표에 열정을 유지하기가 어렵다. 목표에 대한 확신이 없다면 이번에는 그것을 빼는 게 좋다(아니면 상사와 의논하라). 시간이 좀 남으면 또 다른 목표를 언제든 추가할 수 있다.

### 평가를 위한 시간을 따로 두어라

언제든 원하는 때에 새로운 목표를 세우고 개요에 추가할 수 있다. (다음 장에서 논의할 것처럼) 나의 경우 분기에 한 번씩이 가장 적합하지만, 여기에 특별한 규칙은 없다. 중요한 것은 금요일 재점검에서 각각의 목표를 반드시 살펴보는 것이다. 그것이 목표의 진행 상황을 추적하고 다음 작업 단계를 기록하기에 가장 좋은 방법이다.

경험으로 깨달은바, 목표 달성에 도움이 되는 또 다른 현명한 조치는 적극적으로 다른 사람들을 참여시키는 것이다. 예전 직장에서 분기가 끝나기 전에 직원을 고용해야 했던 때가 좋은 예가 될 것이다. 신입 사원들이 우리 일을 개선해주고 더 재미있게 만들어줄 것이므로 나는 이 목표에 아주 신이 났다. 이 목표는 측정하기도 쉬웠다. 제때 새로운 직원을 고용하는가 그렇지 않은가는 명백할 것이기 때문이다. 여기까지 목표 설정의 모든 요구 조건이 충족됐다. 하지만 처음 몇 주 동안 우리는 목표를 향해 거의 나아가지 못했다. 당연히 나는 채용 단계를 적어두었지만 우리 팀은 서로 조율해가며 노력하고 있지 않았다. 지원자의 선발, 연락, 면접을 위해서는 함께 노력해야 하는데 그러지 못했다. 어찌 보면 이해가 가는 상황이었다. 이것은 전형적인 중요하지만 긴급하지 않은 일이었으므로 다른 일이 생기면 가장 먼저 미루게 되었기 때문이다. 마침내 인사 담당자가 매주 점검으로 전술을 바꾸자고 제안했다. 우리는 일주일에 한 번 팀 전체가 지금까지 무엇을 했고 다음 단계는 무엇인지 서로 간단히 보고하는 스탠딩 회의를 하기 시작했다. 그 회의는 우리가 속도를 내게 하는 데 정말 도움이 되었다. 우리 모두가 공동의 목표를 달성하기 위해 서로 의지하고 있었기 때문이다. 이 예는 얼마나 명확히 목표를 정의했든, 목표에 대해 얼마나 열정적이든 실제로 차이를 가져오는 것은 어깨너머로 지켜보며 "어떻게 되어가? 지금까지 무엇을 했지? 다음은 뭐지?"라고 말해줄 사람임을 증명해준다.

    캘리포니아 도미니칸대학의 한 연구는 이런 식의 협력이 얼마나 효과가 있는지 잘 보여준다.[4] 연구자들은 목표를 위해 노력하는 여러 방식을 살펴보았다. 그 결과 친구와 목표를 공유한 참가자들이 목표 달성에서 훨씬 높은 점수를 받은 것으로 드러났다. 그들은 목표를 공유하지 않은 통제집단보다 거의 50퍼센트나 높은 점수를 받았다. 또한 매주 목표 진행 상황을 친구에게 알려준 집단은 통제집단보다 점수가 77퍼센트나 높았다. 이는 진행 상황을 공유하는 것이 계획을 끝까지 밀고 나가게 해주는 훌륭한 동기 요인임을 시사하는데 이에 대해서는 7장에서 더 자세히 살펴볼 것이다.

## 목표 수정을 두려워하지 마라

성공할 수 없다는 것을 뒤늦게 깨달은 목표를 매주 마주하는 것만큼 좌절감이 드는 일도 없다. 나도 몇 년 전에 큰 도전을 하면서 그런 경험을 했다. 나는 연설 실력을 쌓기 위해 매달 어딘가에서 발표를 하기로 했다. 처음 두 달은 이미 발표 일정이 잡혀 있었으므로 출발은 순조로웠다. 그러고는 끝이었다. 3월, 4월, 5월은 다른 일에 파묻혀서 단 한 건의 발표도 못 하고 지나갔다. 좌절감이 계속해서 커졌다. 6월이 되고서는 주간 재점검에서 이 목표를 교묘하게 회피했고, 그해 하반기에는 발표를 전혀 하지 못했다. 유감스러웠다. '올해 네 번 발표하기' 또는 '열 개의 콘퍼런스에 이메일로 발표 제안서 보내기' 같은 좀 더 실행 가능한 목표로 수정했더라면 발표를 몇 번 더 할 수 있었을지 모르기 때문이다. 대신 나는 원래 계획을 포기하고 두 번의 발표로 끝냈다.

당신은 팀 또는 팀장과 합의한 목표에서 이런 좌절감을 경험할 수도 있다. 그럴 때는 낙담하지 말고 관련된 사람들에게 가서 이야기를 꺼내라. 문제를 함께 조사하면 원래 목표에 이르는 완전히 새로운 길을 발견할 수도 있다. 아니면 적어도 목표를 완전히 놓치는 것보다는 나은 결과에 합의할 수도 있다.

목표를 수정하는 편이 현명한 경우가 또 있다. 바로 목표가 명확하지 않았다는 걸 깨달았을 때다. 예를 들어 당신과 동료들은 목표 달성 시점을 서로 다르게 해석할 수 있다. 문제를 명확히 하고 모두가 똑같이 이해하도록 하는 것이 핵심이다. 목표가 무엇인지 또는 언제 목표에 도달할지 제대로 알지 못하는 것만큼 힘 빠지는 것도 없다.

이 장에서 당신은 좋아하는 일을 찾기 위해 노력했다. 그 시작은 당신을 움직이게 하는 일, 즉 당신이 열정을 갖고 있고, 잘하고, 당신이 중시하는 일이라는 세 개의 퍼즐 조각을 맞추는 것이다. 그리고 무언가를 지향하며 노력할 때 가장 효과적으로 행동할 수 있다. 그러므로 설레는 목표를 설정하라. 하지만 당신의 목표가 모든 요건을 충족한다고 해도 이 접근 방식을 한 차원 더 끌어올릴 수 있다. 어떻게? 다가올 한 해의 계획을 세우는 것이다.

## 6.
# 어떻게 하루 만에
# 한 해 계획을 세울 것인가

## 연간 계획의 날
## 만들기

4장에서는 지난 한 주를 돌아보고 다음 한 주를 계획하는 금요일 재점검을 배웠다. 대개 우리는 바쁜 일정 속에서 내년에 무엇을 원하는지 생각할 시간은 고사하고 이번 주 그 이상을 살펴볼 짬도 없다. 그럴 때 연례 재점검이 필요하다. 이번 장에서는 한 해 동안 있었던 모든 일을 되돌아보고 다음 해의 계획을 세움으로써 한 해를 최대한 활용하는 법을 보여주려 한다.

나는 미국 작가이자 세계 여행가, 블로거인 크리스 기예보Chris Guillebeau가 블로그에 올린 '연간 검토annual review'에 관한 글에서 연례 재점검의 아이디어를 얻었다. 2014년 나는 처음으로 그의 말대로 한 해를 자세히 검토해보았다.¹ 그리고 결과가 너무 만족스러워 그 이후로 쭉 연례 재점검을 하고 있다. 이는 내게 다음과 같은 도움을 주었다.

- 나는 직장에서 어떤 역할을 하고 싶은지 시간을 내 생각한 후, 그 방향으로 나아갈 수 있도록 강의를 신청하고 직무 내용을 재구성했다.
- 나는 팀을 어떻게 구성하고 싶은지, 무슨 변화가 필요한지 결정한 다음 그 변화를 만들어냈다.
- 나는 매일 뉴스레터를 발송하는 프로젝트를 1년 동안 구상하고 시작했다.
- 나는 운동, 기타 연주, 발표를 더 많이 할 계획을 세웠다.
- 나는 넷플릭스 시청을 단번에 끊기로 했고 그러자 다른 일을 할 시간이 많이 생겼다.
- 나는 어머니와 요트 타는 날 등 친구 및 가족과 함께하는 나들이를 계획했다. (어머니는 요트 타기의 명수였고, 알고 보니 환상적인 강사이기도 했다!)

연례 재점검은 몇 시간의 투자로 다음 해까지 지속되는 결과를 안겨준다. 이런 계산법에는 반박할 수가 없다. 그럼 그 방법을 살펴보기로 하자.

### 연례 재점검이란 무엇인가?

금요일 재점검과 마찬가지로 연례 재점검은 앞뒤를 모두 돌아보는 시간이다. 하지만 유사점은 거기서 끝난다. 연례 재점검에서는 완전히 다른 것들을 생각한다. 단기적인 것에 초점을 맞추는 대신 장기적인 전망을 한다. 지난 12개월 동안의 행적을 돌아보고 앞으로 1년 동안 무엇을 할 수 있을지 자유롭게 꿈꾸는 시간이다. 그 결과는? 올 한 해에 대한 새로운 통찰, 더 확실한 기억, 그리고 다가올 한 해를 위한 풍부한 아이디어다.

### 연례 재점검은 언제 해야 하는가?

언제라도 상관없다. 당신이 정하면 된다. 올 한 해를 돌아보고 다음 해를 탐색하기 가장 좋은 순간이면 그게 언제든 당신에게 적합한 시간이다. 중요한 것은 충분한 시간을 갖는 것이다. 나의 경우 이틀 연속으로 일정을 비울 때가 가장 효과적이다. 그렇게 하면 제대로 시간을 갖고 올해에 있었던 모든 일을 즐거이 기억할 수 있다. 그런 다음 새로운 계획을 구상할 수 있다.

나는 크리스마스와 새해 첫날 사이의 조용한 날을 좋아하지만 어떤 사람들은 여름휴가에서 돌아온 후와 같이 다른 때에 연례 재점검을 하고 싶어 한다. 내가 말했듯이 언제 연례 재점검을 할지는 당신에게 달렸다. 그리고 충분한 시간을 할애할 수 있다면 분명 더 좋겠지만, 필요하다면 오후 나절만으로도 놀라울 정도로 많은 것을 검토하고 끝낼 수 있다. 이 장을 최대한 활용하고 싶은가? 그렇다면 잠시 책을 내려놓고 일정표를 들여다보며 이번 달 안에 최소 한나절을 연간 계획을 위해 비워놓도록 하라.

연간 계획을 시작하기 전에 거기서 얻을 수 있는 것들부터 알아보자.

- 한 해 동안 좋았던 사건과 불만스러웠던 사건의 개관
- 향후 3개월 동안의 구체적인 목표(왜 1년이 아니라 3개월 단위인지는 잠시 후 설명하겠다.)
- 다음 한 해 동안 들여다볼 수 있는 아이디어

너무 야심 차 보이더라도 걱정하지 마라. 올 한 해 돌아보기부터 시작해서 한 걸음씩 나아갈 것이다.

## 한 해 돌아보기

| 한 해 돌아보기 | 브레인스토밍 | 목표 설정 |

### 1단계. 한 해 회상하기

**일정표**

일정표는 당신의 반석이다. 그러므로 한 해를 검토할 때 일정

표에서 시작하는 게 타당하다. 우리는 한 주씩 일정표를 스크롤하는 것으로 시작할 것이다. (일정표를 사용한 지 그리 오래되지 않았다면 비어 있는 달은 지나치면서 무엇을 했는지 짜 맞출 수 있는지 보라.) 해당 달의 큰 사건이나 주목할 만한 활동을 '좋았던 일' 그리고 '불만스러웠던 일', 두 목록 중 하나에 적어라.

나는 이 작업을 디지털 방식으로 하기를 좋아하지만, 당신이 선호하는 방식대로 하라. 공책에 써도 좋다. 순조로웠던 일은 무엇인가? 자랑스러운 일은 무엇인가? 그것들을 좋았던 일 목록에 추가하라. 더 잘될 수 있었던 일은 무엇인가? 그것들을 불만스러웠던 일 목록에 추가하라.

나는 좋았던 일과 불만스러웠던 일을 기록하는 과정을 좋아한다. 올해의 사건들을 스크롤하는 동안 추억에 잠기는 기분이 썩 괜찮은 데다 완전히 잊고 있던 몇 가지까지 항상 발견하게 되기 때문이다. 내가 아는 어떤 사람은 가족과 함께 이 1단계를 한다. 자녀들이 좋았던 일과 불만이었던 일로 무엇을 떠올리는지 보고 있으면 아주 즐겁다. 여섯 살인 토르벤은 '고양이에게 벼룩이 생겨서 집에 온통 벼룩이 생겼을 때'를 불만스러웠던 일로 꼽아 그 범주에서 확실한 승자가 되었다.

얼른 시작하고 싶다면 연간 계획의 날을 위한 견본을 준비해 두었으니 사용해도 좋다. 이 견본은 gripbook.com/templates 에서 찾아볼 수 있다.

### 사진

이제 우리가 그 어느 때보다 많은 사진을 찍는다는 사실을 활용할 순간이다. 한 해 동안 찍은 사진들을 천천히 살펴보면서 떠오르는 생각을 좋았던 일과 불만스러웠던 일 목록에 추가한다.

### 일기

당신은 일기를 쓰는가? 일기를 훑어보라. 일정표의 계획은 그날 당신의 기분을 알려주지는 않으므로 일기가 귀중한 맥락을 더해준다. 아니면 소셜미디어 포스트를 스크롤해보라. 한 해 동안 아주 짧게라도 올린 포스팅이 많을수록 검토할 자료가 풍부해진다.

## 2단계. 목표 되돌아보기

올해 목표 되돌아보기는 연례 재점검의 핵심 부분이다. 하지만 처음 시작할 때는 아직 명확한 목표가 없을 수 있다. 문제될 것 없다. 한 해 동안 무엇을 하고 싶었고 왜 그것을 했는지 또는 못 했는지 몇 문장으로 적으면 된다.

설정해둔 목표가 있다면 이제 목표를 하나하나 돌아볼 때다. 새 페이지나 새 종이에 각각의 목표와 그것의 달성 여부를 적는다. 나는 무엇이 잘됐는지 (또는 어긋났는지) 적으면서 내 생각까지 자주 덧붙인다. 원래 목표에 도달했는가? 목표를 달성하기 위해 최선을 다했는가? 한 해가 지나가는 동안 목표를 잊었는가? 도중에 목표를 수정했는가? 또는 흥미를 잃었는가? 왜인가? 그리고 그런 경험에서 무엇을 얻었는가?

이제 당신에게는 올해 좋았던 일, 불만스러웠던 일 그리고 올해 목표에 대한 검토, 이렇게 세 가지 목록이 생겼다.

**3단계. 범주별로 검토하기**

이제 당신에게 적합한 범주를 사용해서 올해의 특정 측면을 집중적으로 살핀다. 다음은 내가 사용하는 목록인데, 내가 일에만 너무 집중하지 않게 해준다. 이 범주들 중에서 선택해도 좋고 당신에게 적합한 새로운 범주를 추가해도 좋다.

- 일
- 파트너와 가정생활
- 가족 구성원
- 친구
- 건강
- 영적 생활
- 기술

- 사이드 프로젝트
- 오락
- 나눔
- 그만둘 일
- 돈-수입
- 돈-저축

새 페이지로 이동하여 당신이 사용하는 각 범주를 들여다본다. 지난 1년을 돌아보고 범주별로 관찰한 점을 적는다. 다음은 삶의 각 영역에 대해 물어볼 질문이다.

- 나는 무엇을 했는가?
- 나는 무엇을 하지 않았는가?
- 내가 만족하는 것은 무엇이며 만족스럽지 않은 것은 무엇인가?
- 무엇이 나에게 큰 활력을 주는가? 전혀 그렇지 않은 것은 무엇인가?

범주들을 살펴보면서 각 범주에 대한 당신의 생각을 적는다. 필요한 만큼 시간을 할애하라. 이 귀한 통찰은 앞으로 1년 동안 도움이 될 것이다. 다음은 내가 한 범주에 써놓은 내용이다.

- 친구
  - 작년에 친구들과 독서 모임을 시작했다. 정말 잘한 일이다. 우리는 흥미로운 책 네 권을 읽었다.
  - 가끔 위르겐과 연락하지만 자주는 아니다. 더 자주 봤다면 좋았을 것이다.

**연례 재점검은 상사의 평가는 아니지만, 업무 능력 평가와 같다**

사람들은 자신의 업무 성과를 비판적으로 살펴보는 것이 얼마나 유익한지를 과소평가한다. 오직 자신에게만 대답하면 되므로 상사가 듣고 싶어

> 하는 말을 해야 한다는 부담이 없고, 검토 결과를 활용하여 다음에 어떤 조치를 하고 싶은지 정할 수 있다. 전적으로 자신의 속도로. 그런 연유로 연례 재점검은 개인적 발전을 촉진하는 간단하고 직접적인 방법이다. 게다가 능동적 자세를 보상받을 때도 많다.

### 4단계. 분기별로 검토하기

이제 범위를 축소해보자. 1단계에서 좋았던 일과 불만스러웠던 일을 파악했다면, 이번에는 올해 분기별 감상을 적어본다. 마음에 남는 몇 가지를 몇 문장으로 언급하면 된다. 이것은 한 해의 어떤 부분이 다른 부분보다 두드러지는지 알게 해준다. 갑자기 떠오르거나 놀라웠던 일이 있는가? 자랑스러운 일은 무엇인가? 재빠른 분기별 검토 결과는 다음과 같은 모습일 수 있다.

- **1분기** 멋진 휴가를 다녀왔다. 하지만 사전에 내 업무를 더 확실하게 위임해놓았다면 좋았을 텐데. 다시 자전거를 타기 시작했다! 온화한 겨울 날씨 덕에 자전거를 타기 좋았다. 세 가지 큰 프로젝트를 동시에 진행했다. 그중 두 가지(새로운 마케팅 캠페인과 새 앱 출시)를 완료했고 결과도 아주 좋았다. 1분기에 친구들을 더 자주 봤으면 좋았을 것이다. 뒤뜰에 새 데크를 만들었다.
- **2분기** 이 분기에는 내 목표들을 추진할 시간을 거의 만들지 못했다. 새 데크에서 많은 시간을 보냈다. 행복했다! 열심히 일했다.

- **3분기**   중요하지 않은 일에는 시간을 덜 할애하고 내 일을 새롭게 계획했다. 큰 진전이 있었다. 돌이켜보면 3분기에 일주일 동안 쉬었으면 좋았을 것이다. 또한 책도 더 읽었으면 좋았을 것이다.
- **4분기**   (오랫동안 목록에 있었던) 차고 청소를 드디어 했다. 4분기에는 최고의 기량을 보여주지 못한 느낌이고, 상당히 피곤해서 일찍 잠자리에 들었다. 날씨도 도움이 되지 않았다. 상사의 피드백에서 많은 것을 얻었다. 그녀의 조언 몇 가지를 즉시 적용하고서 기분이 좋아졌다.

이것들은 내가 다음 해 계획을 세울 때 큰 차이를 만들 수 있는 귀중한 통찰이다.

### 5단계. 반성하기

이것이 마지막 단계다. 올해 좋았던 일과 불만스러웠던 일, 설정했던 목표, 선택한 범주를 재점검하고 사분기를 모두 간략히 살펴봤으니 이제 그 내용을 몇 문장으로 요약해본다. 지난 1년은 어땠는가? 한 해가 만족스러운가? 정말 환상적인 일이 있었는가? 아니면 힘든 일이 있었는가?

이제 직접 검토해보자.

## 돌아보기

### 좋았던 일과 불만스러웠던 일

잘된 일은 무엇인가? 만족스러운 일은 무엇인가? 한 해 동안 가장 좋았던 일은 무엇인가?

- 
- 
- 

더 잘될 수 있었던 일은 무엇인가? 그리 만족스럽지 못했던 일은 무엇인가? 올해 가장 불만스러웠던 일은 무엇인가?

- 
- 
- 

### 목표

내 목표는 무엇이었는가? 목표를 달성했는가? 목표를 달성하거나 달성하지 못한 이유는 무엇인가?

- 목표 1
- 목표 2
- 목표 3

### 범주별

- 일
- 파트너와 가정생활
- 가족 구성원
- 친구

### 분기별

- 1분기
- 2분기
- 3분기
- 4분기

## 반성하기

### 이제 한 해를 요약하라

- 올해는

---

**자신만의 형식을 선택하라**

내 여동생은 연례 재점검을 위해 간단히 그림을 그린다. 그녀는 여러 색

> 깔과 기호, 메모가 들어간 마인드맵 mind map 형태로 한 해를 성찰한다. 동생처럼 재주가 있으면 좋겠지만 나는 평범하게 목록을 작성한다.

한 해를 돌아보면 여러모로 유익하다(단지 되돌아볼 시간을 갖기만 해도 앞으로는 뭔가를 다르게 할 수 있다). 또한 좋았던 일을 다시 한번 경험할 수 있게 해주는데, 점검하지 않았다면 그중 일부는 분명히 잊어버렸을 것이다. 힘들었던 해에도 연간 계획의 날은 내 삶에 들어온 모든 것을 잊지 않게 해준다. 연간 계획이 당신에게도 같은 작용을 해주기를 바란다.

## 브레인스토밍

| 한 해 돌아보기 | 브레인스토밍 | 목표 설정 |

당신이 이루고 싶었던 모든 변화를 적었으니 이 시점에서 그것들을 내년 목표라고 불러도 된다. 하지만 그건 자신을 과소평가하는 일일 것이다. 새로 살 차를 찾고 있다면 처음 구경한 차가 지금 타고 있는 차보다 낫다고 해서 바로 사지는 않을 테니 말이다. 브레인스토밍하는 시간을 갖고 몇 가지 선택지를 더 살펴보도록 하라. 가벼운 결정이 아니지 않은가. 지금 하는 선택은 당신 인생의 1년에 영향을 미칠 것이므로 자신에게 충분히 생각할 기회를 주어라.

연례 재점검의 브레인스토밍 단계에서는 실질적 우려를 제쳐두고 넓게 생각한다. 제한은 없다. 자신을 제한하지 않도록 노력하고 우선은 그 어떤 잠재적 문제점이 있더라도 무시하는 것이 좋다. 앞으로의 12개월로 자신을 제한할 필요도 없다. 지금의 생각을 판단할 기회는 나중에 갖게 될 것이다.

브레인스토밍을 시작하기 위해 연례 재점검 범주들을 다시 소환한다. 이번에는 범주별로 흥미로웠던 일들을 적을 것이다. 그것은 내년에 대한 대략적인 아이디어가 떠오르게 할 좋은 방법이다. (여기서 전년도에 브레인스토밍한 아이디어를 다시 읽으면 도움이 된다. 많은 아이디어가 여전히 적합하거나 다음 해에 맞는 새로운 아이디어가 떠오르도록 자극해주기 때문이다.)

준비됐는가? 당신에게 맞는 브레인스토밍 방식을 시도해보라. (나처럼) 단순히 범주마다 떠오르는 생각을 열거하거나 아이디어별로 다른 포스트잇에 적어두거나, (내 여동생처럼) 그림이나 마인드맵을 그려도 좋다. 중요한 건 마음껏 상상력을 발휘하는 것이다.

다음은 범주별로 생각해볼 수 있는 몇 가지 질문이다. 이 질문을 출발점으로 삼아도 좋고 당신만의 질문을 추가해도 좋다. 그리고 마지막 조언을 덧붙이자면, 다음 해에 다시 사용할 수 있도록 그 질문 목록을 저장해두어라.

### 브레인스토밍할 때 질문해야 할 것들

### 일

- 나는 내 직업에 만족하는가?
- 나는 이 일을 계속하고 싶은가?
- 나는 일을 더 많이 하고 싶은가?
- 나는 일을 덜 하고 싶은가?
- 나는 어떤 프로젝트를 하고 싶은가?
- 나는 무엇을 배우고 싶은가?
- 나는 어떤 점을 개선해야 하는가?
- 내가 새로 시작하고 싶은 일은 무엇인가?
- 내가 그만두어야 할 일은 무엇인가?
- 3년 후에도 같은 직장에 다닐 것으로 예상하는가?
- 내가 가장 흔히 받는 피드백은 무엇인가?
- 나는 어떤 일을 잘하며 어떻게 그것을 발전시킬 수 있을까?

### 파트너와 가정생활

연애 중이거나 결혼한 상태라면 파트너(그리고 자녀가 있다면 그들)와의 생활에 관한 생각을 적어보라.

- 어떤 것들을 함께 하고 싶은가?
- 최근에 함께 보낸 시간에 대해 어떻게 생각하는가?

- 어떤 프로젝트를 함께 하고 싶은가?
- 우리 관계에서 무엇을 바꾸고 싶은가?
- 무엇을 시작하고 싶은가?
- 무엇을 그만두어야 하는가?

**가족 구성원**

당신이 연락하고 지내는 가족 구성원의 목록을 작성하고 그들 각각에 대한 당신의 생각을 적어보라.

- 나는 그들에게 무엇을 제공할 수 있는가?
- 나는 그들에게 무엇을 부탁할 수 있는가?
- 나는 이 관계를 더 강화하고 심화하고 싶은가? 그렇다면 어떻게 하기를 원하는가?
- 최근에 연락이 끊긴 가족은 누구인가? 무언가 조치를 하고 싶은가? 그렇다면 어떤 조치를 할 것인가?

**친구**

좋은 친구는 소중하다. 친구는 우리의 행복한 순간을 공유하고 힘들 때 우리를 지지해준다. 그러나 삶에서 진행되는 온갖 일들 때문에 우리는 때때로 좋은 친구를 망각하고 산다. 친한 친구의 명단을 만든 다음 가족 구성원들에게 했던 똑같은 질문을 던지고 생각해보라. '내가 그들에게 무엇을 제공할 수 있는가?' '내가 그들에게 무엇을 부탁할 수 있는가?' 또한 다음 질문에 대해서도 생각해보라.

- 어떤 친구 관계가 내게 가장 소중한가?
- 어떤 친구 관계가 나를 가장 지치게 하는가?
- 더 투자하고 싶은 관계가 있는가?
- 나에게 부정적인 영향을 미치는 친구가 있는가?
- 연락이 끊긴 친구들 가운데 다시 만나고 싶은 이가 있는가?
- 나의 친구 관계가 어떻게 성장해가리라고 상상하는가?

**건강**

- 잠을 충분히 자고 있는가? 숙면하는가?
- 건강에 좋은 음식을 다양하게 먹고 있는가?
- 운동을 충분히 하고 있는가?
- 아침과 저녁 일과에 만족하는가?
- 술을 얼마나 마시는가?
- 무언가에 중독되어 있는가? (휴대전화, 소셜미디어, 뉴스 등)
- 정기적으로 치과에 다니는가?
- 정신적으로 안정되어 있는가?

### 영적 생활

- 나는 나 자신을 얼마나 잘 아는가?
- 영성은 내 삶에서 어떤 역할을 하는가?
- 영적 생활을 좀 더 활발히 하고 싶은가? (여기에는 기성 종교나 명상, 마음챙김이 포함될 수 있다.)

### 기술

- 무엇을 배우고 싶은가?
- 내 일을 더 잘하도록 도와줄 수 있는 기술은 무엇인가?
- 어떤 기술을 익히면 재미있을까?
- 배우고 싶은 언어가 있는가?
- 연주하고 싶은 악기는?
- 잘했으면 하는 운동은?

### 사이드 프로젝트

사이드 프로젝트란 새로운 것을 배우거나 약간의 부수입을 올리기 위해 여유 시간에 하는 일이다. 시간제로 하는 공부, 엣시 Etsy 나 이베이 eBay에서의 판매, 사진 강좌 수강, 블로그 운영 같은 것들이다. 당신이 할 수 있는 질문은 다음과 같다.

- 시작하고 싶은 사이드 프로젝트에 대한 아이디어가 있는가?

- 현재 어떤 사이드 프로젝트에서 가장 활력을 얻는가?
- 어떤 사이드 프로젝트를 계속하고 싶은가?
- 어떤 사이드 프로젝트를 그만두고 싶은가?
- 사이드 프로젝트에 시간을 너무 많이 쓰는 것 같은가?
- 사이드 프로젝트는 내 본업에 대해 어떤 것을 알려주는가?

**오락**

나는 처음 이 브레인스토밍을 시작하고 2년 동안 오락 범주를 두지 않았다. 다음 해 계획에 진지한 것만 가득했다는 뜻이다. 그러니 이 범주를 빠뜨리지 마라. 다른 범주와 마찬가지로 오락은 풍성하고 다채로운 한 해를 보내기 위해서 필수적이며 틀림없이 당신의 삶에 좋은 일들을 가져다줄 것이다.

- 여가 시간에 하고 싶은 것은 무엇인가?
- 오락과 휴식에 있어 가장 중요한 것은 무엇인가?
- 아무 계획 없는 하루가 주어졌을 때 무엇을 하면 가장 즐거운가?
- 더 해보고 싶은 것은 무엇인가?

**나눔**

아주 넓은 의미의 나눔을 고려하라. 나는 이전의 연례 재점검에서 나눔을 오로지 돈과 연관 지어 생각했다. 그 후 누군가가 나의 돈-나눔 범주가 너무 제한적이라는 이메일을 보내왔고 나는 전적으로 동감했다. 나눔을 더 넓은 의미로 보면 온갖 종류의 새로운 가능성이 열린다.

- 나는 세상에 어떤 공헌을 할 수 있는가? 시간이나 재화, 돈의 측면에서 생각해보라.
- 내가 다른 사람에게 가르칠 수 있는 기술은 무엇인가?
- 삶과 일에서 앞으로 나아가게 해줄 누군가를 주변 사람들에게 소개해줄 수 있는가?
- 기부를 위해 일정이나 시간을 떼어놓을 마음이 있는가?
- 시간을 어떻게 보내는지 숙고해보라. 나를 위한 시간과 다른 사람들을 위한 시간이 균형을 이루고 있는가?

**그만둘 일**

나는 몇 년 전 이 범주를 추가했다. 오래된 것을 버리지 않고는 새로운 것을 삶에 받아들이기 어렵다. 그럴 때는 그만둘 일 범주가 도움이 될 수 있다.

- 나의 에너지를 앗아가는 일은 무엇인가?
- 다른 사람에게 넘기는 게 더 좋은 책무에는 무엇이 있는가?
- 내가 하고 있지만 아주 뛰어나지는 않아서 그만두는 게 나을 수

도 있는 일은 무엇인가?

### 돈-수입

- 가까운 시일 내에 내 수입에 심각한 영향을 미칠 일이 있는가?
- 장차 수입이 얼마면 좋겠는가?
- 나는 얼마만큼의 수입이 필요한가?
- 나의 소비 습관은 타당한가?

### 돈-저축

- 나의 저축 목표는 무엇이며 그 이유는 무엇인가?
- 앞으로 큰 비용이 들어갈 일이 있어서 저축을 시작해야 하는가? 자녀 출산, 대학 등록금, 주택 구입 등?
- 나는 소득의 몇 퍼센트를 저축하고 있는가?
- 은퇴 후를 대비해서 저축을 시작해야 하는가? 아니면 투자 포트폴리오를 변경해야 하는가?

## 목표 설정

| 한 해 돌아보기 | 브레인스토밍 | **목표 설정** |

한 해를 돌아보고 새로운 아이디어를 얻기 위해 브레인스토

밍을 한 후, 이제 마지막 단계에 이르렀다. 바로 목표 설정이다. 당신을 위해 목표 설정을 아주 쉽게 만들어주려 한다. 1년 전체의 목표를 세우기보다 앞으로 3개월의 목표만 고민하라.

왜 3개월일까? 우선 나는 1년이 구체적인 목표를 세우기에는 너무 긴 기간임을 깨달았다. 1년 목표를 세우면 도중에 목표를 잊어버리거나 너무 큰 부담으로 느껴져서 계속 미루기가 쉽다. 게다가 1년 전체를 위한 선택을 하기는 꽤 힘들다. 반면에 1개월은 너무 짧다. 제대로 진전을 보이기 시작할 즈음이면 마무리 지어야 할 때가 되어버린다. 분기별 목표는 그 중간으로 성공 확률이 가장 높다. 나는 내 일에서도, 나와 함께 일하는 사람들에게서도 이런 사실을 확인했다. 그리고 분기별 목표를 세우면 목표마다 특정 마감일을 정할 것도 없다. 분기 말이 마감이다. 걱정거리가 한 가지 줄어드는 것이다!

### 1단계. 범주별로 목표 설정하기

이제 브레인스토밍의 결과로 목표 설정에 들어갈 것이다. 범주별로 다음 분기의 목표로 삼고 싶은 소망 1~3가지를 선택하라. 어떻게 선택해야 할까? 당신의 열정을 근거로 하라. 앞 장의 사명, 열정, 능력에 관한 당신의 답변을 활용하면 도움이 될 것이다.

내 목록은 다음과 같다.

**일**

- 프레젠테이션과 관련된 무엇인가를 하기
- 주요 프로젝트 책임자 되기

**가족**

- 어머니께 정기적으로 전화하기

**운동**

- 달리기 대회 참가하기
- 수영 시작?

내가 위 목표에 열성적이기는 하지만(좋은 목표의 기준 1) 아직 측정 가능한 목표는 아니다(기준 2). 그러므로 먼저 이 목록을 측정 가능한 목표로 바꿀 것이다. 목표를 이루는 데에는 측정이 중요하기 때문이다. 목표 설정과 달성에 관한 자세한 내용은 5장을 참조하라.

이제 나의 다음 분기(4~6월) 목표는 다음과 같다.

**일**

- 프레젠테이션에 관한 책 읽기
- 프레젠테이션을 한 번 하고 동료 두 명에게서 피드백 받기
- 회사의 새 웹사이트 프로젝트 맡기

**가족**

- 일주일에 한 번 어머니께 전화하기

**운동**

- 단축 마라톤 참가하기
- 일주일에 한 번 수영하기

당신의 생각이 들리는 듯하다. 어머니께 전화하기를 정말 목표로 삼아야 했을까? 그러면 오히려 일처럼 느껴지지 않을까? 전혀 그렇지 않다. 또한 당신의 목표는 당신에게 달렸다. 나의 경우 친구와 가족을 위해 시간을 내는 것을 목표로 설정하는 게 더 효과적이다. 그 결과로 아버지와 주말여행을 갔고 어머니와 함께 온종일 요트를 탔으며 그것들이 한 해 동안 좋았던 일로 꼽혔기 때문이다. 그러므로 시도해보라. 언제든지 마음을 바꿀 수 있다. 잃을 게 뭐가 있겠는가?

이 단계에서는 100퍼센트 확정을 짓기가 망설여지는 목표도 있을 것이다. 그중 한 목표에 대해서는 상사의 의견부터 듣고 싶을 수도 있다. 그런 것들 때문에 주저하지 마라. 나는 측정 가능한 목표에 반대하는 관리자를 아직 만나본 적이 없다! 그러므로 이를 염두에 두고 가능한 한 구체적인 목표를 설정하도록 하라.

## 2단계. 최종 점검하기

이제 당신에게는 앞으로 3개월간 추구할 구체적이고, 도전적이며, 측정 가능한 목표가 생겼다. 당신의 목표는 다섯 개, 열다섯 개, 심지어 스무 개일 수도 있다. 너무 욕심을 부리기보다는 적은 목표를 설정하고 모두 달성하는 편이 낫다. 적을수록 좋다. 다음 질문을 통해 목표의 개수를 줄일 수 있다.

- 다음 분기에는 당신에게 정말로 중요한 일을 할 것인가?
- 브레인스토밍에서는 생각나지 않았지만, 다음 분기에 상당한 시간이 필요한 다른 행사나 활동이 있는가? 만약 매주 수영하기가 목표지만 3주간 하이킹 여행을 앞두고 있다면 지금이 그 목표를 조정할 때다.
- 충분히 도전적인 목표들인가? 일반적인 목표와 도전적인 목표가 균형을 이루고 있는가?

## 3단계. 다음 세 분기의 대략적 계획 세우기

1분기 목표를 정한 후에는 남은 9개월의 대략적인 계획을 세우는 것이 좋다. 세세한 목표는 아직 걱정하지 마라. 순전히 대략적인 목표일 뿐이다. 아마 당신에게는 직장에서의 주요 캠페인이나 집에서의 DIY 프로젝트 같은 몇 가지 목표가 이미 있을 것이다. 아니면 긴 여행이나 출산 같은 중요한 일을 앞두고 있을 수 있다. 브레인스토밍 노트를 다시 살펴보고 곧 설정될 이런 목표들을 찾아보라. 대략적인 당신의 올해 계획은 다음과 같을 수 있다.

### 2분기

- 다락방 청소
- 인턴 채용
- 바닷가에서의 휴가?

### 3분기

- 우리 회사와 시의 주요 협력 시작
- 올해는 바닷가로의 당일치기 여행을 더 자주 가고 싶다

### 4분기

- 연휴에 가족과 보낼 시간을 더 많이 만들 것?

보다시피 다음 세 분기에 대한 나의 대략적 목표에는 개인적인 프로젝트, 막연한 아이디어, 연말에 가족과 시간을 더 보내라고 상기시키는 항목까지 들어가 있다. 마지막 항목은 지난해를 반성하면서 얻은 통찰이었다. 아직 확정된 것은 없지만, 이 계획에는 내 의도를 보여주는 분명한 지침 몇 가지가 포함되어 있다. 그것들은 나중에 2, 3, 4분기에 더 구체적으로 목표를 정할 때 유용할 것이다.

자세한 내용은 잠시 후에 알아보기로 하자. 이 마지막 단계와 함께 내년 계획이 완성되었다. 얼른 시작하고 싶은가? 좋다.

## 이번 분기 목표의 달성

목표의 설정과 실제로 그것을 달성하는 것은 별개의 문제다. 수년에 걸쳐 나는 내가 달성한 목표와 (누가 상기시켰는지와 상관없이) 그 목표를 상기한 빈도 사이에 연관성이 있음을 알게 되었다. 그리고 그런 깨달음을 통해 목표를 달성할 가능성을 최대한 높이려면 목표가 계속 당신의 레이더에 걸려야 한다는 중요한 교훈을 얻었다.

필요한 것은 분기별 목표를 계속 주시할 수 있는 간단한 방법이다. 좋은 소식은 우리가 금요일 재점검(4장)이라는 완벽한 도구를 이미 가지고 있다는 것이다. 나는 분기 목표들을 개인 체크리스트(135쪽 참조)에 추가한다. 그렇게 하면 이 목표들을 보게 되고 더 중요하게는 매주 후속 조치를 마련하게 된다.

내게 정말로 도움이 되는 또 다른 방법은 목표를 아주 작게 나누는 것이다. 그러면 매주 조금씩 할 수 있고 내 일정에 맞추기도 더 쉽다. 더 효과적인 방법을 원한다면 당신이 목표를 고수하도록 도와줄 사람을 찾으면 좋다. 간단하게 시작할 수 있다. 목표를 향해 얼마나 진전을 이뤘는지 요약한 이메일을 매주 교환하기로 그 사람과 합의하라. 다음 장에서는 그런 파트너가 어떻게 도움이 되는지 조언해줄 것이다.

## 분기 말

분기 말은 다음 분기의 새로운 목표를 정할 시기이다. 이것은 연간 목표 브레인스토밍과 같다. 이미 대부분의 브레인스토밍을 끝냈기 때문에 더 빠르고 더 쉽게 할 수 있다는 차이만 있다.

다음은 내가 새로운 분기를 계획하기 위해 밟는 단계들이다. 이는 기본적으로 이 장의 앞부분에서 제시한 단계들의 요약판이다. gripbook.com/templates에 있는 나의 견본을 사용해도 좋다.

### 간략히 지난 분기 돌아보기

- **1단계** 지난 3개월 동안 좋았던 일과 불만스러웠던 일을 적는다.
- **2단계** 이번 분기 목표들을 확인하고 달성한 목표를 지운다.
- **3단계** 선택한 각 범주에서 지난 분기가 어땠는지 한두 줄로 적는다.
- **4단계** 이번 분기 전반에 대해 몇 문장으로 요약한다.

### 새로운 목표 설정하기

- **1단계** 연간 계획을 브레인스토밍하면서 작성한 메모와 다음 세 분기의 대략적 목표들을 보면서 다음 분기의 새 목표를 정한다.
- **2단계** 이 목표들이 지금 가장 중요한 일인지 다시 확인한다.
- **3단계** 올해 남은 기간의 대략적 목표들을 훑어본다. 달라진 게

있는가? 목록을 업데이트한다.
- **4단계**(선택 사항)  당신의 목표를 친한 친구 또는 동료와 공유한다.

당신은 이 간략한 분기 검토를 통해 다음 연례 재점검이 그만큼 쉬워진다는 것을 알게 될 것이다. 이미 네 번에 걸쳐 모든 일을 검토했기 때문이다.

그러니 연례 재점검을 시도해보라. 가능한 한 빨리 연례 재점검 시간을 예약해놓도록 하라. 당신이 얻게 될 새로운 통찰과 그를 통해 얻을 일과 삶의 방향성 향상에 놀라게 될 것이다.

하지만 우리는 모두 계획을 고수하기가 힘들 수 있다는 것을 알고 있다. 그래서 해결책은 무엇일까? 당신을 도와주고 올바른 길을 가게 해줄 누군가를 구하는 것이다. 이제 책임 파트너에 대해 알아볼 차례다.

# 7. 누가 당신을 앞으로 나아가게 돕는가

## 파트너와의 주간 책임 세션 실행하기

《반지의 제왕》의 저자인 존 로널드 루엘 톨킨John Ronald Reuel Tolkien은 동료 작가이자 친구인 클라이브 스테이플스 루이스Clive Staples Lewis에 대해 이렇게 말했다. "나는 [루이스에게] 갚을 길 없는 빚을 졌다. 그것은 흔히 말하는 '영향'이 아니라 아낌없는 격려였다. 오랫동안 그는 나의 유일한 독자였다. 내 '글'이 개인적인 취미 이상이 될 수 있다고 생각하게 된 것은 오로지 루이스 덕택이었다."[1]

우리 모두에게는 격려가 필요하다. 자발적 동기부여에는 한계가 있다. 힘든 시기나 큰 프로젝트일 때는 특히 그렇다. 그래서 나는 어디서 일하든 업무 공유를 우선순위에 둔다. 내 회사에서 하는 주간 회의든, 블렌들에서 매일 했던 스탠딩 회의든, 현재 내가 참여하고 있는 온라인 기업가 그룹에서든 마찬가지다. 이런 시간은 즐겁고 흥미로울 뿐 아니라 사람들이 함께 모여 진행 중인 작업을 공유하면 엄청난 자극과 격려가 된다.

그래서 나는 격려를 받을 또 다른 방법을 생각해냈다. 2014년에 나는 내 또래이며 사업 동료였던 더크와 매주 스카이프로 통화하기 시작했다. 서로의 일과 생활에 관해 묻는 통화는 우리 둘 다 한층 더 노력하도록 자극한다. 그리고 그와의 통화는 한 주 동안 있었던 좋았던 일로 늘 꼽혔다.

4장에서 살펴본 주간 재점검은 상황을 짚어보고 이번 주에 놓친 일은 없는지 확인한 후에 다음 계획을 세우는 시간이다. 하지만 주간 재점검이 효과가 있으려면 그것을 감독할 수 있어야 한다. 주간 재점검은 반박하지 않으므로 당신이 원한다면 어려운 일을 쉽게 회피할 수 있다. 좋은 책임 파트너 accountability partner 혹은 내가 그냥 파트너라고 부르는 사람을 두면 회피하기가 어려워진다. 파트너가 당신의 결심을 상기시키고, 새로운 통찰을 제공하고, 당신이 잘하는 점을 격려하고, 당신이 성장할 여지가 있는 부분을 지적해주기 때문이다. 당신이 듣고 싶지 않은 것까지 그들이 본 대로 말해도 좋다고 허락했으니 말이다.

파트너와의 주간 대화가 주간 재점검을 대체해주지는 않는다. 당신은 두 가지를 다 하기를 원할 것이다. 주간 재점검은 혼돈을 정리해주고 새로운 한 주를 계획하는 것이고, 파트너와의 대화는 비판적인 피드백을 줄 수 있는 사람과 당신의 계획을 공유하는 데 중점을 둔다. 그리고 당신도 그를 위해 똑같이 해준다.

하지만 우선 완벽한 파트너를 어떻게 찾을 것인가?

## 책임 파트너 찾기

나의 책임 세션accountability session에 관해 이야기하면 사람들은 대개 놀랍다는 반응을 보인다. 그리고 이어서 "그것을 누구와 할 수 있을지 모르겠네요. 너무 과한 부탁 아닌가요?"라고 반응한다.

두 사람 모두에게 이득이 되므로 부담을 주지는 않을까 걱정하지 마라. 이것은 대화다. 당신의 의견도 그에게 중요하다. 완벽한 파트너를 찾기 위한 몇 가지 지침은 다음과 같다.

- 다양한 문제를 논의할 수 있을 만큼 편안하고 신뢰할 수 있는 사람이어야 한다. 더크와 나는 서로를 잘 알지 못했기 때문에 첫 대화는 서로의 일에 집중되었다. 대화를 지속하면서 우리는 일을 넘어 야망과 꿈을 공유하기 시작했다.
- 잘 들어주는 사람이어야 한다. 파트너가 당신의 이야기를 할 시간을 준다면 이 세션의 임팩트는 급증할 것이다. (당신도 경청하는 법을 배워라. 자세한 내용은 9장에서 설명할 것이다.)
- 당신에게 활력을 주는 사람이어야 한다. 세션을 끝낼 때마다 목표

를 추구할 기운이 새롭게 넘쳐야 한다.
- 당신에게 진실을 말하기를 두려워하지 않고 솔직하게 말할 수 있는 사람이어야 한다.

첫걸음이 좀 벅차게 느껴질 수 있다는 건 안다. 하지만 그런 감정 때문에 망설이지 마라. 당신의 네트워크 안에 모든 조건에 부합하는 사람이 있을 것이다. 먼저 링크드인 커넥션부터 살펴보라. 아니면 동창이나 사업상 동료, 다른 팀이나 다른 도시의 동료 가운데 책임 세션을 몇 번 해줄 수 있는 이가 있는가? 시험 기간이라고 생각하고 일단 해보라. 만약 잘 안 된다면 언제든 그만둘 수 있다.

유력한 후보를 찾았는가? 그가 동의하면 첫 번째 세션을 준비할 차례다.

## 첫 번째 세션에서 해야 할 일

이 단계는 간단하다. 대화할 시간을 선택하라. 이 첫 번째 세션에서는 대화를 어떻게 구조화할지 합의할 것이다. 다음은 이때 틀림없이 다루고 싶을 만한 질문 몇 가지다.

- 세션을 어떻게 구성할 것인가? 무엇을 다룰 것인가? (일반적인 질문들은 잠시 후 공유할 것이다.)
- 어떤 주제를 논의하고 싶은가? 제한을 둘 주제가 있는가?

- 세션을 얼마나 자주 할 것인가?
- 서로에게 무엇을 기대하는가?
- 이 세션에서 무엇을 얻기를 바라는가?
- 시범 기간을 얼마 동안으로 할 것인가?

이 세션들의 효과를 최대화하려면 서로를 신중히 검토할 시간이 필요하다. 첫 세션 후에는 이 파트너가 당신에게 적합한지 신중히 생각하도록 하라. 더크와 나는 세션을 세 번 시행한 다음 서로 잘 맞는지 결정하기로 합의했다.

## 나는 책임 세션을 어떻게 하고 있는가?

세션이 어떻게 작용하는지 이야기하기 전에 우리가 발견한 사실부터 공유하고 싶다. 우리가 몇 년에 걸쳐 배운 교훈이 당신이 더 빨리 더 나은 세션을 하게 되는 데 도움이 되기를 바란다.

### 타이밍

나와 마찬가지로 더크는 저녁에는 대체로 바빴다. 그래서 평일 근무 시간 전으로 세션 시간을 정했다. 그 시간은 또 다른 이유로도 이상적이다. 보통 우리 중 한 명 또는 둘 다 세션 후 곧 다른 약속이 있기 때문에 시간을 넘기지 않게 잘 지켜봐야만 한다. 우리는 거의 항상 다른 도시에 있으므로 영상 통화를 한다.

### 세션 길이

아침, 낮, 저녁, 언제로 시간을 정하든 시계를 잘 보고 있는 것이 좋다. 시간제한을 두면 당면 주제에 계속 집중하고 바로 본론으로 들어갈 수 있다. 더크와 나는 주간 세션에 30분을 할애하여 각자 15분씩 이야기했다. 처음에는 둘이 번갈아가며 질문을 했는데 둘 다 자신의 답변에만 너무 집중하는 문제가 생겼다. 한 사람당 15분으로 시간을 나누자 그 문제가 해결됐다.

### 메모하기

우리는 메모를 하면 훨씬 더 적극적으로 듣는다는 것을 알게 되었다. 파트너가 이야기할 때 나는 공유 구글 문서에 그의 요점을 기록하여 그가 실시간으로 볼 수 있게 한다. 그러면 그는 자기 이야기를 하는 데 집중할 수 있고 자신의 메시지가 전달되고 있는지 즉시 확인할 수 있다. 메모하기의 또 다른 이점은 우리 대화가 보관된다는 것이다. 이는 한 해를 되돌아볼 때 유용하다.

### 준비가 관건이다

모든 세션에서 우리는 정해진 질문 목록을 따라간다(이에 대해서는 나중에 자세히 설명할 것이다). 우리는 답변을 미리 생각해놓으면 더 많은 것을 얻을 수 있다는 사실을 초반에 알아차리고는 각 세션 전에 스스로 답을 적어둔다. 그렇게 준비해두면 세션을 하는 동안

다음 질문에 어떻게 대답할지 골몰하지 않게 되므로 파트너의 피드백에 주의를 기울이기가 더 쉬워진다. 만약 세션의 효과가 부족하다고 느낀다면, 두 사람 모두 준비 작업을 하고 있는지 확인하라.

### 빈도

내 파트너와 나는 매주 이야기를 나누지만, 시작부터 그렇게 하지는 않았다. 처음에는 격주로 세션을 진행했다. 그런데 다음 세션을 할 때쯤이면 계획했던 작업에 소홀해지고, 우선순위가 바뀌고, 개선하기를 원했던 점들을 잊어버렸다. 지금도 세션을 건너뛸 수밖에 없는 주에는 의욕이 떨어지고 집중이 덜 되는 느낌이다. 우리에게는 주 1회 세션이 훨씬 더 효과적인 것으로 드러났다. 당신도 마찬가지인지 확인하라.

### 형식

명확한 안건이 회의 진행을 얼마나 원활하게 만드는지 알고 있는가? 책임 세션도 마찬가지다. 사전에 확실한 안건을 작성해두지 않으면 세션 내내 옆길로 샐 위험이 있다. 사교적 대화를 통한 친목 도모도 즐겁기는 하지만 한편으로는 함께하는 시간을 최대한 활용하고 싶기도 하다. 그것이 더크와 내가 우리의 논의를 이끌고 갈 질문들을 정해놓고 지키는 이유다. 다음은 우리의 질문 목록이다.

1. 어떤 분기별 목표를 위해 노력하고 있는가?
2. 지난주에 정한 작업은 어떻게 됐는가?
3. 지난주에 잘 진행된 일은 무엇이고 그 이유는 무엇인가?
4. 더 잘할 수 있었던 일은 무엇인가?
5. 어떻게 균형을 유지하고 있는가?
6. 어떻게 하면 더 나은 파트너, 더 나은 부모가 될 수 있는가?
7. 다음 주에 할 구체적인 작업은 무엇인가?

    우리는 다음 행동으로 이끌 수 있는 형태로 이 질문들을 서술하기로 했다. "파트너와의 관계는 어떤가?"라는 질문은 이야기하기에 흥미로울 수는 있지만 행동하도록 자극하지는 않는다. "어떻게 하면 더 나은 파트너가 될 수 있는가?"라는 질문은 당신을 행동으로 바로 이끈다. 그리고 당신이 원하는 것은 바로 변화를 시작하게 하는 그런 우호적인 독려다. 이처럼 표현만 수정해도 대화를 한 차원 끌어올릴 수 있다. 그러므로 다른 형태의 질문을 시도해보고 무엇이 두 사람에게 효과가 있는지 확인해라.

    파트너와 나는 우리의 질문이 원하는 작용을 해주는지도 정기적으로 확인한다. 그렇지 못하다면 질문 목록을 업데이트한다. 하지만 기본 공식은 바뀌지 않는다. 우리는 한 주를 돌아보고, 행동이 목표와 일치하는지 고려해본 다음에 다음 주를 전망한다. 우리가 매주 같은 대답을 반복하기 시작한다면 그건 해당 질문이 그다지 효과적이지 않다는 의미다. 질문 목록을 다시 생각해봐야 한다.

### 1. 어떤 분기별 목표를 위해 노력하고 있는가?

6장에서는 다가오는 한 해의 사전 계획을 세우는 방법을 알아봤다. 연간 계획은 분기별 목표를 정하는 데 도움이 된다. 그리고 분기별 목표는 주간 재점검에서 매주 살펴보게 된다. 이 모두가 당신이 하고 싶은 일에 집중하도록 해준다.

책임 세션에 목표를 넣으면 목표를 놓치지 않을 수 있다. 목표를 더 자주 상기할수록 결국 목표를 달성할 가능성이 커진다. 더크와 나는 '어떤 분기별 목표를 위해 노력하고 있는가?'라는 질문으로 세션을 시작하기로 했다. 그 질문은 우리에게 어떤 목표가 현재 최우선순위인지 결정하게 해준다. 그 질문에 대답하면서 나는 이번 주에 가장 많은 시간을 할애해야 할 일을 곧바로 알게 된다. 한편 내 책임 파트너는 내가 선택한 목표를 위해 취할 행동 계획을 적어둔다.

아직 이번 분기 목표가 없는가? 문제 될 것 없다. '다음 주에 주로 집중하고 싶은 한 가지는 무엇인가?'라는 한 가지 질문으로 세션을 시작해보라.

### 2. 지난주에 정한 작업은 어떻게 됐는가?

우리는 이 질문을 통해 지난주에 정한 작업을 처리했는지 확인한다. 처리하지 않았더라도 부끄러워할 건 없다. 누구나 그럴 수 있다. 이것은 책임 파트너와 그 이유를 논의하고 다음 주에 새로운 각도로 다시 시도할 방법을 찾자는 생각으로 하는 질문이다.

### 3. 지난주에 잘 진행된 일은 무엇이고 그 이유는 무엇인가?

이는 간단한 질문처럼 들린다. 이유를 묻는 부분에 이르기까지는. 일을 잘했다고 말하기는 쉽지만 어떻게 해냈는지를 말하기는 어렵다. 다시 생각해보면서 질문하라. 왜 당신은 그 일이 특별히 기쁘거나 자랑스러운가? 당신은 어떤 기여를 했는가? 좋은 답을 내놓으려면 아주 정확해야 한다. "나는 중요한 회의를 완벽히 해냈다"라고 대답하면 아주 쉬울 것이다. 하지만 "수요일에 중요한 회의가 있었는데 화요일에 준비할 시간을 더 낼 수 있어서 기쁘다. 회의는 차질 없이 끝났고 그 결과가 기대된다"라는 답변보다 덜 유익하다. 두 번째 답변은 당신이 현명한 선택을 한 부분을 정확히 가리킨다. 그것이 당신이 원하는 대답이다.

### 4. 더 잘할 수 있었던 일은 무엇인가?

나에게는 이것이 책임 세션에서 가장 중요한 질문이다. 나는 항상 실수로부터 가장 많이 배우기 때문이다. 적당히 대답하고 넘어가고 싶은 유혹을 느낄 수 있다. 저항하라! 이 질문에 대해 제대로 생각할 시간을 가져라. 나는 기억을 되살리기 위해 각 세션 전에 일정표를 쭉 한번 스크롤하며 살펴본다. 혹은 일기를 쓴다면 일기장도 도움이 될 수 있다. 이 질문을 탐색하면서 연이은 작업만으로 채워진 주말이 내게는 큰 좌절의 원인이 된다는 사실을 깨달았다. 그 사실을 안 지금은 주말에 절대 과부하가 걸리지 않도록 한다. 그리고 내 책임 파트너가 주기적으로 이 문제를 물어보기 때문에 그러지 않도록 조심하게 된다.

### 5. 어떻게 균형을 유지하고 있는가?

파트너와 나는 이 질문을 얼마 전에 목록에 추가했다. 우리는 정신없이 바쁜 삶 속에서 자신을 돌볼 시간을 갖지 못하고 있음을 깨달았다. 수면 시간도 충분하지 않고, 제대로 된 휴식 시간도 없으며, 일이 저녁 시간까지 꽉 차 있었다. 우리 둘 다 상황이 바뀌어야 한다는 것을 알고 있었다. 매주 이 질문을 하면 우리가 정한 속도가 건강하고 지속 가능한지 생각하게 된다.

### 6. 어떻게 하면 더 나은 파트너, 더 나은 부모가 될 수 있을까?

시간이 흐를수록 우리 세션은 더 개인적 부분까지 포괄하게 되었다. 우리 둘 다 좋은 파트너가 되는 것을 중시한다. 이제 더크와 나는 그런 면까지 공유할 만큼 서로를 잘 알고 있다. 이 질문을 주간 세션의 안건으로 넣으면서 가족과의 관계에 대해 적극적으로 생각하게 되었다. 그리고 이제 우리 둘 다 아이가 있으므로 이 질문은 우리가 매주 아버지로서 할 역할을 되돌아본다는 것을 의미한다.

### 7. 다음 주에 할 구체적인 작업은 무엇인가?

이 질문은 ('더 잘할 수 있었던 일은 무엇인가?'라는 질문과 함께) 우리 세션의 핵심이다. 지금까지 하기로 했던 모든 작업이 여기에서 요약된다. 더크와 나는 그것들을 각자 따로 메모해둘 수도 있었다. 하지만 내가 나를 알건대 계획의 절반도 끝내지 못할 가능성이 크다. 우리는 공유 세션 노트에 계획한 작업을 함께 공식화하고 적어두는 게 훨씬 효과적임을 알게 되었다.

세션을 준비할 때 이미 당신은 다른 분기별 목표들에 대한 후속 조치들을 생각하기 시작할 것이다. 지금이 그런 행동 방침을 함께 간단히 살펴보고 목록에 포함시키기에 좋은 시기다. 세션 후에 잠시 시간을 내어 그 작업을 일정표와 할 일 목록에 넣도록 하라. 주간 재점검에서 이미 정한 작업과 일부 중복될 수밖에 없는데 그럴수록 더 좋다. 책임 파트너와의 대화는 종종 신선한 통찰을 불러일으킬 것이다. 이 경우 몇 가지 사항을 바꾸고 싶을 수 있으므로 시간을 내어 바꾸도록 하라. 반면에 당신의 금주 일정이 완벽했다면 그것 또한 좋다. 어느 쪽이든 세션 직후에 이런 모든 작업을 시스템에 추가하면 그것을 실행할 가능성이 높아진다.

이번 세션을 마치고 다음 세션이 시작되기 전에 더크와 나는 서로 진행 상황을 업데이트해서 보낸다. 그러지 않으면 이 중요한 활동을 미루고 싶은 유혹을 느낄 수 있다. 그것을 하는 데 단 몇 분밖에 걸리지 않는데도 그렇다. 우리의 메시지는 서로 검사하기 위한 것이 아니라 둘 다 앞으로 나가도록 격려하기 위한 것이다. 그것은 우리를 계속 앞으로 나아가게 한다. 그리고 우리의 성과를 공유하면 기분도 좋아진다! 당신이 파트너와 서로를 어떻게 격려하느냐는 당연히 당신에게 달려 있다. 무엇을 서로에게 기대하는지, 무엇이 편안하게 느껴지는지, 무엇이 효과적인지 합의하는 것이 핵심이다.

## 함정을 피하려면

인생의 다른 모든 것처럼 책임 세션도 진행형이다. 약간만 연습해도 개선된다. 하지만 우리가 저질렀던 실수에서 배움으로써 당신은 발전을 앞당길 수 있다.

### 1. 충분히 비판적인 질문을 하지 않기

당신이 받는 (또는 하는) 첫 번째 답변이 완전한 경우는 거의 없다. 그러므로 세션의 질은 영리하고 건설적인 후속 질문에 크게 의지한다. 비판적 태도의 유지에 모든 게 달려 있다. 그것이 책임 세션의 힘이지만 당신을 곤란하게 만들기도 한다. 얼마 후부터 당신은 파트너가 어떤 질문을 할지 예상할 수 있을 것이다. 만약 파트너가 대답을 액면 그대로 너무 쉽게 받아들이고 넘어간다면 주저하지 말고 지적하라. 당신도 마찬가지다. 파트너가 자신의 한 주를 공유할 때 긍정적이고 건설적인 피드백을 주어라. 파트너를 의심하라는 것이 아니라, 그의 답변을 명료화하고 동기를 부여하기 위해 탐구하는 질문을 하라는 것이다.

### 2. 계획한 작업에 대해 계속 질문하지 않기

작업을 적어두는 것도 중요하지만 다음 세션에서 진행 상황을 검토하지 않는다면 도중에 내팽개치기가 너무 쉽다. 그러므로 이유를 불문하고 진행하지 못한 일이 있다면 파트너가 "○○를 하지 못했다니 유감이네요"라고 거리낌 없이 말할 수 있어야 한다. 그래야 그 일을 다시 시작하는 것에 대해 그리고 달리 시도할 방법에 대해 이야기할 기회가 열린다.

더크와의 책임 세션은 이미 여러 면에서 성과가 있어서 나는 성공적으로 이직하고, 직장에서 새로운 방안들을 실험하고, 친구와 가족과의 관계를 돈독히 할 수 있었다. 자신에게 중요한 것들에 관해 파트너와 함께 나누는 대화가 놀라운 영향을 미친다는 사실은 나만 경험한 게 아니다. 다른 사람들이 열심히 해준 이야기를 아주 많이 들었다. 그러므로 이 장에서 남은 질문은 이 한 가지뿐이다. 무엇을 기다리고 있는가?

## 원동력 찾기

### 무엇이 당신을 행동하게 하는가?

- ☐ 당신의 사명을 적어보라: 당신에게 중요한 것은 무엇인가?
- ☐ 당신의 열정을 적어보라: 당신이 좋아하는 일은 무엇인가?
- ☐ 당신의 능력을 적어보라: 당신은 무엇을 잘하는가?
- ☐ 당신의 사명, 열정, 능력에 맞춰 달성하고 싶은 것은 무엇인가?
- ☐ 그렇게 하는 데 도움이 되는 구체적인 목표들은 무엇인가?

## 목표 설정

- ☐ 자신에게 물어보라. 나는 이 목표에 설레는가?
- ☐ 목표를 달성했을 때 어떻게 알 수 있는가?

## 목표 달성

- ☐ 다음 단계를 명확히 하고 가능한 한 작게 만든다.
- ☐ 현실적인 마감일을 정한다.
- ☐ 한꺼번에 너무 많은 목표를 이루려고 하지 않는다. 진전이 없는

가? 목표 몇 개를 없애라.
- ☐ 목표를 평가할 시간을 일정으로 잡는다.
- ☐ 관심이 시들해지기 시작하면 목표를 수정한다.

## 연간 계획의 날 만들기

### 한 해 돌아보기

- ☐ 한 주씩 일정표를 살펴보면서 좋았던 일과 불만스러웠던 일의 목록을 작성한다.
- ☐ 지난 1년 동안의 사진과 소셜미디어 게시물을 보고 위 목록에 추가한다.
- ☐ 일기장을 넘기면서 위 목록에 추가한다.
- ☐ 작년에 올해 목표를 정해두었는가? 각 목표를 달성했는지 메모한다.
- ☐ 일, 파트너와 가정생활, 가족 구성원, 친구, 건강, 영적 생활, 기술, 사이드 프로젝트, 오락, 나눔, 그만둘 일, 돈-수입, 돈-저축 등 자신에게 적합한 범주를 사용하여 지난 1년을 돌아본다.
- ☐ 각 분기에 대한 당신의 생각을 적어본다.
- ☐ 전반적인 1년에 관해 몇 문장으로 적어본다.

### 다음 한 해 전망하기

- ☐ 일, 파트너와 가정생활, 가족 구성원, 친구, 건강, 영적 생활, 기

술, 사이드 프로젝트, 오락, 나눔, 그만둘 일, 돈-수입, 돈-저축 등 당신이 좋아하는 범주로 앞으로 1년을 내다본다.
- [ ] 당신이 선택한 범주별로 꿈과 아이디어를 브레인스토밍한다.
- [ ] 범주별로 향후 3개월의 목표를 측정 가능한 형태로 두세 가지 정한다.
- [ ] 목표를 달성할 수 있을 것 같은가? 아니라면 할 수 있다고 느껴질 때까지 목표 개수를 줄여라.
- [ ] 자신에게 가장 중요한 일을 하면서 다음 분기를 보내게 될지 확인하라.
- [ ] 당신의 계획과 충돌할 수 있는 굵직한 일(긴 여행, 대형 프로젝트, 또는 출산)이 예정되어 있는가?
- [ ] 한 걸음 물러서서 질문하라. 스스로에 대한 도전을 충분히 하고 있는가?
- [ ] 다음 세 분기의 대략적인 목표를 정한다.

## 책임 파트너와의 세션 실행하기

### 책임 파트너 찾기

- [ ] 신뢰할 수 있는 사람을 찾는다.
- [ ] 경청해주는 사람을 찾는다.
- [ ] 기운을 북돋는 사람을 찾는다.
- [ ] 당신에게 솔직히 말하기를 두려워하지 않는 사람을 찾는다.

## 첫 번째 세션

- [ ] 우리의 세션은 어떻게 구성되어 있는가?
- [ ] 우리는 어떤 주제를 논의하고 싶은가? 제한 사항이 있는가?
- [ ] 얼마나 자주 이야기할 것인가?
- [ ] 서로에게 무엇을 기대하는가?
- [ ] 우리는 책임 세션에서 무엇을 얻기를 바라는가?
- [ ] 시범 기간을 얼마나 둘 것인가?

## 서로 해야 할 질문들

- [ ] 이번 분기의 어떤 목표를 위해 노력하고 있는가?
- [ ] 지난주에 정한 작업은 어떻게 됐는가?
- [ ] 지난주에 잘된 일은 무엇이고 그 이유는 무엇인가?
- [ ] 더 잘할 수 있었던 일은 무엇인가?
- [ ] 당신은 어떻게 균형을 유지하고 있는가?
- [ ] 어떻게 하면 더 나은 파트너, 더 나은 부모가 될 수 있는가?
- [ ] 다음 주에 할 구체적인 작업은 무엇인가?

우리는 이미 몇 장에 걸쳐 일반적인 도구를 새로운 방식으로
사용함으로써 업무 처리를 한 단계 끌어올렸다. 일정표를
기반으로 삼고, 백업 뇌를 구축하여 생각할 공간을 확보하고,
받은메일함을 관리하고, 금요일 재점검으로 안전망을 두고
일하기 시작하고, 연간 계획 수립의 날을 두고, 실행에 옮길
목표를 정하고, 책임 파트너와 첫 번째 세션을 시도해보았다.
잘했다. 그럼 다음은 무엇일까?
이 책의 3부는 당신이 순항하도록 도와줄 것이다.
이전 장들에서 다룬 내용과는 완전히 다르다.
다음 수준으로 나아가기 위해 당신에게 집중할 것이다.
3부에서는 더 나은 자신이 되는 기술들, 즉 더욱 경청하고,
더 전략적으로 생각하고, 더 나은 조언을 구하고,
마지막으로 작게 시작하면서 크게 생각하는 기술을 살펴본다.
한마디로, 경기 수준을 높일 준비를 하라.

## 8. 행동과 자아상을 개선하라

## 좀 더 발전된 '나'와 만나기

당신은 한 주 근무 시간을 정리해놓았다. 당신의 일과 목표, 동기도 잘 알고 있다. 이제 자신에게 공을 들일 완벽한 때다. 더 나은 자신이 되기 위해 무엇을 할 수 있을까? 기술을 연마하기 위해 무엇을 할 수 있을까? 그리고 어떻게 하면 번아웃 없이 그럴 수 있을까?

이 질문들에 답하기 위해 당신의 자아상 self-image 에서부터 시작하자. 당신은 자신을 어떻게 보고 있는가? 대충 넘어가는 사람인가? 아니면 세부 사항까지 꼼꼼히 따지는 사람인가? 변화에 적응하기는 쉬운가, 아니면 어려운가? 털털한 사람인가, 아니면 편해져야 마음을 여는 신중한 유형인가?

이러한 특징이 당신이라는 사람을 의미한다고 말할 수도 있다. 즉 엉성하거나 변화를 싫어하는 것이 당신을 구성하는 일부라고 말할 수 있다. '나는 완벽주의자라서 일이 느리다' 또는 '나는 무질서해서 계획을 세우는 게 서투르다'라고 말이다. 우리는 모두 다르게 만들어졌다. 그건 분명한 사실이다. 그렇지만 내가 경험을 통해 배운 게 있다면, 우리는 생각보다 느끼고 행동하는 방식을 더 잘 통제할 수 있다는 것이다. 심지어 가장 근본적인 성격 특성까지 우리가 발전시키고자 하는 방향으로 이끌 수 있다. 복잡한가? 전혀 그렇지 않다. 어디서부터 시작해야 하는지만 알면 된다.

### 자아상, 행동 그리고 반응

이메일을 다룬 3장에서 중독이 어떻게 작용하는지를 언급했다. 중독에는 항상 촉발 요인, 습관, 보상이 작용한다. 이런 순환은 부정적인 중독과 긍정적인 중독 모두를 영속시킨다. 행동도 거의 같은 방식으로 모형화할 수 있다.

자아상은 우리가 자신에 대해 하는 이야기다. 그것은 당신이 자신과 다른 사람에게 해주는 이야기이며, 그 해설은 행동 방식을 결정하는 방아쇠 역할을 한다. 그러므로 당신이 매일 나는 "서툴러"라고 말한다면 계속 서투름을 확인해주는 행동을 보게 될 것이다.

환경 또한 특정 행동을 강화할 수 있다. 예를 들어, 나는 회의에서 창의적인 면을 보여주지 못하고 아이디어를 거의 내놓지 못하

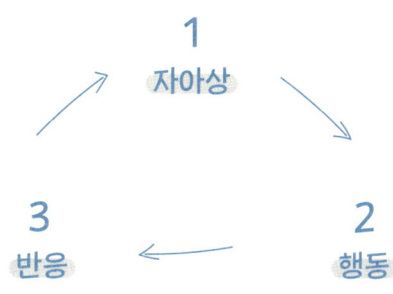

고 있다고 생각했다. 그리고 이것은 아이디어 자체와는 무관하고 전적으로 내 행동과 관계가 있음을 깨달았다. 대개 나는 회의에서 발 빠르게 움직이고 이런저런 아이디어를 편히 내뱉는 사람들에 둘러싸여 있었다. 반면에 나는 그들의 말을 이해하려고 주의 깊게 들었다. 내 의견은 아무도 묻지 않았다. 모두가 자기 의견을 공유하는 데 집중했다. 그들은 내 침묵을 내게는 덧붙일 아이디어가 없다는 뜻으로 받아들였다. 그럴 때마다 나는 자신의 창의성 점수를 깎아내렸다. 그것은 나의 자아상에 영향을 미쳤고 내 행동을 강화했다.

본의 아니게 나는 창의성 부족을 계속 확인해주는 마인드셋을 발전시켰다. 시간이 흐르면서 그런 마인드셋은 뇌에 각인된 회로가 되었다. 나는 창의적 사고를 잘하지 못한다고 믿기 시작했을 뿐 아니라 실제로 "나는 창의적이지 않아"라고 말하고 있었다. 다시 말해서 그것은 내 성격의 일부가 되었다.

이러한 순환이 매우 중독적임을 깨닫는 것이 중요하다. 머릿

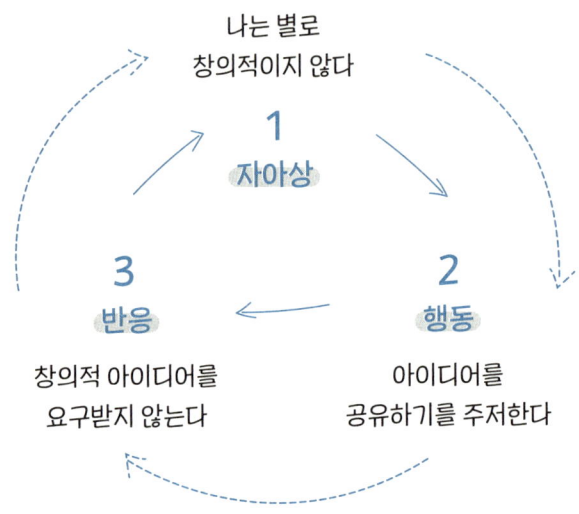

속 이야기가 옳은 것 같지 않을 때도 반복적인 확언은 그것이 타당하다고 믿도록 당신을 속인다. 당신의 행동은 당신의 성격과 일치하는 듯이 보인다. 그리고 우리 뇌는 아귀가 들어맞는 듯한 것을 좋아한다. 믿는 대로 생각하는 것이 패턴을 바꾸는 것보다 에너지가 덜 든다.

하지만 좋은 소식이 있다. 어떻게 뇌가 당신을 잘못 이끌고 있는지 이해하는 순간 악순환을 끊을 수 있다. 그런 패턴을 각인시킨 과정을 이제 그 패턴을 뒤집는 데 사용할 수 있다.

### 행동 조정하기

내가 행동을 바꾸기 시작했다고 가정하자. 지금부터 나는 사전에 아이디어를 정리하여 회의에서 발언하고 의견을 고수할 준비를 할 것이다. 내 이야기를 들어주는 사람들의 에너지를 활용할 것이다. 내가 창의적 아이디어를 공유하기를 얼마나 즐기는지 경험할 것이다. 비판적 의견도 나오겠지만 그것은 내 아이디어가 진지하게 받아들여지고 있다는 증거일 뿐이다. 나 자신에게 하는 이야기는 점차 '나는 창의적이지 않아'에서 '시간만 조금 주어지면 나는 꽤 훌륭한 아이디어를 떠올릴 수 있어'로 바뀔 것이다. 그리고 행동은 나 자신에 관한 이 새로운 이야기를 따라갈 것이다. 망상처럼 들리는가? 그렇지 않다. 사실 이는 바로 내게 일어났던 일이다.

또 다른 예를 들어보자. 내게는 지난 6년 사이에 완전히 변신한 친구가 있다. 그동안 그를 보지 않았다면 알아보지 못할 정도로 바뀌었다. 6년 전 그는 담배도 피우고 운동과는 거리가 먼 사람이었다. 그 후 그는 머릿속 이야기를 '나는 운동을 못 해'에서 '나는 달리기 선수야'로 바꾸기로 결심했다. 그것은 상당히 큰 변화였다. 그렇다고 깊이 뿌리 박힌 이야기가 저절로 다시 쓰이는 건 아니다. 노력이 필요하다. 내 친구는 훈련을 시작했다. 처음에는 조심스럽게, 나중에는 더 진지하게 훈련했다. 요즘 그는 몸 상태가 최상이고 습관도 건강하며, 마라톤 및 철인 3종 대회까지 여러 번 참가했다. 행동을 수정하면서 촉발된 긍정적 에너지는 그의 이야기를 완전히 바꿔놓았다. 그뿐만 아니라 그의 주변 사람들 모두가 그의 달라진 이야기를 확인해준다. 사람들이 그의 탄탄한 몸을 언급하면 그는 "네, 많이 달립니다"라고만 말하지 않고 "나는 달리기 선수입니다"라고 단언한다. 그는 낯설게 느껴지는 특성을 취해서 그것을 새로운 행동과 자아상의 필수 요소로 바꿀 수 있음을 보여주는 살아 있는 증거다.

여기서 배울 점은 무엇일까? 당신의 이야기를 바꾸고 싶다면 당신 자신에 대해 항상 해왔던 이야기를 무시하고 다음과 같이 당신의 행동을 조금씩 단계적으로 바꾸기 시작하라.

| 자신에 관한 이야기 | 무엇을 할 수 있을까? |
| --- | --- |
| 나는 정리를 못 한다. | 당신이 정리할 수 있는 한 가지 영역을 생각한다. 새로운 습관을 내면화하는 가장 빠른 길은 정기적으로 연습하는 것이다. 열쇠 걸이를 설치하고 집에 오면 제일 먼저 열쇠를 걸어두는 것처럼 간단한 행동이어도 된다. 이제 당신은 더는 '정리를 못 하는 사람'이 아니다. |
| 나는 창의적인 아이디어가 전혀 없다. | 노트북을 사서 항상 가지고 다니면서 머릿속에 떠오르는 모든 아이디어(쓸모없어 보여도)를 적는다. |
| | 어떤 주제에 대한 브레인스토밍에 매일 5분을 할애한다. 떠오르는 모든 생각을 적는다. |
| 나는 글을 쓸 줄 모른다. | 일기를 쓰기 시작한다. 다른 누구도 보지 않을 것이고 누구도 읽지 않을 것이다. 매일 한 단락씩 쓴다. |
| | 블로그를 개설하고 게시글을 쓴다. 원한다면 필명을 써라. |
| | 이메일을 다듬는 데 시간을 좀 더 쓴다. |
| 나는 깔끔하지 못하다. | 루틴인 행동 하나를 선택하고 지금부터 조금 더 깔끔하게 만드는 작은 습관을 들인다. 나는 저녁에 침대 옆에 옷을 던져놓으면 치우지 않으리라는 것을 안다. 그래서 벗은 옷을 복도에 두었다가 아침에 일어나자마자 집어서 빨래 바구니에 넣을 수 있게 했다. 옷이 말 그대로 길을 막기 때문이다. |
| 나는 만만한 사람이다. | 자동적으로 "네"라고 승낙하지 않는다. 상대방에게 그의 부탁을 다시 설명해달라고 요청하여 생각할 시간을 갖는다. |
| | 제안을 받으면 장단점을 따져볼 수 있도록 시간을 더 달라고 요청한다. 엉겁결에 큰 결정을 내리고 싶지 않은 것은 당연하다. |

모든 것을 고칠 수 있다고 말하려는 건 아니다. 단순히 행동을 수정한다고 해서 미래 전체가 조종될 수는 없다. 하지만 이 사례가 보여주기를 바라듯 당신은 생각하는 것 이상으로 변화할 힘을 지니고 있다. 시도해볼 가치가 있지 않을까?

물론 어떤 행동 패턴은 과거에 단단하고도 깊이 뿌리 박혀 있다. 혼자 힘으로 극복할 수 없는 악순환이 있다면 전문가와 상의하도록 하라. 나는 심리학자와의 대화는 누구에게나 유익하다고 믿는다. 그래서 협업을 더 잘하게 해줄 도구와 기법을 물색할 때 직업 상담가에게 몇 번의 상담을 예약했다. 상담은 문제를 직면하게 했을 뿐만 아니라 매혹적인 통찰도 내 머릿속에서 일어나게 했다. 언젠가 꼭 한번 상담을 시도해보기를 권한다.

### 성공적인 행동 변화의 요소

- 저항하기가 거의 불가능할 정도로 가능한 한 작은 범위로 행동을 수정한다.
- 한꺼번에 여러 행동을 바꾸려고 하지 말고 한 번에 한 요소에 집중한다. 변화에는 많은 에너지가 필요하므로 작게 시작해야 성공 확률이 높아진다.
- 언제, 어디서 바꾸고 싶은 행동을 하는지 알면 유용하다. 어떤 패턴이 있는가? 그렇다면 언제 조심해야 할지 알게 될 것이다.
- 새로운 행동을 정해진 시간이나 행동과 연관시킬 수 있는가? 두

가지를 아주 오랫동안 함께 하면 습관이 된다. 예를 들어 매일 밤 '잠자기 전 양치질'에 '치실 사용'을 추가하면 뇌는 자동으로 두 행동을 연결하기 시작할 것이다. 필요한 것은 반복뿐이다.

- 새로운 행동으로 가는 길에 놓인 가장 큰 걸림돌을 찾아본다. '만약 A라면 B한다'는 규칙을 사용하여 각 걸림돌에 미리 대처한다. 그러니까 '만약 비가 오면 윈드브레이커를 걸치고 달리러 간다'라고 정해둔다. 그런 규칙은 장애물이 나올 때마다 핑계를 찾지 못하게 막아준다.

- 당신의 새로운 행동을 주변 사람에게 알리거나 그들을 당신 계획의 가담자로 만든다. 예를 들어 친구들에게 열쇠를 정해진 곳에 둬서 더는 잃어버리지 않는다거나 지금부터 회의에서 합의된 모든 사항을 적어서 어떤 것도 잊지 않겠다고 선언한다. 이는 당신 자신의 마음속 그리고 주변 사람들의 마음속에 있는 이야기를 바꿔준다. 운이 좋다면 그들이 당신을 응원해줄 것이다.

### 제리 사인펠트의 방법

스탠드업 코미디언인 제리 사인펠드 Jerry Seinfeld는 자신의 행동을 통제해줄 자신만의 전략을 생각해냈다. 그가 '체인 끊지 않기'라고 부르는 전략이다. 그는 커다란 달력을 벽에 걸어두고 새로운 코미디 소재를 쓴 날만 X표를 하기로 자신과 약속했다. 우스개 하나면 충분했다. 'X표가 끊기지 않게 이어가기'가 그의 구호가 되었다. 사인펠드의 방법은 행동 변

> 화를 내면화하는 데 대단히 효과적이다.

## 건강한 자기 계발

우리 중 누구도 성장이 완료되는 때는 없다. 하지만 더 잘해야 한다는 끊임없는 압박감 앞에서 어떻게 건강한 정신을 유지할 수 있을까? 이 책의 서문에서 너무 열심히 하지 말고 쉬엄쉬엄하라고 촉구하는 사람들을 몹시 싫어한다고 말했던 것을 기억할 것이다. 그건 나라면 하지 않을 말이다. 하지만 나는 자기 계발에 건전하게 접근하고 자신의 한계를 존중해야 한다고 믿는다. 지난 몇 년 동안 나는 나 자신의 추진력과 야망을 키우는 더 현명한 방법이 있음을 알게 되었다.

우리는 모두 내적 기대, 외부 기대, 에너지라는 세 가지 요소에서 동력을 얻는다. 문제는 어느 시점에 자신의 한계를 넘어서느냐는 것이다. 이에 대답하기 위해 다음 3요소 모델을 살펴보자.

### 요소 1. 내적 기대

자신의 기대는 자신을 기다리고 있는 성장과 발전 기회를 잡으라고 촉구하는 내면의 목소리다. 이 내부 나침반에 의해 움직이는 것은 (1)자신에 대한 외부 기대와 양립하는 한(도표 참조) 그리고 (2)자신의 성장과 개선 노력이 에너지를 앗아가지 않고 기운이 나게 하는 한 괜찮다.

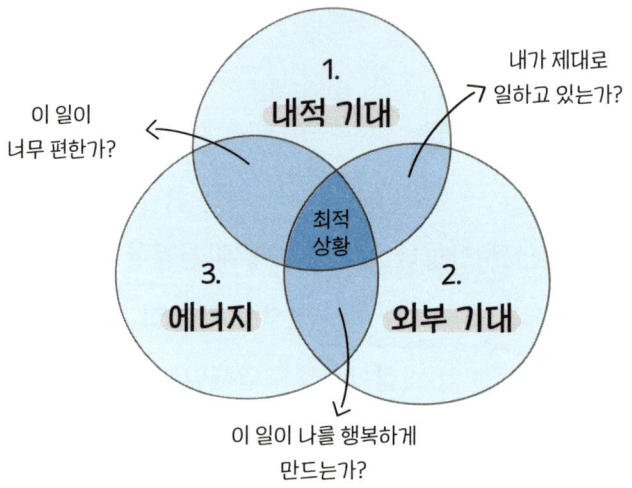

겹치는 부분 없이 오로지 내적 기대 원에만 머물면 자신의 기대가 너무 높다는 것을 나타낸다. 그 기대는 외부(원 2)에서 오지도 않고 당신에게 활력(원 3)을 불어넣지도 않는다. 이것은 당신을 위험 지대에 놓이게 한다. 당신은 비현실적으로 높은 요구를 자신에게 하고 있고 그 요구는 당신의 에너지를 앗아가고 있다.

이런 행동을 잡아내기 위해 나는 '유체 이탈 체험 out-of-body experience'이라고 부르는 단계를 밟는다. 당신의 영혼이 몸 밖으로 나와 일하거나 쉬고 있는 자신을 위에서 내려다보고 있다고 상상하라. 책상 앞, 의자, 소파에 앉아 있는 자신을 그려보라. 당신은 이 사람에 대해 어떤 의견을 갖고 있는가? 그의 성장 포부는 건강하고 현실적인가? 그에 대해 무어라고 이야기하겠는가?

몇 년 전 나는 장기간 매일 유튜브 영상을 만들어 올린 적이 있다. 나는 유체 이탈 체험을 하고서 아무도 내게 날마다 영상을 찍고 편집하기를 요구하지 않았다는 사실을 깨달았다. 이 터무니없는 기대를 한 사람은 나뿐이었다.

유체 이탈 체험은 상상 속 경험일지라도 거의 항상 새로운 관점에 눈뜨게 한다. 그리고 그런 관점은 성장이나 계발에 대한 당신의 야심을 재고할 때라는 결론을 이끌어낼 수도 있다.

### 요소 2. 외부 기대

외부 세계가 당신에게 기대하는 바 또는 기대한다고 당신이 생각하는 바에 아무 생각 없이 순응할 이유는 없다. 당신이라는 사람과 당신이 하는 일에 대한 낯선 사람의 의견도 마찬가지다. 그것들은 무시하는 게 가장 좋다. 하지만 이 집단 외에 당신이 무시할 수 없는 외부 기대도 있다. 상사나 직장 동료, 친구, 가족의 기대가 그렇다.

다른 사람들이 당신에게 거는 기대가 당신 자신의 기대보다 높을 때는 좌절감을 느끼기 쉽다. 그런 불일치는 필시 스트레스를 가져온다. 그리고 그것은 당신을 당신의 최고점에 이르게 하는 스트레스가 아니라 지치게 하는 위험한 스트레스다.

업무에 대한 외부 기대에 짓눌리고 있는가? 일로 돌려받는 것보다 빼앗기는 것이 더 많은가? 외부에서 오는 압박으로 과도한 부담을 느낀다면 진지하게 주의를 기울여야 한다. 우선 당신이 감지한 과도한 기대를 한 단계 낮춰서 해석해라. 십중팔구 당신이 감지한 기대와 실제 기대는 일치하지 않는다. 특히 애초에 그러한 기대가 분명하게 표현된 적이 없다면 실제보다 과장되었을 가능성이 크다. 그런 경우 팀장에게 이야기하기를 권한다. 단, 먼저 당신이 생각하는 '외부 기대'가 무엇인지 분명히 하라. 구체적으로 밝혀라. 언제 가장 압박감을 느끼는가? 상사가 토요일에 이메일을 보내면서 당신이 5분 내로 답장하기를 정말로 기대할까? 동료는 회의에서 제기된 온갖 복잡한 질문에 당신이 즉각적으로 답변하기를 정말로 기대할까?

만약 외부의 기대가 참으로 비현실적이고 너무 과하다면 기대를 줄여줄 수 있는지 물어볼 때다. 어쨌든 당신이 번아웃으로 쇠약해져 몇 달 동안 업무에서 벗어나 있기를 원하는 사람은 아무도 없을 테니 말이다. 당신이 잘하는 일과 적절한 수준의 도전이 균형 있게 맞춰진 현실적인 직무는 당신의 잠재력을 최대한 끌어낼 것이다. 그것도 도움이 되지 않는다면 그저 당신 고용주가 문제일 수 있다.

**요소 3. 에너지**

당신은 얼마나 활기차다고 느끼는가? 그것은 당신이 적절히 일하고 있는지 아니면 일을 지나치게 많이 하거나 덜 하고 있는지 판단할 훌륭한 척도다. 쉬운 일과 도전적인 일의 균형은 당신을 엄청난 성장의 길로 인도하고, 그 길에 계속 머물 수 있도록 돕는다.

에너지가 남아도는가? 에너지가 다했는가? 두 극단 모두 타인이나 자신이 기대하는 일과 실제로 감당할 수 있는 일이 일치하지 않은 결과일 수 있다.

나는 얼마 전부터 나의 에너지 수준을 기록하기 시작했다. 매주 1부터 10까지 점수를 매기고 그 주의 내 컨디션이 어땠는지 간단히 메모한다. 이는 주간 재점검을 하기에 가장 좋은 시간을 찾아내는 데에도 도움이 되었다. 그렇게 해서 나의 금요일 재점검이 나왔다. 나는 회의가 이어지는 날은 에너지가 몹시 소진된다는 사실 역시 금방 깨달았다. 여러 요일로 회의를 분산시키는 편이 내게는 더 효과적이다. 그것은 나의 한 주를 개선하는 데 도움이 된 두 가지 명확한 깨달음이었다. 에너지 수준은 그때그때 기록할 수도 있고 나중에 기록할 수도 있다. 지난 몇 주 동안 기록한 수치를 도표로 그려서 당신의 에너지 수준을 대략 파악해보라. 역으로 스트레스 수준을 도표로 그려보아도 도움이 될 수 있다.

## 최적 상황

당신 자신의 기대와 다른 사람들(상사, 친구, 가족, 파트너)이 당신에게 거는 기대 그리고 당신의 에너지 수준이 일치할 때 당신은 산도 옮길 수 있다. 그런 순간에는 세상의 모든 도전을 받아들일 준비가 되어 있는 기분이 든다. 하지만 이런 균형은 좀처럼 오래 지속되지 않는다. 상황은 끊임없이 변화한다. 상황에 숙달되면 지루해지고 너무 많은 에너지가 남을 수 있다. 그러므로 끊임없이 조절할 필요가 있다. 더 성장할 준비가 되었는가? 그렇다면 자신에게 도전이 되는 목표(내적 기대)를 설정하거나 새로운 프로젝트와 그에 따른 외부 기대를 걸머지도록 하라.

만약 자신이 하고 있는 일을 더 잘해야 한다는 압박감을 항상 느낀다면 내적 기대와 외부 기대, 에너지 수준, 이 세 가지 요소 간의 역학을 더 자세히 살펴보는 게 좋다. 압박이 내부에서 오는지 아니면 외부에서 오는지 알게 되면 자신의 기대를 멈추고 조절하거나 외부 스트레스 요인에 정면으로 대처할 수 있다.

아마도 이 속담을 들어본 적이 있을 것이다. '빨리 가고 싶으면 혼자 가라. 멀리 가고 싶다면 함께 가라.' 물론 혼자서도 전진할 수 있지만 다른 사람들과 함께 가면 더 멀리 갈 수 있다. 그러므로 다음 장에서는 우리 자신에게 초점을 두지 말기로 하자. 그리고 다른 사람들이 제공해주는 것에 더 귀를 기울일 수 있는 방법을 알아보자.

# 9. 더 똑똑해지고 싶다면, 더 경청하고 조언을 구하라

## 말을 적게 할수록 좋은 이유

사물을 바라보는 당신의 방식을 바꿔주는 대화를 해본 적이 있는가? 모든 것이 맞아떨어지면서 당신의 총체적 관점이 바뀐 적이 있는가? 마치 전구에 불이 들어오듯 생각이 전환되는 그런 순간은 마법처럼 느껴질 수 있다. 그런 순간들을 더 경험하고 싶은가? 그렇다면 더 많이 듣고, 더 잘 들어라.

우리는 경청에 관한 이야기를 많이 하지 않는데 이는 이상한 일이다. 왜냐하면 당신이 얼마나 많이 알든 모르는 것은 항상 무한히 많으며, 경청은 그 격차를 메우는 데 도움이 되기 때문이다.

### 더 귀 기울이기

경청을 더 잘하고 싶다면
먼저 입을 다물어야 한다.
하지만 다행히도
멈추지 않아도 된다.
효과적인 경청은
다음을 의미한다.

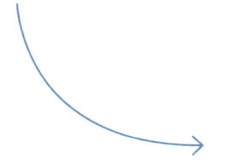

경청
=
조사하기
+
구체적으로 질문하기
+
더 깊이 알아보기
+
메모하기
+
시도하기
+
감사 인사하기

## 조사하기

우리는 자신의 상황이 독특하다고 생각하는 경향이 있다. 그래서 그 문제에 대한 전문가는 고사하고 같은 처지에 있는 사람들을 찾아볼 생각조차 하지 않는다. 하지만 이런 가정을 뒤집으면 어떻게 될까? 세상에 새로운 문제는 거의 없다. 비슷한 상황을 겪어봐서 당신이 의지할 수 있는 사람은 거의 항상 있다. 직접적으로 아는 사람 중에 없다면 한 다리, 두 다리 건너 아는 사람 중에는 있다.

외부의 관점을 구하는 것은 블렌들의 창업자인 마르텐 블란케스테인 Marten Blankesteijn과 알렉산더 클뢰핑 Alexander Klöpping이 회사에 구축한 관행이다. 나는 이 효과적인 메커니즘을 바로 채택했는

데, 더 많이 더 빨리 배울 수 있는 저렴하고도 쉬운 길이었기 때문이다. 새로운 아이디어나 문제를 접할 때마다 우리는 "다른 사람과 그에 대해 이야기해봤나요?"라고 묻곤 했다. 더 많은 의견을 구해야 하는지 확인하기 위해서가 아니라 그것을 습관으로 만들기 위해서였다. 그것이 얼마나 큰 차이를 가져올 수 있는지 보았기 때문이다.

하지만 먼저 해야 할 일이 있다. 누군가에게 뭔가를 물을 수 있으려면 먼저 당신이 무엇을 알고 싶은지 파악해야 한다. 당신이 다루고 있는 쟁점이 무엇인가? 어떤 장애물에 부딪히는가? 해결책을 찾고 있는가? 아니면 다른 사람의 성공 뒤에 숨겨진 이야기를 듣고 싶은가?

블렌들에서는 모든 직원에게 자신의 프로젝트와 아이디어를 위해 작업할 시간을 분기마다 사흘씩 따로 주었다. 이 시스템을 도입하기 전에 나는 우리 회사와 비슷한 회사에서 비슷한 제도를 시작한 사람에게 상담을 받았다. 나는 내가 알고 싶은 것을 알고 있었으므로 그에게 '왜 그리고 어떻게 이 제도를 선택했는지' 전부 물어볼 수 있었다.

질문이 그리 구체적이지 못할 때도 가끔 있다. 블렌들의 서비스에 몇 가지 큰 변화를 준 후 우리의 다음 도전 과제는 온라인 마케팅을 활성화하는 것이었다. 하지만 나는 어디서 시작해야 할지 전혀 알지 못했기 때문에 내 연구 질문은 "온라인 마케팅은 어떻게 작동하는가?"에 그쳤고, 이는 매우 광범위한 질문이었다.

## 구체적으로 질문하기

유익한 토론을 원하는가? 좋은 질문을 하는 것으로 시작하라. 더 좋은 질문은 더 좋은 답변과 더 유용한 통찰을 낳는다. 그리고 그것은 업무상 대화뿐만 아니라 개인적인 대화에도 적용된다.

나는 결정을 내리거나 문제를 해결하기 위해 정보를 찾을 때 의미, 상황, 감정의 세 가지 측면에 초점을 맞추면 도움이 된다는 것을 알게 되었다. 세부적인 내용을 물어보면 더 구체적인 정보를 얻을 수 있다.

**의미** 그런 선택을 한 이면에는 어떤 이유가 있는가? 어떤 단계를 거쳐 그런 선택이 나왔고 무엇을 달성하려 했는지 알아보라.

**상황** 일이 진공 상태에서 발생하지는 않는다. 상황이 매우 중요할 수 있다. 그 점을 이해하고 그 사람의 결정을 둘러싼 사정을 파악하기 위해 노력하라. 어떤 요인이 그의 선택에 영향을 미쳤는가? 어떤 요인이 결과에 영향을 미쳤는가? 당신에게 익숙하지 않은 요인이 있는가? 상황을 더 알아보기 위해 질문하라.

**감정** 이제 그 사람의 선택이 미치는 영향에 대해 알아보라. 그들은 새로운 상황을 어떻게 느끼는가? 그런 영향에 어떻게 대처하고 있는가? 이런 감정이 새로운 것인가? 아니면 시간이 지나면서 감정이 변했는가?

이 세 가지 측면은 토론을 구성하는 데 도움이 될 수 있다. 알고 싶은 것을 미리 적어두는 것 역시 도움이 된다. 나의 온라인 마케팅 예시처럼 조사하려는 문제가 광범위할 때는 특히 그렇다. 질문 목록을 상세히 적어두면 더욱 좋다. 그럼 중요한 것에 집중할 수 있고 다음에 무엇을 물어볼지 생각하는 대신 답변에 귀 기울일 수 있다.

대화를 시작하기 위해 "우리가 X를 할 계획인데 귀하가 그 일에 어느 정도 경험이 있다는 것을 압니다. 귀하의 전략이 무엇이었고 왜 그런 전략을 썼는지 말씀해주시겠습니까?" 또는 "Y 소프트웨어 패키지의 구매를 고려하고 있는데 당신이 Y의 열렬한 팬임을 알고 있습니다. 어떤 점이 마음에 드는지 말씀해주시겠습니까?" 같은 질문을 할 수 있다.

온라인 마케팅에 관한 정보를 찾을 때 나의 질문은 이것이었다. "귀사에서 가장 성공한 온라인 마케팅 채널이 궁금합니다. 무엇이 가장 효과가 있었고 무엇이 호응이 없었나요?"

그리고 메모도 잊지 마라. 메모를 하면 주의력을 유지하기가 더 쉽고 당신이 진정으로 관심이 있다는 것을 보여줄 수 있다.

### 더 깊이 알아보기

질문이 끝나면 우리는 일반적으로 자신의 계획에 대해 이야기한다. 흔한 반사작용이다. 전문가의 의견을 듣고 싶어서 그럴 때도 있지만 그저 우리가 이미 알고 있는 것을 보여주고 싶어서 그럴 때도 많다. 내 조언은? 시간을 낭비하지 마라. 대신 후속 질문을 해서 상대가 이야기 중인 내용을 충분히 이해하도록 하라.

누군가에게 조언을 구할 때 우리는 그 의미를 정확히 이해하기를 원한다. 첫 번째 답변에서 절대로 전부가 나오지 않는다는 것을 명심하라. 더 많은 이야기가 항상 있다. 당신이 모든 조언을 듣게 될지는 후속 질문의 수준에 달려 있다. 도움이 될 만한 후속 질문 몇 가지를 제안하자면 다음과 같다.

- "그것에 대해 좀 더 말씀해주시겠어요?"
- "다음으로 넘어가기 전에 조금 전에 하셨던 이야기로 돌아갈 수 있을까요? 정확히 어떻게 되었다고요?" 또는 "어떻게 그런 선택을 하게 되었나요?"
- "지금 돌이켜 생각하면 어떤가요?"
- "기회가 주어진다면 무엇을 다르게 하시겠습니까?"

## 메모하기

당신은 대화하는 중에 들은 내용을 처리하기 시작할 것이다. 그러므로 메모해두어라. 설령 다시 보지 않더라도 나는 메모를 할 때 항상 더 많은 내용을 기억하는 듯하다. 대화하면서 메모한다는 것은 내가 대화에 몰두하고 주의가 덜 산만해진다는 뜻이다. 화상 회의에서는 특히 더 그렇다. (만약 회의 중에 메모를 할 수 없거나 하고 싶지 않다면 회의 직후에 반드시 메모하도록 하라.) 대화를 잘 이끄는 사람들은 다른 사람과 이야기 나눌 수 있는 정보나 읽을 책, 당신이 확인하고 싶을 블로그 게시물 등 탐색해볼 만한 다른 흥미로운 것들도 늘 알려준다. 그러므로 메모를 뒤져 보석을 찾아낸 다음 새로운 할 일이나 일정에 넣도록 하라.

자신이 아는 것을 당신에게 말해줄 좋은 사람을 찾는 것이 첫 단계지만, 그 모든 정보를 가지고 실제로 무언가를 하는 것 자체도 도전 과제다. 나는 대화 직후에 잠시 메모를 훑어보면 행동할 수 있는 추진력이 생긴다는 것을 알게 되었다. 메모에 관한 더 많은 조언을 얻고 싶다면 이 책의 뒤(보너스 장 '메모 잘하는 법')로 가서 내 기법들을 살펴보라.

## 시도하기

경청해야 당신이 얻은 요령과 조언을 적용할 수 있다. 새로운 도구를 시도해보든 추천받은 책을 읽기로 결정하든, 똑똑한 사람들이 당신에게 해준 조언이라면 뭐든 진지하게 받아들일 가치가 있다. '좋아, 확인해보자'를 기본자세로 삼아라. 나의 멘토가 주는 팁들은 (나중에 더 자세히 설명하겠다) 처음에는 장황하고 힘든 처리 방식처럼 들릴 수 있지만, 지나고 보면 항상 가치가 있는 것일 때가 많다.

### 감사 인사하기

경청의 마지막 단계는 문제 해결 과정의 일부는 아니지만 앞으로 도움이 될 것이다. 조언을 구하고서, 그 호의에 대해 (링크드인 커넥션 신청을 제외한) 감사 표시를 간과하는 사람이 얼마나 많은지 놀랍다. 내가 말하는 감사는 "이야기할 시간을 내주셔서 감사합니다! X에 대한 훌륭한 조언을 해주셔서 추천해주신 그 책을 주문했습니다" 같은 간단한 인사다. 상대방이 그런 말을 듣고 싶어 하지 않을 거라고 가정하지 마라. 당신에게 시간을 내어 조언해준 사람에게 보낸 감사 인사는 당신이 그 조언을 소중히 여기고 그들의 아이디어와 제안을 활용하고 있음을 보여준다. 또한 감사 인사는 더 많은 대화의 문을 열어준다. 당신이 그들의 조언을 최대한 활용하고 있음을 보여주면 그들은 당신을 다시 돕고 싶어 할 것이다.

### 누구의 말을 들어야 하는가?

당신이 나와 비슷한 사람이라면 일이 안 풀릴 때 의지하는 사람이 몇 명 있을 것이다. 그런데 새로운 사람을 찾아볼 생각을 해본 적은 없는가? 그것은 당신이 경청하기로 했다면 특히 매우 유용할 수 있다. 하지만 누구의 말에 귀를 기울여야 할까? 주어진 상황에서 대화하기에 가장 적합한 사람을 알아내는 데 중요한 요소는 두 가지다. '그 주제에 대해 무엇을 알고 있는가', 그리고 '당신과 당신의 상황에 대해 무엇을 알고 있는가'다.

**주제에 대한 지식**

당신이 고심하고 있는 문제를 자세히 잘 아는 사람은 누구인가? 당신이 집을 사고 싶어 한다고 가정해보자. 당신은 자가 소유자들의 정보에 진지한 관심을 보이겠지만 부동산 분야에서 일하는 친구나 집을 여러 번 사본 지인에게 물어보면 훨씬 더 많은 정보를 얻을 수 있다. 정말로 좋은 조언을 원하는가? 당신이 궁금한 점을 전문으로 다루는 사람부터 고려하라. 그렇긴 하지만 해당 영역의 지식이 풍부한 사람들은 한 가지 단점이 있을 수 있다. 바로 자신의 문제 해결 방식에 갇힐 수 있다는 점이다. 그런 이유로 왜 그들이 특정 해법을 선호하는지 그리고 그들이 추천하지 않는 선택지는 무엇인지 물어보는 것도 좋은 생각이다. 가능하다면 다른 전문가의 의견도 들어보라. 그들이 놀랄 만한 새로운 시각을 제공할 수도 있다.

**당신과 당신의 상황에 대한 지식**

당신의 장단점뿐만 아니라 당신이 무엇을 원하는지 아는 사람은 큰 도움이 될 수 있다. 그들은 당신과 당신의 상황을 이해한다. 친구, 가족 구성원, 파트너, 또는 직장 동료가 여기 해당할 수 있다. 하지만 그들과의 상담은 단점이 있다. 그들은 당신에게 상처를 주고 당신과의 관계를 해칠까 봐 두려워서 완전히 솔직하지 않을 수 있다. 그러니 그 점을 염두에 두도록 하라.

## 조언자 유형

주제에 대한 지식과 당신과 당신의 상황에 대한 지식, 이 두 요소를 행렬에 대입하면 네 가지 유형의 조언자로 나뉜다. 그들이 어떤 도움을 줄 수 있는지 살펴보도록 하자.

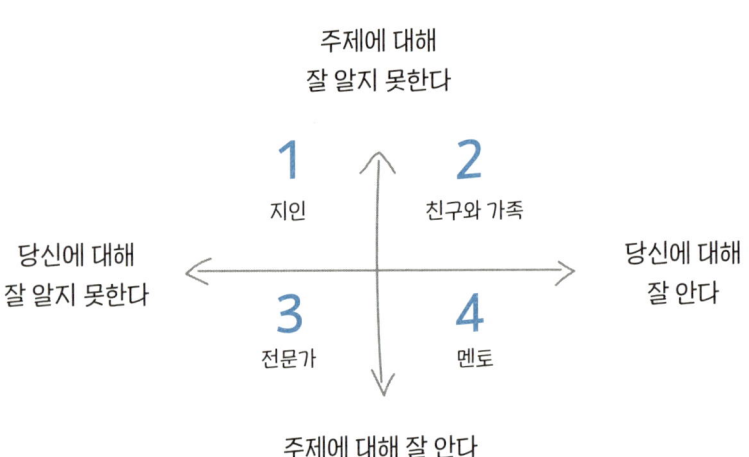

**1사분면. 지인**

가장 매력적이지 않은 조언자 범주인 지인에서부터 시작하자. 이들은 당신이나 당신의 상황에 대해 잘 알지 못하고 전문가도 아니므로 당신의 질문에 확실한 답을 가지고 있지 않을 것이다. 그들은 똑똑하거나 재주가 뛰어날 수 있지만, 당신이 조언을 얻고자 하는 문제에 대한 경험은 부족하다. 지인으로부터 얻는 정보는 검증이 필요하다. 그렇긴 하지만 이 유형의 조언자도 여전히 유용할 수 있다. 전문가가 아니라는 사실이 오히려 신선한 시각과 창의적인 통찰을 가능하게 한다. 또한 그들이 어떻게 그리고 왜 그런 조언에 도달했는지 살펴보면 그들의 추론에서 뭔가를 배울 수도 있다. 그리고 그들이 전문가인 누군가와 연결해줄 가능성도 항상 있다.

### 2사분면. 친구와 가족

친한 친구들과 가족들은 당신을 잘 안다. 당신의 입장이 되어 생각할 수 있다. 그들이 당신과 당신의 상황을 알고 있다는 사실은 그들을 완벽한 스파링 상대로 만든다. 당신이 문제를 제시하면 그들은 반응한다. 하지만 조심해야 할 이유도 있다. 친구들은 진정한 비판을 망설일 수 있다. 다른 한편으로는 전문가가 아니어서 검증된 해결책도 없으면서 주저하지 않고 자신의 의견을 밀어붙일 수 있다. 이러한 단점에도 불구하고 친구들은 여전히 당신이 답을 찾는 데 도움을 줄 수 있다.

- 친구들은 당신에 대한 통찰을 공유할 수 있다. 그들은 어떤 해결책이 당신에게 가장 적합하다고 생각하는가? 몇 년 전 나는 해외 등반을 고려하고 있었다. 결정에 도움을 받기 위해 나는 몇몇 친구에게 내가 그것을 즐길 수 있다고 생각하는지 물었다. 그들의 격려에 나는 의심을 떨치고 오스트리아에 가서 환상적인 등반을

즐겼다. 등산 장비에 대해서는 등반가에게 조언받아야 했지만 내가 등산을 좋아할 거라고 확신시켜준 것은 친구들이었다.

- 친구들은 당신을 잘 알기 때문에 당신이 문제를 분석하는 데 도움을 줄 수 있다. 그러므로 그들에게서 해결책을 구하려 하기보다 문제 파악에 도움을 줄 수 있는지 알아보라.
- 친구들은 당신이 전문가를 찾을 수 있도록 기꺼이 돕는다.

**3사분면. 전문가**

여기서 던질 질문은 '전문가가 있는가?'가 아니다. '이 상황에서 최고의 전문가는 누구인가?'를 물어야 한다. 그가 당신이 원하는 사람이다. 경영 서적과 동영상에서도 많은 것을 배울 수 있지만 전문가와 적절한 토론을 한 번만 해도 해당 주제의 핵심을 빠르게 파악할 수 있다. 전문가와의 대화를 최대한 활용하기 위한 몇 가지 조언은 다음과 같다.

- **적합한 전문가를 찾아라.** 도움을 받을 수 있는 가장 적합한 사람이 누구인지 시간을 내어 알아보라. 이 전문가는 해당 영역에 실무 경험이 있는가? 그 또는 그녀는 이 분야에서 주목할 만한 성공을 거두었는가(또는 당신이 질문하고 싶은 실패를 했는가)?
- **만날 일정을 잡아라.** 모르는 사람에게 연락할 가장 좋은 방법은 단연 양쪽을 다 아는 사람을 통하는 것이다. 그런 사람이 없는가? 두

번째로 좋은 방법은 전문가에게 이메일로 당신의 질문을 보내는 것이다. 그리고 중간에 연결해준 사람이 있든 없든 간단한 요청일수록 사람들이 기꺼이 시간을 내준다. 그들이 가장 좋아하는 커피숍에서 30분 동안의 짧은 만남을 제안할 수 있다. 물론 커피는 당신이 살 것이며 요청한 시간을 초과하지 않도록 주의하라.

- **준비된 상태로 만나라.** 우리 모두는 자기 시간을 소중히 여긴다. 그리고 당신은 부탁하는 입장이다. 그러므로 준비된 상태로 만나라. 많은 전문가가 자신의 노하우를 링크드인, 트위터, 또는 자신의 웹사이트에 올린다. 사전에 그런 자료를 확인하라. 전문가와의 대화를 최대한 활용하고 싶다면 구체적인 질문을 준비하라. 복잡한 문제라면 나는 사전에 몇 가지 배경 정보도 그 사람에게 이메일로 보내곤 한다. 준비하는 동안 만남의 이유를 유념한다.

- **방어적 태도를 보이지 마라.** 전문가와의 상담은 자신의 행동을 거울처럼 비추어 보여주는 경향이 있다. 그럴 때는 자신을 변호하고 싶어지는 게 낭연하다. '어쨌거나 맞은 편에 앉은 전문가는 구체적인 내 상황을 모르고 내 상황이 그리 나쁜 건 아니지 않을까?'라는 마음이 들 것이다. 하지만 그런 식의 반응은 아무런 도움이 되지 않는다. 그래서는 당신이 알고 싶은 것을 절대 얻을 수 없다. 그리고 조언을 구하는 척하면서 실은 그가 승인해주기만을 바랄 때 상대는 실망할 것이다. 전문가와 상담할 때는 듣고 배우는 것이 당신의 일임을 항상 기억하라.

- **당신의 제약을 명확히 하라.** 기술적, 재정적, 또는 법적 이유로 전문가의 조언을 적용할 수 없다는 것을 바로 알았다면 그에게 당신의 제약을 알려주고 다시 조언을 부탁해라. 예를 들어 블렌들은 신문사 및 잡지사와 그들의 기사를 제공하는 방식에 대한 협약을 맺고 있었고, 그 협약이 우리 계획의 실행 가능성을 좌우했다. 전문가의 제안이 실행 불가능하다고 판단되면 즉시 그 배경을 공유했다. 그러면 대개 상황에 더 맞는 새로운 조언을 받을 수 있었다.
- **마지막으로 중요한 말을 하자면, 대화를 즐겨라!** 자신의 경험을 기꺼이 공유하려는 명석한 사람들과의 대화만큼 좋은 것도 없다. 전문가에게 배울 수 있는 기회이기 때문이다.

### 4사분면. 멘토

멘토는 당신이 정기적으로 이야기하는 사람이기 때문에 전문가와는 매우 다른 유형의 조언자다. 훌륭한 멘토는 지식과 경험이 풍부할뿐더러 당신의 상황에 대해 잘 알고 있다. 연락을 자주 하다 보니 공감 관계를 형성하고 있다. 이 모든 요인이 작용한 결과 멘토는 당신에게 꼭 맞는 조언을 해주며, 멘토와의 사이가 가까워질수록 당신의 필요에 맞춘 조언을 해준다.

멘토는 당신이 존경하는 사람이다. 당신의 일에 이해관계가 있는 동료가 아니어야 좋다. 외부의 멘토는 업무상 이해관계가 없으므로 더 객관적으로 조언해줄 수 있다. 나는 '멘토가 있으면 좋긴 하겠는데 멘토를 어떻게 찾죠?'라는 질문을 무척 많이 받는다. 다음은 그 질문에 대한 조언이다.

1. **더 많은 전문가와 이야기하라.** 나는 한 전문가를 통해 또 다른 전문가를 만났고 그를 통해 멘토를 만났다. 내가 계속 새로운 사람들을 만나려고 노력하지 않았다면 멘토를 결코 만나지 못했을 것이다. 전문가와의 대화는 1장에서 살펴봤던 중요하지만 긴급하지 않은 활동의 전형이다. 좋은 멘토가 저절로 찾아오지는 않는다. 그러므로 계속 찾아보라. 당신의 필요를 주의 깊게 들어줄 전문가 수준의 지식을 지닌 사람을 찾아야 한다. 그런 적절한 특성을 지닌 사람을 찾으려면 시간이 걸릴 수 있지만 그럴 만한 가치가 절대적으로 있다.

2. **모든 일에 멘토가 되어줄 사람이 아니라 특정 일에 멘토가 되어줄 사람을 찾아라.** 일과 개인 생활 모두에서 롤모델이 될 만한 사람을 찾기란 거의 불가능에 가깝다. 업무의 특정 측면이나 개인적 고민에 대한 조언자를 찾는 편이 훨씬 현실적이다.

내 경험 그리고 멘토가 있는 지인들의 경험에 따르면 멘토는 당신이 더 자주 조언을 듣고 싶은 사람이다. 다른 이들보다 당신의 도전 의식을 북돋워주고, 당신이 세부 사항과 불확실성을 더 부담 없이 공유할 수 있고, 날카로운 질문과 좋은 제안을 해주는 사람이다. 이런 설명에 부합하는 전문가를 만났는가? 정말 잘됐다! 조금 시간을 두고 나서 다시 이야기할 수 있는 자리를 정해라.

이때도 좋은 정보를 얻기 위한 만남에서와 마찬가지로 예의를 갖춰야 한다. 준비된 상태로, 자신이 무엇을 알고 싶은지 알고서, 이 장에서 설명한 경청 기술을 활용하라. 두 번째 만남이 도움이 되었는가? 그렇다면 이 전문가에게 더 오랜 기간 당신을 멘토링해줄 의향이 있는지 물어보라.

멘토링은 기본적으로 정기적으로 이야기를 나누는 것이다. 나의 경우 한 달에 한 번 한 시간 동안 이야기를 나눈다. 당신이 부탁하는 입장이므로 일정을 잡고, 준비하고, 알려줄 책임이 당신에게 있다. 그 과정은 다음과 같다.

- **일정 잡기**  멘토에게 편리한 시간과 장소를 정해서 만날 일정을 잡는다. 나의 멘토는 캘리포니아에 살고 있으므로 암스테르담에 있는 내게는 좋지 않은 시간일 때가 있다. 하지만 그건 합의된 바다. 우리의 대화는 그만한 가치가 있기 때문이다.
- **준비**  멘토가 소중한 시간을 당신에게 내어주는데 준비 없이 나타난다면 그건 무례한 행동이다. 나는 논의하고 싶은 모든 사항을 우리 둘 다 볼 수 있는 구글 문서 파일에 정리하기를 좋아한다. 만남 전에 나는 이 목록을 업데이트하고 멘토에게 이메일로 만남 일정을 알리면서 이 문서를 링크해 보낸다. 멘토와 의논하기에 적

합한 사항은 당신이 씨름하고 있는 딜레마나 최근 당신이 바라는 만큼 원활하거나 순조롭게 진행되지 않는 일 등이다. 멘토는 앞으로 이러한 문제를 방지할 방법을 조언해줄 가능성이 높다.

- **업데이트**  (다른 전문가들과 마찬가지로) 멘토와 대화하고 나면 시도해볼 아이디어들이 생길 것이다. 당신의 진전 상황을 멘토에게 반드시 알려라. 그것은 다음 만남을 위한 좋은 정보가 되고 당신의 피드백은 멘토링을 심화할 것이다. 멘토가 공유한 팁에 따라 행동하고 결과가 어땠는지 알려주면 당신이 멘토의 조언을 소중히 여기고 실제로 적용하기를 원한다는 것을 멘토에게 보여줄 수 있다. 업데이트는 복잡할 필요가 없다. 당신의 실행과 결과를 요약한 간단한 이메일이면 충분하다.

좋은 멘토는 천금 같은 가치가 있다. 시간이 흐르면서 멘토는 당신을 잘 알게 되고 당신 혼자 할 수 있는 것보다 더 빨리 앞으로 나아가도록 도와줄 수 있다. 나의 멘토는 누구를 고용할지, 하루를 어떻게 계획할지, 어떤 책을 읽어야 할지 등에 대해 내가 더 나은 선택을 하도록 이끌어주었다. 그리고 장기적으로 나에게 중요한 것이 무엇인지 더 신중히 생각하라고 가르쳐주었다.

나와 팀원 중 한 명의 의견이 달랐을 때 멘토는 매우 유용한 조언을 해주었다. 팀원과 나의 비전은 갈렸고 불쾌한 대화가 오갔다. 내가 멘토에게 그 일에 관해 말했을 때 그는 간단하면서도 매우 적절한 조언을 해주었다. 팀원과 함께 앉아 그의 머릿속에 있는 그림을 이해하는 시간을 가져보라고 했다. 그에게 화이트보드를 주고 그의 관점을 들어보라고 했다. 나는 멘토의 충고를 받아들여 동료와 만날 약속을 잡았다. 그것은 우리 관계의 전환점이 되었다. 우리 둘 다 상대방의 생각이 어디서 나왔는지 이해하게 되었기 때문이다. 그것은 정말로 눈이 뜨이는 경험이었다. 내 멘토는 정확히 내게 필요한 해결책을 제시했고 나는 좌절감으로 인해 이 실용적인 해결책을 보지 못했음을 깨달았다.

그러므로 멘토, 친구, 전문가, 지인, 동료와 계속 연락하고 그들의 말에 귀를 기울여라. 그것이 일과 인생에서 더 많은 것을 얻을 수 있는 확실한 방법이다.

## 10. 전략적으로 생각하는 법을 배워라

### 문제를 해결하는 구체적인 질문들

솔직히 말해보라. 무언가를 오랫동안 그리고 열심히 생각해본 게 언제였는가? 정말로 머리를 쥐어짜면서 생각했던 때 말이다. 혹은 뒤를 돌아보면서 어떤 일을 더 생각하고 결정을 내리지 않은 것을 후회한 건 언제였는가? 얼마나 걸릴지 또는 얼마나 복잡할지 미처 몰랐던 일로 인해 곤혹스러웠던 적은 얼마나 있었는가?

이 장에서는 사고 수준을 높이도록 도와줄 것이다. 그리고 가장 좋은 팁부터 알려주고자 한다. 생각할 시간을 가져라. 그렇게 할 수 있다면 이미 게임에서 앞서 있는 것이다. 생각할 여유를 가져라. 일정표에 생각할 시간을 따로 둬라(일정표에 있으면 생각을 할 것이기 때문이다). 그리고 무엇을 생각하든 반드시 그것을 적어두고, 윤곽을 파악하고, 하룻밤 자면서 숙성시켜라.

## 생각하기를 우선시하라

아마 당신은 그 느낌을 알 것이다. 샤워하는 도중에 갑자기 통찰력이 번쩍인다. 며칠 동안 고심했던 문제의 해결책이 난데없이 떠오른다. 그런 유레카의 순간은 환상적으로 느껴진다. 어떤 사람들은 그것을 느닷없는 벼락과도 같은 깨달음epiphany이라고 부른다. 그러나 그것은 오해의 소지가 있다. 보통 당신은 알든 모르든 그 문제에 대해 한동안 숙고해왔다. 그 문제와 가능한 해결책이 이미 머릿속에서 숙성되고 있었다.

마치 폭스바겐을 구매할 생각을 하면 여기저기서 폭스바겐이 눈에 띄는 것과 같다. 뇌에서 폭스바겐이 주된 화제이므로 폭스바겐이 지나갈 때마다 뇌가 신호를 보낸다. 뇌로 들어온 정보 가운데 폭스바겐과 관련된 조각들을 의식 및 무의식의 수준에서 잡아채기 때문이다. 그리고 그것은 상당히 유용하다. 스스로 사전 선택을 함으로써 실제로 당신은 이런 뇌의 능력을 활용할 수 있다. 즉 어떤 문제에 대한 정보를 뇌에 적극적으로 제공하고 그 데이터를 소화할 시간을 주는 것이다. 그러면 더 충분히 검토된 해결책을 자동으로 얻게 된다.

이렇게 뇌에 정보를 제공하는 것 외에도 나는 생각을 한 차원 높은 수준으로 끌어올리기 위해 더 적극적인 또 다른 방법을 쓴다. 바로 전략적으로 생각하기다.

## 전략적으로 생각하기

우리는 모두 자기 몫의 딜레마에 직면한다. 금요일 재점검 중에도 문제들과 마주친다('X 제품의 홍보가 확정되기 전에 이번 주에 계획을 시작해야 할까? 아니면 테스트부터 더 해야 할까?'). 또는 할 일 목록을 검토할 때 문제와 마주치기도 한다('지금이 채용의 적기일까? 그리고 정확히 어떤 직책을 뽑아야 할까?'). 또는 지난 1년을 돌아보고 향후 1년을 계획할 때 문제와 마주치기도 한다('지금이 상급 강좌에 등록하기에 적절한 때일까? 그리고 어떤 강좌가 내게 가장 맞을까?').

결정에 직면할 때마다 우리는 세 가지 선택을 할 수 있다. 결정을 미루거나(그 자체가 하나의 결정), 정면으로 맞서거나(그리고 지체 없이 결정), 혹은 전략적으로 생각할 수 있다. 내가 이야기하고 싶은 것은 바로 마지막 선택지다.

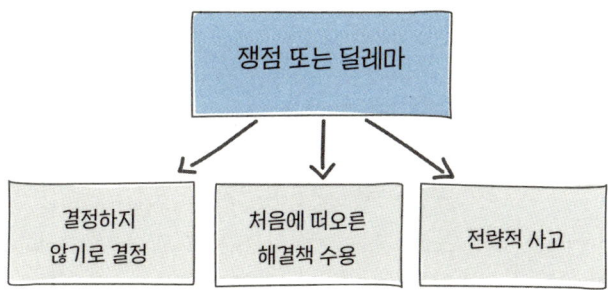

나의 전략적 사고 접근법은 네 가지 전술로 구성되어 있으며, 단순한 결정에서부터 복잡한 딜레마까지 모든 문제에 적용할 수 있다. 딜레마에 대해 더 전략적으로 생각할수록 결과는 더 좋아질 것이다. 체계화, 평가, 계획, 작업을 더 잘하게 될 것이다. 누구라도 전략적 사고를 할 수 있다. 하지만 이는 시간을 낼 때만 가능한 일이다. 그러므로 자신에게 생각할 여유를 주도록 하라.

다음 네 가지 전략을 사용하면 난감한 문제도 해결할 수 있다.

1. 문제의 핵심을 파악한다.
2. 기존 해결책을 살펴본다.
3. 대안을 생각해낸다.
4. 편견을 찾아내고 바로잡는다.

나는 이 순서대로 네 가지 전략을 적용하곤 하지만, 당신은 상황에 따라 순서를 달리 선택할 수도 있다. 그럼 이 전략으로 무엇을 할 수 있는지 살펴보자.

## 1. 문제의 핵심을 파악한다

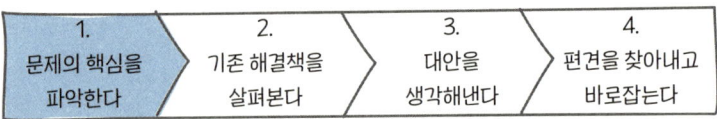

브레인스토밍이 한창일 때는 딜레마에서 벗어나게 해줄 방안에 쉽게 이끌린다. 당신은 이미 최종 결과를 그려봤고 행동을 취하기를 열망한다. 그런 열의는 좋지만 큰 함정이 될 수도 있다. 모두가 회의 결과에 만족한 후 "그럼 해결된 거죠?"라고 누군가 질문했는데 왠지 모두가 머리를 긁적이게 되는 그런 회의에 나도 많이 참석해봤다. 그 회의 결과는 우리가 생각했던 핵심이 아닌 것으로 밝혀지고는 했다. 더 나은 해결책을 찾아내고 싶은가? 그렇다면 문제와 더 오래 씨름하라. 무엇이 잘못인지 더 명확히 이해할수록 더 좋은 해결책이 나올 것이다.

당신이 식당을 운영하는데 매출이 떨어지고 있다고 가정하자. 당신은 문제에 대해 많이 생각하지 않은 채 여러 가지 해결책을 생각해낼 수 있다. 배달을 시작하거나, 실외 좌석을 늘리거나, 요리사를 새로 고용할 수 있을 것이다. 그리고 어쩌면 훌륭한 직감과 약간의 운으로 그런 해결책이 효과가 있을 수도 있다. 하지만 매출 감소 폭이 크고 더 많은 자금을 투입해야 한다면 직관적인 접근 방식만으로는 설득력이 떨어질 것이다.

당신에게 필요한 것은 근본 원인을 찾아내는 것이다. 다음은 문제의 핵심을 파악하는 데 도움을 줄 수 있는 세 가지 질문이다.

### 질문 1. 당신의 문제가 왜 문제인지 이해하고 있는가?

해결책은물론이고 원인 파악에 나서기 전에, 실제로 무엇이 잘못되고 있는지 파악해야 한다. 매출이 문제인가 아니면 비용이 너무 많이 드는가? 식당 경비가 무엇을 말해주고 있는가? 당신의 계좌가 무엇을 말해주는가? 정확히 어느 정도로 문제가 심각한가? 돈이 얼마나 필요한가? 해결책으로 빠지지 않고 우선 문제에만 집중하면, 근본적인 문제를 해결하지 못하는 방안에 시간과 돈을 낭비하지 않을 수 있다.

**질문 2. 무엇이 문제를 일으키고 있다고 생각하는가?**

문제를 파악하면 근본 원인이 가장 잘 보일 것이다. 당신이 본 것들의 개요를 적거나 그려라. 이렇게 하면 문제가 더 구체적으로 드러나고 다른 사람들과 공유하기도 더 쉬워진다. 여기서 정말로 도움이 되는 방법이 있는데, 5why 기법이다. 식당의 예로 돌아가서 우리는 다음과 같이 문제에 접근할 수 있을 것이다.

- 왜 매출이 떨어졌는가? → 최근 몇 달 동안 고객 수가 감소했기 때문이다.
- 왜 고객 수가 감소했는가? → 주요 웹사이트에서 그 예약 건수가 줄었기 때문이다.
- 왜 예약 건수가 줄었는가? → 해당 사이트에 부정적인 리뷰가 올라왔기 때문이다.
- 왜 나쁜 리뷰가 올라왔는가? → 종업원이 식이요법이 필요한 고객

의 요구를 충족시키지 못했고 메뉴가 명확하지 않았기 때문이다.
- 왜 메뉴가 명확하지 않았는가? → 요리에 포함된 특정 재료가 표시되지 않았기 때문이다.

다섯 번의 '왜'를 통해 근본적인 원인을 파악하려면 탐정 같은 작업이 필요할 수도 있으니 놀라지 마라. 위 예에서는 많은 고객이 한 웹사이트를 통해 식당을 찾는다는 사실을 알아내고, 그 사이트의 리뷰를 전부 읽고, 그날 누가 일했는지 알아내는 등의 작업을 해야 했다. 하지만 일단 이 작업을 하고 나면 문제의 근본 원인을 꽤 명확하게 알 수 있다.

식당 주인은 메뉴를 개편하고, 불만을 표시한 고객에게 무료 식사권을 제공하며 리뷰 수정을 요청하는 등 구체적인 조치를 할 수 있다. 확실한 조사를 바탕으로 비교적 소소한 이런 변화를 주면 큰 차이를 만들어낼 수 있다.

때로는 문제의 맥락과 이력을 살펴보는 것도 좋은 생각이다. 당신이 대형 매장 체인을 시작하고 싶어 한다고 가정하자. 당신은 최근 몇 년 사이에 사업을 접은 주요 체인이 많다는 사실을 알고 있다. 그렇다면 당신이 성공할 가능성은 얼마나 될까? 이 질문에 대한 답변을 얻기 위해서는 다른 체인들의 사정을 파헤치는 데 시간을 들여야만 한다. 그들이 파산한 원인은 무엇인가? 파산에 일조한 이차적 요인은 무엇인가? 모든 지역의 체인이 똑같이 영향을 받았는가? 사실상 매출이 늘어난 체인이 있는가? 그들은 무엇 때문에 살아남았을까? 해당 분야의 상황과 역사가 명확히 그려지면 문제를 더 잘 이해하는 데 도움이 된다.

### 질문 3. 왜 고객 또는 사용자를 잃고 있는가?

당신이 풀려는 문제가 다른 사람들과 관련이 있는가? 고객 또는 사용자 행동과 연관된 문제라면 진짜 원인을 알아낼 방법은 한 가지뿐이다. 고객들과 이야기해보라! 그들이 부딪혔던 문제나 어려움은 무엇인가? 그들이 무엇을 경험하고 그 경험에 대해 어떻게 느끼는가에 초점을 두어라. 중요한 것은 그것이다.

내가 블렌들에서 일할 때 회사는 도심의 사무실 단지 안에 있었다. 그리고 회사 건물 저층에는 네덜란드에서 가장 큰 기차역과 연결된 거대한 쇼핑몰이 있었다. 그래서 온종일 사람들이 끊임없이 드나들었다. 우리는 자주 쇼핑몰로 내려가 사람들에게 우리 서비스에 대한 의견을 물었다. 이러한 즉석 조사는 왜 사람들이 새로운 기능을 사용하지 않는지와 같은 의문에 답을 얻게 해주었다. 우리는 거의 항상 사람들의 응답에서 새로운 통찰을 얻었다. 물론 모든 사무실의 아래층에 수천 명이 지나다니지는 않는다. 이메일로 사람들에게 연락할 수 있다면, 그런 방식으로 빠른 피드백을 요청해보라.

위 식당 예시에서 고객을 대상으로 설문조사를 하면 문제는 음식의 질과 가격과는 무관하며, 영업시간이 불편하다는 것을 알 수 있을지도 모른다. 그리고 그것은 쉽게 해결될 수 있다.

### 문제의 핵심 파악하기 체크리스트

- ☐ 정확한 용어로 문제를 정의하려고 노력한다.
- ☐ 5why 질문으로 문제의 근본 원인을 파악한다.
- ☐ 그 문제의 영향을 받는 사람들과 대화해 원인을 규명한다.
- ☐ 이 근본 원인을 포함하도록 문제를 재정의한다.

문제를 파악했다고 생각하는가? 그렇다면 두 번째 전략인 '기존 해결책 검토'로 넘어갈 차례다.

## 2. 기존 해결책을 살펴본다

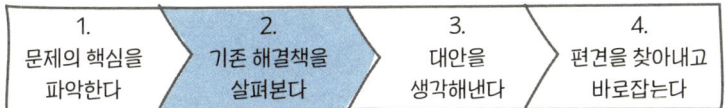

2014년 블렌들은 온보딩 onboarding 경험을 재설계하기로 했다. 온보딩이란 새로운 사용자가 실제로 가입하는 순간까지 디지털 상품에 익숙해지게 하는 방법을 말한다. 그것은 고객에게 상품을 처음으로 소개하는 과정이므로(그리고 아마도 유일한 기회이므로) 모든 웹 기반 회사에서는 판매의 핵심 부분이다.

우리는 확신을 갖고 새로운 온보딩 기능을 몇 가지 고안했지만 나는 이 건에 정말로 체계적으로 접근하고 싶었다. 어쨌거나 소프트웨어 개발은 중요한 작업이 될 테니 말이다. 따라서 우리가 제대로 방향을 잡았는지 또는 우리의 솔루션에 더 많은 작업이 필요한지 알아내기 위해 더 노력하는 게 당연했다.

나는 상황 파악을 위해 30일 동안 날마다 다른 디지털 상품의 온보딩 프로세스를 조사했다. 이것은 시간이 오래 걸리지 않는 간단한 접근 방식처럼 보였고 효과가 좋았다. 자료 조사에는 하루에 30분 이상 걸리지 않았다. 나는 상품 가입의 장단점을 적어 블로그에 모두 올렸다.[1] 그리고 투자한 총시간이 많지 않았는데도 나는 한 달 만에 온보딩 전문가가 되었다.

새로운 통찰로 무장한 나는 우리 회사의 접근법을 개선할 방법을 생각해냈다. 그것은 몇 가지 디자인의 개선으로 직결됐고 확실한 성공을 거뒀다. 혁명적인 디자인의 변화였을까? 전혀. 그러나 검증되고 신뢰할 만한 방법을 살펴보는 것은 우리 상품의 온보딩 기능을 위한 탄탄한 기반을 제공했다.

우리는 9장에서 이미 전문가와의 대화가 어떻게 학습 속도를 높이는지 살펴봤다. 해결책을 연구할 때도 기본적으로 같은 작업을 한다. 다른 사람들은 문제를 어떻게 해결했는지 분석하는 시간을 갖는 것이다. 그리고 기존의 노하우를 활용하지 않을 이유가 뭐가 있겠는가? 식당을 운영한다면 근방에 있는 다른 식당을 방문하면서 많은 것을 배울 수 있지 않은가.

또 다른 예를 들어보자. 당신이 원하는 특정 브랜드의 신발을 구하기가 어렵다고 가정해보자. 당신은 거기서 기회를 보고는 그 신발을 직접 판매하는 인터넷 쇼핑몰을 시작하기로 한다. 먼저 현장을 자세히 살펴보고 다른 판매자들은 무엇을 하고 있는지 확인하는 게 좋다. 어떤 식으로 해야 할까?

- 가장 명백한 시작점인 다른 온라인 신발 쇼핑몰들을 살펴보라. 당신도 나의 온보딩 접근 방식을 적용할 수 있다. 매일 다른 온라인 쇼핑몰을 찾아보고 마음에 드는 점을 적어보라. 그곳에서의 쇼핑 경험 중 마음에 든 점은 무엇인가? 무엇 때문에 그 쇼핑몰이 매력적이고 접근성이 좋은가(또는 나쁜가)? 마음에 드는 특징과 마음에 들지 않은 특징은 무엇인가? 규모가 거의 같고 판매 제품의 범위도 비슷한 쇼핑몰로 시작해서 규모가 훨씬 더 크고 더 전문화된 쇼핑몰로 조사 범위를 확대할 수도 있다. 만약 아주 철저하게 조사하고 싶다면 각 쇼핑몰에서 제품을 주문해볼 수도 있다. 분명히 경쟁업체들이 파악하지 못한 세부 사항을 알 수 있을 것이다.
- 다음 단계는 조금 덜 명백하다. 비슷하게 운영되지만 당신의 사업과 근본적인 면에서 다른 회사들을 연구하라. 해외 온라인 신발 쇼핑몰(다른 장소), 전자기기 온라인 쇼핑몰(다른 부문), 또는 오프라인 신발 가게(다른 유통 경로)를 살펴볼 수 있다.
- 더 폭넓게 조사하고 싶은가? 그렇다면 선택 기준을 확장해서 상

품이 아니라 서비스를 판매하는 회사들을 살펴보라. 또는 택배 회사처럼 한 과정에 특화된 업체를 살펴보라. 또는 신발을 만들지만 판매하지는 않는 회사들을 살펴보라.

다른 사람들의 아이디어를 분석하는 것 외에도 그 아이디어를 내놓은 전문가들과 직접 대화하는 것도 매우 유용할 수 있다. 물론 직접 경쟁사의 내부자들은 자사의 비밀을 누설하고 싶어 하지 않을 것이다. 그러나 다른 시장에서 활동하거나 다른 고객층을 타깃으로 하는 기업이나 스타트업은 접촉해볼 만하다.

### 다른 사람들의 해결책 분석하기 체크리스트

- ☐ 다른 해결책들을 살펴보는 데 최소 한 시간을 투자했는가?
- ☐ 가능한 해결책에 대해 한 명 이상의 전문가와 상의했는가?
- ☐ 더 깊이 분석했는가. 기존 해결책을 조사하고 장단점을 나열했는가?
- ☐ 자신의 분야뿐 아니라 더 넓은 분야의 해결책을 분석했는가?

이전에 다른 사람들이 썼던 해결책을 조사하고 문제를 주의 깊게 분석하면 올바른 방향으로 가는 데 큰 도움이 될 것이다. 지금쯤 마음에 드는 해결책을 찾았을 수도 있다. 하지만 세 번째 전략이 더 유망한 대안을 제시할 수 있으므로 아직 결정하지는 마라.

### 발명은 새로운 것을 만드는 게 아니다

발명은 기존 아이디어를 확장하는 것이다. 중요한 기술 혁명을 예로 들어보자. 증기기관의 발명은 산업혁명을 촉발했다. 바퀴 달린 수레에 증기기관을 달면 그것이 현대적 자동차의 기초이다. 그 차량을 철로에 올려놓은 것이 기차다. 그러나 증기기관도 완전히 새로운 것은 아니었다. 1세기경에 사람들이 이미 '에올리필라 aeolipile'로 불렸던 증기구를 생각해냈기 때문이다. 이것은 두 개의 돌출 관이 달린 물로 채워진 구체로, 열이 가해지면 분출되는 증기의 힘으로 회전했다. 그러므로 기존 아이디어를 연구하는 데 시간을 투자하면 어느 때보다 획기적인 해결책에 대한 영감을 얻을 수도 있다!

## 3. 대안을 생각해낸다

시간이 흐르면서 나는 처음에 떠올린 해결책은 최선책일 때가 드물다는 사실을 알게 되었다. 그리고 평범한 해결책이 평범한 결과를 낳기 쉽다는 건 전혀 놀랍지 않을 것이다. 하지만 대부분의 경우 우리는 머릿속에 첫 번째로 떠오른 행동을 한다. 우리 뇌 때문이다. 사고에는 에너지가 필요하며(카너먼의 시스템 2 사고를 기억하라) 우리 뇌는 최대 효율성을 추구하게 되어 있다.

그런 사실을 염두에 두고 당신의 딜레마를 해결해줄 방안을 더 많이 생각해내기를 촉구한다. 어떻게 하느냐는 당신에게 달렸으므로, 어떤 접근 방식이 최선의 사고를 하도록 도와줄지 알아내는 것이 과제다. 노트북을 들고 다니면서 아이디어가 떠오를 때마다 메모할 수도 있고 정반대로 장시간 한자리에 앉아 골똘히 한 가지를 생각할 수도 있다. 내 동료인 누어는 혼자서도 화이트보드에 포스트잇을 붙여가며 브레인스토밍할 때 가장 좋은 아이디어를 떠올린다. 내게 효과가 있는 방법은 두뇌 활동을 할 시간을 일정표에 잡아놓는 것이다. 그 문제를 해결해야 하는 당일이 아니라 가능한 한 여유를 두고 잡는다면 완벽하다. 한 주 동안 여러 번 생각할 시간을 둘 수 있다면 더 좋다. 일주일을 그 문제에 할당해두면 식기세척기에 그릇을 넣을 때나 이를 닦을 때 등 계획한 시간이 아닐 때도 번뜩 통찰이 떠오를 것이다.

하지만 생각이 벽에 부딪혀 해결책이 더 이상 나오지 않는다면 어떨까? 그 이유는 대안이 떠오르자마자 거부하기 때문일 가능성이 크다. 이 단계에서는 판단을 유보해라. 아무리 바보 같아 보이더라도 모든 안을 적어보라. '거부된 대안들'을 다시 살펴보면 새로운 가능성이 보일 수 있다.

다음은 더 많은 해결책이 떠오르게 해줄 몇 가지 질문이다.

- 시간, 돈, 자원의 제한을 받지 않는다면 나는 어떻게 할까?

- 한 시간 안에 이 문제를 해결해야만 한다면 어떻게 할까?
- '간단'하고 '직관적'인 해결책은 어떻게 보일까?
- 처음부터 다시 시작할 수 있다면 내 해결책은 무엇일까?
- 더 간단한 해결책이 있는가?

**대안 생각해내기 체크리스트**

☐ 다양한 해결책을 생각해낼 때까지 멈추지 않는다.

☐ 종이, 포스트잇, 화이트보드에 선택지를 적거나 그려본다.

☐ 당신의 생각을 확고히 하기 위해 해결책의 장단점을 따져본다.

☐ 시간을 준다. 하룻밤 자면서 생각하거나 긴 산책을 한다.

☐ 책임 파트너나 멘토, 전문가와 당신의 문제와 가능한 해결책을 이야기한다.

선택할 수 있는 해결책이 많으면 좋겠지만, 어떻게 그것들을 하나로 정리할 수 있을까? 여기서 네 번째 전략이 필요하며 이는 뇌의 당황스러운 부분을 드러낸다.

## 4. 편견을 찾아내고 바로잡는다

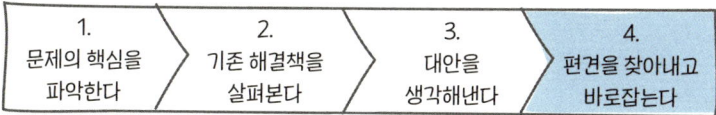

당신의 뇌는 세상을 최대한 이해하기 위해 쉬지 않고 일한다. 이를 위해 뇌는 데이터 분석가들이 꿈만 꾸는 온갖 메커니즘을 사용한다. 우선 뇌는 분류의 달인이다. 내가 당신에게 책상 사진 한 장을 보여준다고 하자. 당신은 모니터나 노트북, 스테이플러를 보지 않고도 그것이 작업 공간임을 즉각 알 수 있다. 이는 어떻게 우리 뇌가 최소한의 데이터를 바탕으로 결론을 도출하는지를 보여주는 한 예일 뿐이다. 많은 경우 그런 즉각적 판단은 상당히 잘 맞는다. 하지만 중대한 두뇌 활동을 요구하는 상황에서는 똑같은 메커니즘이 당신도 모르는 사이에 당신을 오도할 수 있다.

복잡한 문제를 전략적으로 해결하고 싶다면 이러한 메커니즘을 인식할 필요가 있다. 미국의 작가이자 기업가인 버스터 벤슨Buster Benson은 인지 편향cognitive bias을 광범위하게 연구했다.[2] 그는 인지 편향을 네 가지로 분류한다.

### 1. 우리 뇌는 정보를 걸러낸다

우리 뇌는 정보 과부하 상태이기 때문에 (1)당신에게 평범한 것, (2)다른 것들과 유사한 것, (3)당신의 세계관과 맞지 않는 것들을 끊임없이 걸러낸다. 그러므로 문제를 해결하려고 할 때는 각별한 주의를 기울여야 한다. 주의하지 않으면 뇌는 당신이 평범하다고 생각하는 것들이나 당신이 믿지 않는 정보를 인식하지 못할 것이다.

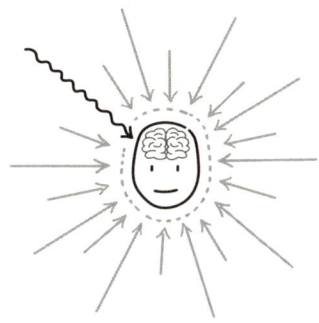

## 2. 우리 뇌는 부족한 정보를 채워 넣는다

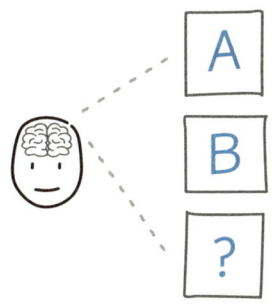

정보가 부족할 때 뇌는 익숙한 패턴과 일반화, 고정관념을 사용하여 그림을 완성한다. 게다가 현재의 경험은 자동으로 과거와 미래에 대한 견해에 색을 칠한다. 그 결과 우리는 과거 행동이 지금의 가치관에 따라 이루어졌다고 생각하기 쉽다.

## 3. 우리 뇌는 느린 것보다 빠른 것을 선호한다

빠른 결정 능력이 생존에 필수이므로 우리 뇌는 이를 위한 편리한 지름길 몇 개를 만들었다. 예를 들어, 뇌는 미래 상황보다 현재 상황을 우선시한다.

## 4. 우리 뇌는 기억을 지어내기도 한다

우리 뇌는 기억을 압축하고 빈틈을 메운다. 뇌는 사실을 왜곡하고 때로는 기억의 세부 사항을 지어낸다.

이 네 가지 인지 편향을 완전히 뿌리 뽑을 수는 없지만 무엇을 예상해야 하는지 알면 편향을 더 잘 감지할 수 있다. 나는 이 장의 시작 부분에서 생각할 시간을 만들라는 충고를 했다. 이제 또 다른 충고를 전하고자 한다. 뇌가 당신을 오도하는 네 가지 방식에 대처할 시간을 가져라. 우리 자신의 가정을 좀 더 면밀히 검토하면 편향이 드러날 수 있다. 우리는 서로 그렇게 하도록 격려할 수 있다. 다음 질문은 잠재적 해결책과 선택지를 비판적으로 조명해줄 수 있다.

### 중요한 인지 편향 체크리스트

내가 이 아이디어를 좋아하는 이유는

☐   최근에 발견했기 때문인가?

☐   친숙하게 느껴지기 때문인가?

☐   특별히 눈에 띄거나 놀랍기 때문인가?

☐   다른 해결책과 달리 새롭기 때문인가?

☐   나의 세계관과 완벽히 일치하기 때문인가?

☐   나의 아이디어이기 때문인가(그리고 다른 사람들의 아이디어는 결코 그만큼 좋을 수 없기 때문인가)?

☐   실제로는 존재하지 않을지도 모르는 패턴을 보았기 때문인가?

☐   옳다고 생각되는 고정관념이나 일반화와 부합하기 때문인가?

☐   좋아하는 사람이 생각해냈기 때문인가?

☐   좋아하지 않는 사람이 다른 해결책을 내놓았기 때문인가?

☐   좋고 단순하기 때문인가?

- ☐ 다른 해결책은 내가 이해하기 너무 어렵기 때문인가?
- ☐ 다른 사람들의 생각을 알 것 같아서인가?
- ☐ 어떻게 될지 알 것 같아서인가?
- ☐ 100퍼센트 확신하는 과거의 그림과 연결되기 때문인가?
- ☐ 확실하다는 것을 알기 때문인가?
- ☐ 이 아이디어에 대해서는 낙관적이고 다른 아이디어에 대해서는 낙관적이지 않기 때문인가?
- ☐ 이미 이 아이디어로 시작했기 때문인가?
- ☐ (아직 증명해줄 데이터는 없지만) 훌륭한 아이디어라고 생각하는 사람과 이야기를 해봤기 때문인가?
- ☐ 다른 해결책은 되돌릴 수 없어서 너무 위험하게 느껴지기 때문인가(그래서 살펴보지도 않을 것이기 때문인가)?
- ☐ 내 지위에 영향을 미칠 수 있는 해결책이기 때문인가?
- ☐ 현재 그것에 대한 정보를 가장 많이 가지고 있기 때문인가?
- ☐ 그것에 대해 매우 긍정적인 경험을 했기 때문인가? (하지만 뇌는 창의적으로 기억하므로 왜곡된 것일 수 있다.)
- ☐ 다른 해결책들이 매우 부정적인 경험을 떠올리게 하기 때문인가?
- ☐ 지금까지의 인생 경험과 완벽하게 일치하기 때문인가?
- ☐ 이전에 정확히 같은 상황에 놓였던 적이 있기 때문인가? (하지만 정말로 똑같은 상황이었을까?)

### 편향을 찾아내고 바로잡기 위한 체크리스트

- [ ] 인지적 편향의 영향을 항상 받고 있음을 명심한다.
- [ ] 가능한 모든 해결책과 데이터를 주의 깊게 살피고 결정할 시간을 갖는다. 이로써 이미 당신의 인지적 편향은 상당 부분 상쇄될 것이다. (우리 뇌는 정보를 걸러낸다.)
- [ ] 사용 가능한 데이터를 비판적으로 검토한다. 완전한 데이터인가? 원문서는 당신에게 무엇을 말해주는가? 합리적 관점을 취함으로써 부정확한 정보에 근거한 결정을 피할 수 있다. (우리 뇌는 빈틈을 채운다.)
- [ ] 단기적인 보상 때문에 특정 해결책으로 기울고 있는가? 장기적인 영향도 고려하고 있는지 확인한다. (우리 뇌는 느린 것보다 빠른 것을 선호한다.)
- [ ] 과거에 어떤 해결책이 효과가 있었던 기억이 있다면 그 기억이 정확한지 한 번 더 확인한다. 창의적 기억의 함정에 빠지지 않도록 자신을 보호한다. (우리 뇌는 기억을 지어내기도 한다.)

크고 복잡한 난제에 대한 좋은 해결책을 찾기란 쉽지 않다. 문제를 숙고하고, 다양한 해결책을 나열하고 비교하며, 인지적 편향을 막으려고 조처한 다음에 마지막 단계로 선택을 해야 한다. 그러나 최종 결정을 내리기 전에 생각을 더 높은 수준으로 끌어올리기 위해 할 수 있는 두 가지 행동이 더 있다.

## 1. 자신의 아이디어를 더 비판적으로 바라보라

다른 사람들 모두가 당신의 아이디어에 얼마나 열광하든 당신은 비판적 태도를 유지하는 것이 중요하다. 이는 내가 앞에서 했던 이야기, 즉 더 많은 해결책을 생각해냄으로써 더 나은 것을 확보하라는 이야기와 상반되는 것처럼 보일 수 있지만 결국 쓸 수 있는 해결책은 하나뿐이다. 그러므로 회사의 미래나 학위 선택, 취직 결정처럼 위험 부담이 클 때는 특히 자신의 아이디어에 비판적일 수 있어야 한다. 이제 장밋빛 안경을 돋보기로 바꿔 쓰고 자신과 다른 사람들의 가정을 재검토할 때다. 모든 것을 의심하라.

자신의 아이디어를 비판적으로 살펴보기 위한 몇 가지 지침은 다음과 같다.

- 해결하려는 모든 문제에는 언제나 다른 시각이 존재한다는 사실을 기억하라. 예방 접종을 생각해보라. 미량의 병원체를 주사하는 것이 질병 예방을 위한 가장 명백한 해결책처럼 들리지는 않는다. 그러나 몇몇 백신은 그런 효과를 가져와서 세상을 훨씬 더 건강하게 만들었다.
- '100퍼센트 합리적인 나라면 어떻게 할까?'라고 자신에게 물어보라. 이 질문은 감정적 자아와 이성적 자아 간의 차이를 감지하도록 도와줄 수 있다.
- 직감을 존중하라. 아이디어를 거부해야 한다는 직감이 들면 조금

더 깊이 파고드는 것이 나을 수 있다. 살펴볼 데이터가 더 있는가?
- '나의 영웅이라면 어떻게 할까?'라고 자문해보라.
- 사실을 검증하라. 예를 들어 '계획안 A는 계획안 B보다 적어도 40퍼센트 수입을 증가시킬 것이므로 계획안 A를 실행해야 한다'라고 생각했다고 하자. 이 비율이 사실인지 확인하라.
- 가정을 명확히 하라. 우리는 모두 뭔가를 가정하고 있고, 그것을 공개하는 게 좋다. 비판적으로 생각하기 위해서는 가정을 인식하고 검증하는 과정이 필수적이다.
- 말하지 않은 것들도 살펴보라. 그럴 만한 이유가 있을 때도 있고 없을 때도 있지만 어느 경우든 비어 있는 내용에서 많은 것을 알 수 있다. 입사 지원자들을 심사한다고 가정해보자. 이때 유용한 질문은 '이 사람의 자기소개서나 이력서에 언급되지 않은 점은 무엇인가?'일 수 있다. '여기에 없는 정보는 무엇인가?'라고 물어보면 새로운 각도로 상황을 볼 수 있다.

## 2. 결정을 문서화하라

해결책이 소용 있는지 알 수 있는 유일한 방법은 실행하고 결과를 관찰하는 것이다. 먹어봐야 맛을 안다. 따라서 해결책을 문서화하고 얼마간 시간이 지나거나 프로젝트를 완료한 후 어느 정도 거리를 두고 다시 살펴봐야 한다. 이 문서가 복잡할 필요는 없다. 나는 모든 중요한 의사 결정을 상기시켜줄 디지털 의사 결정 노트를 가지고 있다. 나는 무엇을, 언제 결정했는지 최대한 간단한 형태로 써둔다. 보통 한 문장으로 적는다. '[ ]일, 지원자 A를 채용하기로 결정' 또는 '[ ]일, X 프로젝트를 중지하기로 결정' 같은 식이다. 원한다면 그런 결정의 근거와 당신이 거부한 대안들을 추가할 수도 있다.

이 장에서는 쟁점이나 딜레마가 무엇이든 전략적 사고가 어떻게 훨씬 더 나은 결정을 이끌어내는지 살펴봤다. 생각해보면, 우리가 이런 기법들을 좀 더 일찍 배워서 기회가 있을 때마다 사용하지 않는 것이 이상하다.

# 11.
# 크게 생각하라,
# 그리고 작게 시작하라

## 원대한 계획을
## 세우고 실행하기

크게 생각하면 당신이 생각하는 것보다 더 멀리 갈 수 있다. 10장에서 나는 블렌들에 근무할 때 30일 동안 매일같이 새로운 온보딩 경험을 조사했던 프로젝트에 대해 언급했다. 이야기는 거기서 끝나지 않았다.

한 달이 끝나갈 무렵 나는 정말로 유용한 정보를 수집했다는 것을 깨달았다. 어느 날 자전거를 타고 집으로 돌아오는 길에 갑자기 영감이 떠올랐다. 내가 배운 내용으로 소논문을 작성해서 내가 좋아하는 웹사이트 중 하나에 보내면 어떨까 싶었다. 나는 웹 개발계에서 인정받는 온라인 잡지 〈어 리스트 어파트 A List Apart〉의 편집부에 이메일을 보냈다. 모험하지 않고는 얻는 게 없을 테니까. 내 글의 게재를 문의한 것만으로 높은 장애물을 넘은 기분이었다. 놀랍게도 그들은 내 아이디어를 마음에 들어했다. 그래서 내 원고를 그대로 실어주었을까? 아니, 그건 절대 아니었다. 온라인에 게재되었을 때는 원래 원고의 아주 일부만 남았다. 〈어 리스트 어파트〉의 훌륭한 편집자의 세심한 시선 아래 몇 주 동안 원고를 다시 쓰고 다듬은 후에야 게재할 만한 상태가 되었다.[1]

게재 후 전 세계 개발자 수십 명이 열렬한 반응을 보내왔다. 그리고 그게 다가 아니었다. 30일간의 간단한 블로그 프로젝트로 시작했던 일이 온갖 예상치 못한 일들로 이어졌다. 몇 개월 후 나는 노르웨이인으로 가득한 오슬로의 한 강연장에서 온보딩에 대해 강연하게 되었다.[2]

이 책도 온보딩 프로젝트에서 발전한 것이다. 30일간의 블로그 포스팅 후 나는 글쓰기에 관한 욕구를 새로 발견하고서 일일 뉴스레터를 시작해보기로 했다. 다음 한 해 동안 나는 매일 더 나은 온라인 제품의 개발과 더 현명한 작업 방식에 관한 아이디어를 공유했고 구독자가 점점 늘었다. 곧 사람들은 내게 그 자료들을 더 활용해보라고 격려했다. 책도 출판해보라고 했다. 그래서 한 장씩 원고를 써나갔다. 원래 게시물에서 가져온 내용이 많지 않았는데도 원고는 꾸준히 늘었다. 그 결과물이 지금 당신 앞에 있는 이 책이다.

개인적인 성공은 소소한 행동이 오랜 시간 쌓인 결과다. 몹시 어려운 행위들을 말하는 게 아니다. 일정표의 약속들, 이메일, 할 일 목록, 책임 파트너와의 정기적인 세션, 금요일 재점검 같은 것들을 말하는 것이다. 실행 가능한 목표를 세우고 한 번에 한 걸음씩 노력할 수 있다면 이내 당신이 성취할 수 있는 것에 놀랄 것이다.

그럼 수준을 한 단계 높여보자. 이제 크게 생각할 때다. 크게 생각하면 밟아야 할 다음 단계를 찾아낼 수 있다. 그 단계를 밟으면 가능성에 대한 새로운 시각이 생기고, 이는 더욱더 크게 생각하게 함으로써 그다음 단계로 나아가게 해준다.

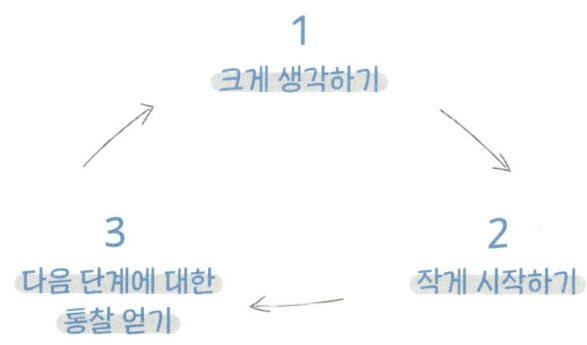

## 작은 한 걸음

보얀 슬라트Boyan Slat는 네덜란드의 청년 발명가다. 그의 스타트업 오션 클린업The Ocean Cleanup은 전 세계 바다를 오염시키는 방대한 양의 플라스틱을 제거하고자 한다. 슬라트는 고등학교에서 해당 주제로 논문을 쓴 이후 이 문제에 사로잡혔다. 그는 다양한 일에 집중할 수 있었지만, 매일매일 이 엄청난 도전 과제에 헌신하기로 했다.

나는 그가 이 일을 하는 방식이 특히 마음에 들었다. 슬라트와 그의 팀은 온갖 종류의 해결책을 계속 시도한다. 만약 한 가지 아이디어가 효과가 없으면 그는 기꺼이 접근 방식을 완전히 바꾼다. 그의 아이디어를 쉽게 무시하거나 실패한 부분을 비판하기는 쉽지만, 그는 명확한 목표를 적극적으로 추구하고 구체적 결과를 얻고 있다. 그리고 그것은 이 중요한 문제에 대한 인식을 높이고 더 큰 통찰을 얻는 것을 의미한다.

또는 열한 살에 (필명으로) BBC 블로그에 탈레반 정권의 폭력성에 관한 글을 올려 세계적인 명성을 얻은 말랄라 유사프자이 Malala Yousafzai를 예로 들어보자. 살해 시도에도 아랑곳하지 않고 그녀는 인권과 소녀들의 학교 교육을 계속 옹호하고 있다.

그리고 음식물 쓰레기를 줄이겠다는 사명감으로 스타트업 투 굿 투 고 Too Good To Go를 창업한 메테 리케 Mette Lykke도 있다. 그녀는 슈퍼마켓, 빵집, 음식점에서 남은 음식물을 그냥 버리는 대신 소비자에게 제공하도록 연결해주는 앱을 만들었다.

암스테르담 시의원인 요나스 반 라머런 Johnas van Lammeren이 폐지를 줄이기 위해 벌인 캠페인도 그에 못지않게 고무적이다. 네덜란드에는 각 가정에서 종이 전단을 우편으로 받지 않겠다고 선택할 수 있도록 하는 법안이 이미 있었다. '사양합니다'라고 쓰인 스티커를 우편함에 붙이기만 하면 된다. 그러나 반 라머런은 암스테르담에서 이 법안을 뒤집는 데 성공했다. 이제 사람들은 수신 동의를 해야 한다. 광고 전단이 집으로 배달되기를 원하는 사람이 그 의사를 표시해야 한다. 그의 노력으로 매년 종이 1만 1천 톤 이상이 절약되고 있다.

이것들은 모두 한 개인이 더 나은 세상을 만들기 위해 노력한 사례다. 사람들은 그들을 두고 미쳤다고 할지도 모른다. 하지만 그런다고 그들의 야망이 무너지는 일은 없다.

나는 당신도 한번 도전해보기를 권한다. 무엇을 원하든 당신의 포부를 높이 설정하라. 세계 일주 여행을 계획하라. 항상 원했던 사업을 시작하라. 엄청난 세계적 문제의 해결에 투신하라. 또는 지역사회를 도울 조직을 만들어라. 새로운 직장과 새로운 분야로 옮겨보라. 새로운 도시나 국가로 이사하라. 그렇다, 큰 목표는 많은 시간과 에너지를 요구할 것이다. 쉽지도 않을 것이다. 쉬웠다면 누구나 그렇게 했을 것이다. 하지만 당신은 여기서 차이를 보일 수 있다. 그러니 크게 생각하고 시작하라.

### 긴 안목은 마음의 평화를 가져다준다

큰 계획을 세우는 데는 시간이 걸린다. 그리고 그것이 바로 우리가 큰 계획의 수립을 피하곤 하는 이유다. 우리는 신속한 결과를 좋아한다. 하지만 우리에게는 생각보다 시간이 많으므로 그것은 유감스러운 일이다. 내가 장담하건대 당신에게는 10년, 20년, 심지어 50년 동안 목표를 추구할 시간이 있다. 그 시간에 무엇을 이룰 수 있을지 상상해보라. 빌 게이츠는 "대다수가 1년 동안 할 수 있는 일은 과대평가하면서 10년 동안 할 수 있는 일은 과소평가한다"라고 말했다.

장기적으로 전망하면 숨 쉴 여유도 더 생긴다. 살면서 성과에 대한 엄청난 압박감에 시달릴 때는 더욱더 그렇다. 당신은 올해, 이번 달, 아니 오늘 당장 일을 해내고 싶어 한다. 시야의 확대는 이런 압박감에 대한 균형추를 제공한다. 모든 일을 지금 당장 끝낼 필요는 없다. 더 훗날의 결과를 위해 한 번에 한 걸음씩 노력할 수도 있다. 다음 중 어느 쪽이 더 만족스러울지도 질문해볼 만하다. 서른 살이 되기 전에 최상의 성과를 내는 것? 아니면 75세가 되어서 최상의 성과를 내는 것?

스튜어트 브랜드Stewart Brand는 《느림의 지혜》에서 아주 멀리 보라며 몇 가지 조언을 한다. 브랜드와 그의 단체는 1년에 한 번 째깍거리는 시계를 만들었다. 그 시계는 1만 년 동안 괘종이 울리지 않을 것이다.[3] 얼마나 장기적 전망인가! 브랜드는 "(모두가 그러듯이) 2년을 놓고 생각하면 불가능한 문제가 있지만, 그것도 50년을 두고 생각하면 쉽다"라고 강조한다.

진심으로 변화를 가져오고 의미 있는 일에 이바지하고 싶다면 오늘, 이번 주, 올해, 어쩌면 우리 자신의 일생에 대한 집착에서 벗어나 원대한 계획을 세우기 시작하라. 그렇다면 문제는 '당신이 무언가를 할 수 있느냐'가 아니라 당신이 무엇을 할 것인가이다.

## 다시 일정표로

당신의 포부가 무엇이든 일정표와 그 주의 우선순위에서부터 시작하는 것이 염원하는 일을 이루도록 도와줄 것이다. 나는 기본적인 일을 처리해야 대단한 일을 할 수 있다고 확신한다. 그제야 중대한 일을 생각할 시간이 생긴다. 그리고 가장 크고 야심 찬 과업도 쪼개면 결국 일련의 작은 일들일 뿐이다. 여느 일과 다름없다.

이제 당신은 익숙한 도구를 사용하여 근무 시간과 삶을 새로운 방식으로 만들어가는 데 필요한 모든 것을 갖추었다. 따라서 일을 완수할 수 있고 가장 중요한 일을 할 시간을 낼 수 있다. 그리고 일단 작은 일들을 정리하고 나면 크게 생각하기 시작할 수 있다. 그 어느 때보다 크게.

시작하기에 이보다 좋을 때는 없다.

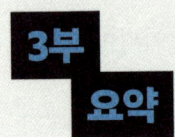

- **경청의 올바른 태도**
  - ☐ 문제나 딜레마를 명확히 파악하고 전문가와 상의하라.
  - ☐ 질문을 미리 작성하라.
  - ☐ 답변에 쉽게 만족하지 말고 좋은 후속 질문을 하라.
  - ☐ 대화하는 동안 메모하고 나중에 그것을 살펴보라.
  - ☐ 조언을 적용하라. 똑똑한 사람들의 조언을 진지하게 수용하라.
  - ☐ 당신에게 조언해준 사람에게 당신의 경험을 보고하라.

- **문제 해결 체크리스트**
  - ☐ 문제를 확실히 파악하고 있는가?
  - ☐ 기존 해결책들을 살펴보았는가?
  - ☐ 대안을 생각해냈는가?
  - ☐ 자신의 편견을 찾아내고 바로잡기 위해 노력했는가?

# 부록 1
# 메모 잘하는 법

## 메모 앱에 생각을 적어두고 다시 찾아보라

메모는 현명한 행동이다. 우선 들은 내용을 더 많이 흡수할 수 있다. 메모 없이 회의에서 다룬 모든 안건과 결정 사항을 기억하기란 불가능하다. 어딘가에 적어두지 않는다면 좋은 아이디어가 너무 쉽게 증발해버린다.

메모에 관한 한 나는 할 일 목록 앱의 작은 작업창보다 큰 화면을 좋아한다. 2장에서 나는 머릿속으로만 기억하지 말라고 충고했다. 그리고 그것은 논의 결과나 당신 자신의 아이디어에도 적용된다. 그것들은 디지털 메모 앱으로 가야 한다. 어떤 앱을 선택할지는 당신에게 달려 있다. 내가 여기서 하는 조언 대부분은 당신이 선택한 앱에서도 활용할 수 있을 것이다.

메모 앱 사용은 의도적인 선택이다. 종이에 메모하면 적어두기는 쉽지만 필요할 때 찾기는 절대 쉽지 않기 때문이다.

내가 메모 앱을 사용하는 이유는 다음과 같다.

- 종이 공책과 달리 검색하기가 쉽다.
- 나는 휴대전화, 태블릿, 노트북에 메모 앱을 설치하여 언제 어디서나 메모를 볼 수 있게 해두었다.
- 메모 앱은 꽉 차거나 분실할 일이 절대 없으며, 무한한 공간에 종이 메모가 따라올 수 없는 온갖 스마트한 도구까지 제공한다. 좋은 앱에서는 사진 캡처, 링크 달기, 표 만들기, 손으로 메모하기까지 쉽게 할 수 있다.
- 메모 앱은 내내 기억하느라 일에 방해가 되지 않도록 생각을 일시적으로 맡겨두는 공간이다.
- 에버노트와 같은 일부 메모 앱은 다른 앱과 연결할 수 있기 때문에, 당신의 모든 생각과 아이디어를 담아두는 곳이 될 수 있다. 예를 들어 인스타페이퍼Instapaper(나중을 위해 글을 저장할 수 있는 앱)와 연결해두면 강조 표시한 모든 본문이 자동으로 에버노트에 스크랩된다.
- 대부분은 같은 앱을 사용하지 않는 사람들과도 메모를 공유할 수 있다. 노션Notion 같은 일부 앱에서는 공동으로 페이지 작업을 쉽

게 할 수 있다.

> **어떤 앱이 당신에게 적합할까?**
>
> 메모 앱은 수백 개나 되며 제각각 장단점이 있다. 아름답게 디자인된 노션과 마이크로소프트의 원노트 OneNote도 확인해볼 만한 메모 앱이다. 애플에도 극찬받는 자체 메모 앱이 있다. 앱 환경은 계속 변화하고 있으므로 업데이트된 주요 제안사항 개요를 보려면 gripbook.com/apps을 확인하라.

메모 앱을 사용할 수 있는 기본 방법은 두 가지다.

1. 메모 드롭박스
2. 메모 정리 디렉터리

우리는 두 번째 시스템을 원하는 경향이 있지만, 거기에는 절제가 더 필요하다. 드롭박스 설정은 바로 큰 효과를 볼 수 있으므로 첫 번째 용도부터 살펴보도록 하자. 그리고 드롭박스는 더 기본적이라서 사용하기가 더 쉽다.

## 1. 드롭박스

메모를 안전한 장소에 보관하면 더 나은 작업을 하는 데 도움이 된다. 메모를 잃어버릴 일이 없고, 또한 가끔씩 메모를 살펴보기 시작하면 회의, 브레인스토밍 세션, 약속 등 어디에서든 메모를 작성하는 것이 즐거워질 것이다.

메모 앱을 단순한 메모 드롭박스로 사용하는 것은 나의 이메일 관리 방식(3장)과 약간 비슷하다. 일부 앱에 메모 인박스가 기본으로 설정되어 있다. 당신이 사용하는 메모 앱에는 없다면 하나 만들도록 하라. 여기에 새 메모를 작성한다. 나중에 상기하기 좋게 새 메모에 의미 있는 제목을 달아라. 종이에 메모하는 것을 선호한다면 디지털 필기를 허용하는 앱을 고려해보라. 예를 들어 에버노트에서는 애플 펜슬로 직접 메모할 수 있다.

메모했던 일을 마무리 지으면 메모에서 '보관함'으로 드래그하여 그 메모를 보관할 수 있다. 삭제한다면 더 좋다. 다시는 보지 않을 메모를 놓아둘 이유가 무엇인가?

작성한 메모를 반드시 다시 보고 싶은가? 문제없다. 주간 일정으로 넣어라. 메모 항목 검토하기를 주간 루틴의 일부로 정해두어라(4장). 이미 나는 회의 결과 마무리 짓기 같은 작업을 하기 위해 메모를 확인하고 있지만, 금요일 재점검 중에 메모를 다시 보도록 설정해놓으면 마음에 편안해져서 좋다. 매주 금요일에 각 메모를 훑어보면서 후속 조치가 필요한지 또는 삭제해도 되는지 결정할 것이기 때문이다.

나는 아직은 실제 작업이 아닌 단편적 아이디어들을 저장하는 데도 메모 앱을 자주 사용한다. 할 일 목록에 추가할 수도 있지만, 뇌 활동을 자유롭게 기록할 수 있는 여분의 공간을 주는 메모 앱을 쓰는 게 좋다.

이해를 돕기 위해 내가 스타트업을 시작할 때 작성했던 메모 몇 개를 보여주려 한다.

- **데이터 보호 책임자와의 회의 준비**   블렌들이 새로운 개인 정보 보호법을 준수하도록 도와줄 사람과 논의할 사항들이다.
- **블렌들 오디오 아이디어**   블렌들의 텍스트-음성 변환 기능과 관련된 다음 단계 아이디어 몇 가지를 여기에 메모해두었다.
- **3분기 개인적 목표**   나는 다음 분기 목표를 구상하고 있었고 아이디어가 떠오르는 대로 이렇게 메모해두었다.
- **팀과 관련된 생각**   우리 팀의 성과와 그것을 더 높일 방법에 관한 몇 가지 생각이 포함되어 있다.
- **아웃소싱**   내게 가장 중요한 일을 할 시간을 확보하기 위해 아웃소싱하거나 위임하고 싶은 업무 등의 목록이다.

보다시피 내 메모에는 '언젠가 처리해야 할 일'이 섞여 있다. 나는 금요일 재점검을 할 때 메모를 살펴보고 다음 단계를 구체적으로 결정한다.

- **3분기 개인적 목표 다음 단계** 개인적 목표를 확정하기 위해 일정표에 한 시간 확보하기.
- **오디오 아이디어 다음 단계** 할 일 목록에 '오디오 아이디어를 훑어보고 공유하기'를 추가.
- **팀과 관련된 생각 다음 단계** 팀원들과 회의 일정을 잡고 한 주를 더 현명하게 구성할 방법에 관한 아이디어를 정리.

나는 금요일 재점검을 하는 동안 모든 메모를 보관 처리하지는 않는다. 아직 다음 단계를 걱정하지 않고 좀 더 생각해보고 싶은 아이디어들은 항상 있기 때문이다. 그것들은 건너뛴다. 그 외의 메모들은 하나씩 살펴보면서 어떤 긴급한 사안도 간과하지 않았음을 확인하고 다음 주에 다시 검토한다.

가장 간결한 형태의 메모 앱은 메모와 보관함 폴더로만 구성된다. 이런 구성은 장기적인 아이디어를 위한 메모장 역할을 하며, 필요한 것 뭐든 쉽게 검색하게 해준다. 하지만 메모 작성의 가능성을 최대한 활용하고 싶다면 한 단계 더 나아갈 수 있다.

## 2. 정리 디렉터리

메모를 하면 지금 더 나은 선택을 할 수 있을 뿐만 아니라 장기적으로도 도움이 된다. 이제 그다음 단계로, 메모들을 나중에 사용할 범주들로 나눈다. 읽을 책, 대출할 새 시리즈 그리고 카페, 식당, 박물관 등 방문할 장소 같은 범주를 고려해보라. 정리를 잘한다면 시간이 지나면서 필요할 때 살펴볼 수 있는 소중한 범주를 만들 수 있을 것이다. 메모 앱의 검색 기능을 활용할 수 있지만, 검색이 항상 최선의 답은 아니다. 대신 메모를 분류해보라. 가령 '보고 싶은 영화'라는 범주를 설정해놓는다면 관람할 영화 목록을 즉시 불러올 수 있다. 즉 좀 더 구조화된 방식으로 아이디어를 저장하고 필요할 때 찾을 수 있게 하려면 메모 앱에 범주를 설정해두는 게 좋다.

대부분의 앱은 특정 구성 방식을 강요하지 않는다. 그러한 자유는 무한한 가능성을 의미하기도 하지만, 메모들이 뒤죽박죽으로 쌓일 위험이 있다는 뜻이기도 하다. 만약 그렇게 되면 항복하고 메모 앱을 아예 안 쓰고 싶어질 수 있다. 시스템이 복잡할수록 유지하기가 어렵다는 것을 기억하라. 통제하기 힘들어진다고 느낀다면 드롭박스만 사용하는 게 낫다. 모든 메모를 한곳에 보관하는 방식이 성공 확률이 단연 높다.

그렇긴 하지만 좀 더 체계적인 디렉터리를 사용할 준비가 됐다면 메모, 보관함과 더불어 제안하고 싶은 기본 노트북(에버노트의 경우 노트, 노트북, 스텍으로 구성되는데 이는 파일, 폴더, 상위 폴더라고 생각할 수 있다 - 옮긴이)이 몇 가지 있다.

- **업무와 개인적 일**  범주 수가 적을수록 더 수월하다. 그러므로 구획을 세세하게 짓기 전에 업무와 개인적 일 같은 큰 범위의 범주

를 사용하도록 하라. 필요하면 나중에 범주를 더 늘릴 수 있다.
- **아이디어**   아이디어 메모장이다. 할 일 목록 앱에 '언젠가' 또는 프로젝트 항목이 있다면 이 범주와 일부 겹치는 부분이 있을 것이다. 하지만 아이디어를 더 구체화하고 싶을 때 나는 메모 앱에서 누릴 수 있는 자유를 즐겨 활용한다.
- **회의(또는 정기 회의)**   회의록과 토론 메모를 보관해놓는 것이 유용할 수 있다. 나도 한동안 그것들을 보관했지만 다시 살펴보지 않는다는 사실을 깨닫고 이 범주를 없앴다. 이제는 메모를 보고서 새 행동 항목을 만든 다음 메모 자체는 삭제한다. 하지만 당신에게는 이 범주가 편리할 수 있다.

이러한 기본 범주 외에도 에버노트에서 내게 매우 유용했던 노트북이 있어서 공유하고자 한다.

- **피드백**   직장이나 다른 곳에서 받는 피드백 메모를 모아두는 곳이다. 나의 진행 상황을 추적하는 데 도움이 되는 소중한 범주다.
- **결정**   나중에 되돌아보고 옳은 결정을 내렸는지 확인하기 위해 크고 중요한 결정을 기록해두는 곳이다.
- **체크리스트**   모든 종류의 체크리스트를 메모해두는 곳으로 대부분 여행을 위한 메모이다. 지금은 언제 어디를 가든 챙겨야 할 아기용품 목록으로 가득하다.

- **실패** 내 실수와 실패를 기록해두는 곳이다. 끔찍한 범주 같고, 어떤 면에서는 물론 그렇다. 동시에 실수로부터 배우고 시야를 넓히는 데 좋은 방법이다. 당시에는 엄청난 실수로 느껴졌지만 6개월 뒤에는 대개 별것 아닌 것으로 여겨지곤 한다.

다음은 메모 앱 사용을 위한 마지막 두 가지 일반적 팁이다.

1. **단순한 형태를 유지하라.** 막 사용하기 시작했을 때는 특히 그렇다. 노트북은 적을수록 좋다. 메모 작성 요령을 익힌 다음에는 노트북 추가를 고려할 수 있다.
2. **시스템을 때때로 재정비한다.** 앞서 언급했듯이 매주 메모를 정리하는 것이 좋다. 아니면 두어 달에 한 번씩 내가 메모를 어떻게 정리했는지 비판적으로 살펴보는 것도 도움이 된다. 그렇게 하면 무엇이 효과적이고 무엇이 효과적이지 않은 정리 방법인지 알 수 있다. 이는 더 나은 전체적인 관점을 제공하고 경험을 신선하게 유지해준다. 나는 그런 변화를 준 후에는 항상 '새로운' 앱을 사용하는 듯한 활력을 얻는다.

**부록 2**
# 휴가 계획 세우는 법

## 개운한 마음으로 휴가 다녀오기

꼭 필요했던 휴가를 다녀온 후 출근한 당신은 재충전되어서 다시 일할 준비가 되었다. 그런데 그날 일정표를 펼쳤더니 첫 번째 화상 회의에 이미 30분이나 늦었다. 받은메일함에는 숫자 352가 떠 있다. 책상에는 우편물이 쌓여 있고, 약속이 연달아 잡혀 있으며 통화를 기다리는 고객까지 있다. 책상 앞에서 샌드위치로 간단히 점심을 때우면서 휴가를 아예 가지 말걸 그랬다는 생각이 들기 시작한다.

    이런 좌절감은 너무 흔하다. 휴가에서 돌아온 첫 주는 1년 중 가장 스트레스를 많이 받는 한 주가 될 수 있다.

    희소식은 더 현명한 방법이 있고, 그것이 어렵지도 않다는 것이다. 적절한 때에 체크리스트를 작성할 시간을 일정으로 잡기만 하면 된다. 다음은 그 체크리스트다.

### 1. 휴가가 정해진 즉시

휴가 날짜가 확정되는 즉시 이 체크리스트를 시작할 수 있다.

- ☐ 일정표에 휴가 표시를 한다. 나는 일반적으로 같은 일을 두 번 하기를 좋아하지 않지만, 착오가 없도록 여러 일정표에 아주 기쁜 마음으로 휴가를 써 넣는다.
- ☐ 당신이 직원이라면 고용주의 휴가 사용 절차를 따른다. 상사의 허락이 필요한가? 당신이 없는 동안 당신의 업무를 대신할 사람을 정하기 위해서인가? 아니면 회사 인트라넷에 당신의 부재 사실을 올리기 위해서인가? 많은 조직에서 모든 사람이 휴가 날짜를 표시할 수 있도록 일정표를 공유한다.
- ☐ 함께 일하는 사람들에게 알린다. 당신이 휴가를 떠날 정확한 날짜를 더 일찍 알수록 모든 사람이 그와 관련된 계획을 세우기가 더 쉬워진다. 나는 휴가 날짜를 이메일로 알려서 날짜를 혼동할 위험을 줄인다.
- ☐ 그리고 내 '마법의 팁'은 휴가에서 돌아와 출근하는 처음 이틀은 일정을 비우라는 것이다. 지금 그렇게 해두면 휴가에서 돌아온 후 재정비할 시간이 충분할 것이다. (아마 모든 약속을 취소할 수는 없겠지만 많은 시간을 비워두려고 노력하라.) 이 이틀은 현재 업무 상황을 파악할 시간이다.

지금은 과하게 들릴지 몰라도 나중에 그렇게 해둔 보람이 있을 거라고 보증한다.

## 2. 휴가를 떠나기 전 일주일 동안

휴가 전 일주일 동안은 정신없이 바쁠 수 있다. 그렇지만 대개는 놀라운 업무량을 소화해낸다. 휴가를 떠나기 전 일주일 계획을 현명하게 세우면 휴가 전에 솟구치는 에너지를 활용할 수 있다. 이 계획은 금요일 재점검(4장)과 아래의 체크리스트로 구성된다.

- ☐ 동료들에게 당신의 휴가를 상기시킨다. 이메일로 알려도 되고 월요일에 삼삼오오 모일 때나 스탠딩 회의에서 알려도 된다. 모두가 일정표를 확인해서 당신의 휴가 일정을 알고 있다고 가정하지 마라.
- ☐ 주요 고객에게 당신이 자리를 비울 거라고 알린다. 이미 당신이 도로 위나 해변에 있을 때 당신이 부재중이라는 사실을 알게 되는 것만큼 그들에게 좌절감을 주는 일도 없다. 당신이 아무리 대비를 잘해놓고 자리를 비워도 곤경에 처한 고객은 어쨌든 전화를 할 수 있기 때문이다. 물론 모든 돌발 상황에 대비해서 계획을 세워놓을 수는 없지만, 고객에게 당신의 휴가를 미리 알리는 것은 확실히 도움이 된다. 그러면 당신이 휴가를 떠나기 전에 필요한 것이 있는지 그들이 결정할 수 있다.
- ☐ 예상치 못한 업무를 처리할 시간을 얼마간 따로 확보해둔다. 휴가를 떠나기 전 마지막 근무일 또는 최소한 그날 오후 일정을 비워라. 이러

한 완충 장치는 막판에 동료와 고객들이 하는 질문에 답해주고 미진한 업무를 처리할 시간을 마련해준다. 따라서 탑승구에서 이메일을 작성하는 일은 벌어지지 않을 것이다.

☐ 휴가를 떠나기 전 일주일 동안 반드시 해야 할 일들을 목록으로 만든다. 개운한 마음으로 걱정 없이 휴가를 떠나기 위해 끝내야 할 일은 무엇인가? 할 일 목록과 이메일부터 훑어볼 수 있겠지만 진행 중인 프로젝트와 목표도 살펴볼 수 있다. 바로 처리해야 할 일이 있는가? 비판적인 자세로 필수적인 일로 국한하려고 노력하라. 2단계는 이번 주 일정표에 이런 필수 업무를 처리할 시간을 설정하는 것이다. 그리고 당신이 휴가를 가기 전에 정리해야 할 일에 관해 부서장과 이야기한다.

☐ 일주일 이상 자리를 비울 예정이라면 휴가 후에 처리할 모든 업무를 할 일 목록에 넣어둔다. 보통은 다음 주 계획을 일정표에 써놓으라고 조언하지만 휴가가 일주일 이상이라면 그건 의미가 없다. 당신이 돌아올 때쯤에는 너무 많은 것이 바뀌어 있어서 계획을 수정해야 할 테니 말이다. 휴가 후 할 일 목록이 이 문제를 해결해준다. 처리해야 할 일들을 기록해둔 이 목록은 중요한 일을 빠뜨리지 않게 해준다. 또한 할 일 목록은 시간을 할애하기 전에 새로운 시각으로 각 업무를 재평가할 수 있게 하는 유연성도 제공한다.

☐ 부재중인 동안 누군가가 당신을 대신해줘야 할 영역을 정확히 파악한다. 장기간 자리를 비울 때는 특히 그래야 한다. 다른 사람에게 배정해야만 하는 프로젝트나 사회자가 필요한 회의, 진행 상황 보고를 원할

수 있는 고객이 그런 일일 수 있다. 누가 당신을 대신해줄 수 있는지 알아낸 다음 그들에게 당신의 업무를 설명할 시간을 일정으로 잡는다.

당신의 일정표가 내 일정표와 비슷하다면 아마 기존 업무에 더해 이 막바지 업무까지 전부 처리할 시간이 없을 것이다. 하지만 이 체크리스트를 연습하는 목적은 바로 무엇을 할 수 있는지 파악하는 데 있다. 다음 단계는 이 일주일 동안 할 수 없는 일을 포기하는 것이다. 어떤 회의를 휴가 전 마지막 주에는 건너뛰거나 휴가에서 돌아온 뒤로 다시 일정을 잡을 수 있는가? 어떤 업무를 위임하거나 미룰 수 있는가? 업무를 다 잊고 개운한 마음으로 휴가를 갈 수 있도록 자신과 다른 사람들에게 솔직해지는 것이 관건이다.

### 3. 휴가 가기 전날

오늘은 미진한 업무를 마무리 지을 기회다. 이날 일정을 비워두었다고 가정하면 지금 바로 그 일을 시작할 수 있다.

- ☐ 지난주에 적어둔 반드시 처리해두고 가야 할 일들을 살펴본다. 모두 끝냈는가? 이상적인 세계에서라면 계획대로 모두 끝냈겠지만, 현실에서 그렇게 되는 경우는 드물다. 상황이 발생하고 일정이 바뀐다. 우선 당황하지 마라. 이제 오늘 할 수 있는 일을 가늠하라. 현실적으로 판단하려고 노력하라. 다음으로 소통하라. 당신의 진행 상황과 끝내

지 못한 일을 명확히 밝혀라. 일을 다 끝내지 못하고 두고 가려면 좌절감이 들겠지만, 그것을 알리지 않고 가는 것은 모두에게 더 나쁘다.

☐ 할 일 목록과 이메일을 확인한다. 지난 한 주 동안 새로운 작업이 추가되고 새 이메일도 받았을 게 분명하므로 한 번 더 재빨리 확인해본다. 절대로 미룰 수 없는 일이 있는가? 시간이 충분하지 않다면 내 조언은 (짐작대로) 소통하라는 것이다! 휴가에서 돌아오자마자 답을 신속히 주겠다고 약속하되 자신에게 완충 시간을 준다. 예를 들면 "8월 26일부터 다시 출근하는데 그 주 후반에 연락드리겠습니다"라고 한다.

☐ 미진한 업무가 있는지 부서장 및 팀원들과 확인한다. 다시 말하는데 결국 더 많은 일을 해야 할 수도 있지만, 이것이 오늘 아무 계획도 잡지 않은 이유다. 지금 끝낼 수 있는 일이 무엇인지 결정하고, 가능한 것들은 위임하고, 그 결과를 소통한다.

☐ 넘겨주고 가야 할 일을 실제로 모두 넘겨주었는가?

☐ 일정표를 재확인한다. 휴가 기간에 잡아놓은 약속이 없고 자리를 비운다고 분명히 해두었는가?

☐ 이메일에 부재중 자동 응답 설정을 해둔다. 다시 출근하는 날짜와 필요한 상황에서 연락할 수 있는 동료에 대한 정보를 포함한다면 가장 효과적이다. 부재중 응답의 문구는 매우 구체적이어야 한다. "이메일 확인이 제한적일 것입니다"라는 문구는 모호하고 혼란스러운 반면에 "8월 29일까지는 이메일을 읽지 않을 것입니다"는 혼돈의 여지를 남기지 않는다.

- [ ] 또 다른 좋은 방법은 휴가 후 다시 출근하는 첫날까지 부재중 자동 응답을 켜두는 것이다. 이렇게 숨 돌릴 시간을 확보하면 유용할 것이다.

이상! 업무는 정리되었다. 이제 휴가를 즐길 차례다.

## 4. 휴가 후 이틀

일정을 비워두었다면(체크리스트 1의 마법의 팁) 오늘과 내일은 당신의 프로젝트가 어떻게 진행되고 있는지 알아볼 시간이 충분하다. 이 이틀은 업무 속도를 회복하고, 이번 주에 집중할 영역을 현명하게 선택하기 위한 시간이다.

### 업무 공백을 만회하기 위한 실행 계획

- [ ] 일정표를 다시 확인한다. 당신이 참석해야 하는 회의가 소집되었거나 오늘 또는 내일 당신이 포함된 계획이 잡히지 않았는지 확인하기 위해서다. 그렇다면 일정을 변경한다.
- [ ] 처음 이틀 동안은 듣는 자세로 들어가라. 당신이 없는 동안 처리된 일과 처리되지 않은 일을 들어본다. 당신이라면 다르게 했을 듯한 일이나 다시 생각해볼 필요가 있는 일이 분명히 있을 것이다. 하지만 행동에 나서기 전에 모든 이야기를 들어보라. 이야기를 듣고 충분히 연구하기 전에는 전체적인 맥락을 알 수 없다.
- [ ] 이메일을 확인한다. 평소에는 이메일을 읽는 것부터 시작하라고 권하

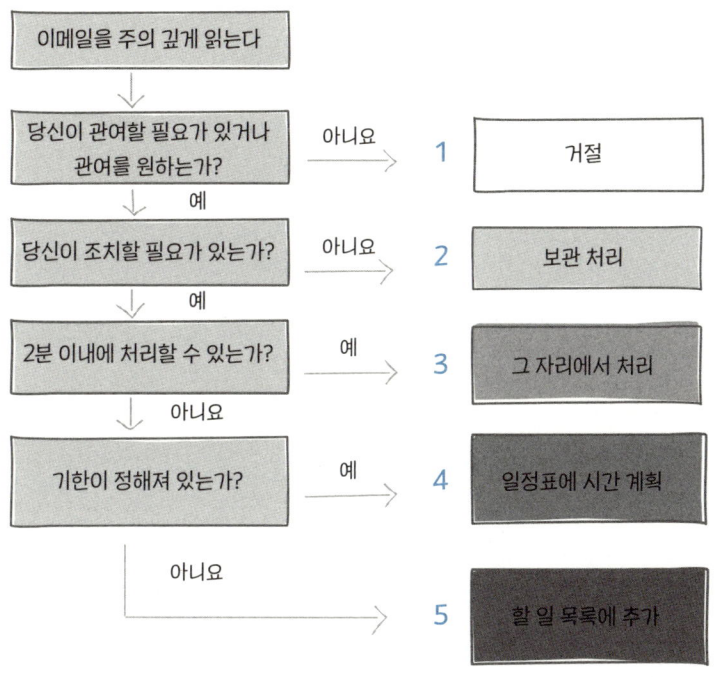

지 않지만, 한동안 사무실을 비운 경우라면 받은메일함이 업무를 파악하기에 가장 좋은 곳이다. 이메일부터 살펴보면 당신이 없는 동안 이미 완료되었거나 관련성이 없어진 작업을 시작하거나 재개하지 않을 수 있다. 따라서 최신 이메일부터 이전 메일 순으로 처리하는 것이 더 좋다. 3장의 단계를 따르면 된다. 받은메일함의 메시지를 주의 깊게 읽고, 필요한 작업을 결정하고, 할 일 목록이나 일정표에 작업을 추가한다. 2분 이내에 끝낼 수 있는 일이라면 그 자리에서 처리한다.

☐ 이메일 및 기타 출처에서 수집한 내용을 바탕으로 동료에게 프로젝트

업데이트를 요청한다.
- ☐ 휴가 후 첫날 근무가 끝나면 금요일 재점검과 유사한 점검을 한다. 이 모든 새로운 정보에 기초해 일정을 조정해야 할 가능성이 크므로 지금이 이 주의 우선순위를 정하기에 완벽한 때다.

이 네 단계를 따르면 분명 맑은 정신으로 쉽게 업무에 다시 뛰어들 수 있을 것이다.

### 체크리스트: 혼돈에서 평온으로

휴가 후 직장에 복귀한 처음 이틀의 일정을 비울 수 없다면 어떻게 될까? 또는 일정은 비웠지만 완전한 혼란 상태를 마주하게 된다면? 다음은 스트레스를 극복하고 정상 궤도로 돌아올 방법이다.

- 만약 너무 많은 일이 주어진다면 최선의 선택은 우선 자신에게 여유를 더 주는 것이다. 오늘 무엇을 취소하거나 연기할 수 있는지 살펴본다. 너무 스트레스를 받아 제대로 생각할 수 없다면 회의 참석이 의미가 없으므로 가능하면 회의를 취소한다.
- 무엇이 스트레스를 유발하고 모두를 공황 상태로 만드는지 적어본다. 당신이 끝내야 할 모든 일을 앱이나 종이에 간단히 목록으로 작성한다. 중요한 것은 전체적 윤곽을 파악하는 것이다. 시간이 조금 걸리겠지만, 약속하건대 이 목록이 도움이 될 것이다.

- 모든 시급한 문제에 대해 이렇게 질문하라. 무엇이 스트레스를 제어해줄까? 마감이 임박했는데 간과한 일이 있는가? 그런 다음 제시간에 끝내야 할 일을 항목별로 적는다.
- 이제 완료해야 할 일들을 나열했으므로 가장 긴급한 작업을 판단할 수 있다. 긴급한 순서대로 일정표에 기재하여 가장 긴급한 (그리고 가장 스트레스가 많은) 작업부터 처리할 수 있도록 한다. 그 즉시 안도감을 느낄 것이다.
- 하지만 가장 중요한 일에 몰두하기 전에 소통하라! 세 가지 작업을 해야 하는데 오늘까지 두 가지, 내일 오전까지 세 번째 작업을 끝내고 싶다고 가정해보자. 언제 작업물을 넘겨줄 수 있는지 가늠할 수 있을 테니, 기다리고 있는 고객과 동료에게 당신의 계획을 알려라.

압박감을 느낄 때 빠지기 쉬운 가장 큰 함정은 정규 업무를 그대로 보면서 스트레스를 억누르려고 하는 것이다. 그것은 효율과는 정반대되는 행동이다. 이 체크리스트를 완성하고 당신이 조정할 수 있는 여지를 확보하면 곧 모든 것이 정상으로 돌아올 것이다.

## 일과 휴가를 확실히 구분하고 싶은 이들을 위한 조언

- 나는 긴 여행 후에는 일요일 저녁이 아니라 금요일에 집으로 돌아오면 더 편하게 다시 출근할 수 있다는 것을 알게 되었다. 주말 동안 일상으로 돌아올 시간을 확보하면 월요일 아침의 근무 재개

가 덜 갑작스럽게 느껴진다. 어떤 사람들은 같은 이유로 수요일부터 그다음 수요일까지 휴가를 계획한다. 그렇게 하면 너무 바쁘지 않게 이틀 동안 근무한 후 그다음 주 월요일부터 다시 맹렬히 일할 수 있다.

- 더 확실히 휴가를 즐기고 싶다면 휴가 중에 오는 이메일을 읽지 않을 거라고 사람들에게 말하고 부재중 자동 응답에도 명시한다. 휴가 이후에 다시 이메일을 보내달라고 하라. 그러면 발신자가 여전히 메일을 보내야 하는지 그렇지 않은지 판단하게 되므로, 당신은 그럴 필요가 없어진다.
- 보통 부재중 자동 응답은 아주 건조하다. 흥미로운 블로그 게시글, 책, 또는 채용 공고를 공유해서 개성을 더해보라.
- 곧바로 업무에 뛰어들고 싶은 마음이 크다면 집으로 돌아오는 길에 그동안 쌓인 이메일을 읽는다. 그렇게 하면 다시 업무 상황과 연결된 느낌을 받을 수 있다. 게다가 긴 기차 여행이나 비행기 탑승 중에는 시간도 때울 수 있다. 지메일을 포함한 이메일 프로그램 대부분은 오프라인 사용을 지원한다. 집으로 출발하기 전에 받은메일함을 열어두기만 하면 새 메시지가 로딩된다. 그러면 돌아오는 길에 이메일을 전부 살펴볼 수 있다. 다시 온라인 연결이 되는 즉시 프로그램이 동기화되고 당신은 한 단계 앞서 나가게 될 것이다.

# 팀 파악과 관리하는 법

## 책임자라면 큰 그림을 주시하라

더 나은 리더가 되는 법에 관해 쓴 책은 무수히 많다. 많은 책이 리더십과 관리 전략을 깊이 탐구한다. 하지만 모든 관리자의 질문은 매우 기본적이다. 구체적으로 어떤 것을 해야 하는가? 리더의 모든 책임을 어떻게 통합할 것인가? 그리고 그날그날의 온갖 요구 속에서 어떻게 큰 그림을 주시할 것인가?

이 책에서 나는 당신이 일과 삶에서 어떻게 방향을 잡을지를 보여주었다. 일정표, 할 일 목록, 이메일을 최대한 활용하여 스트레스를 덜 받으면서 더 많은 일을 해낼 방법을 알려주었다. 하지만 다루지 않은 주제가 하나 있다. 바로 '사람들을 어떻게 이끌고 있는가?'이다. 의도적으로 이 주제를 다루지 않았다. 책임자뿐만 아니라 모든 사람에게 맞는 책을 쓰고 싶었기 때문이다.

이 보너스 장에서는 내가 처음에는 새로 부임한 관리자로, 나중에는 관리자들의 관리자로 수년 동안 직장에서 배운 교훈을 공유하고자 한다.

이 장에서는 부서장, 팀장, 관리자 같은 용어들이 혼용될 것이다. 차이점이 있다는 것을 알지만 이 역할에는 한 가지 공통점이 있다. 자기 일에 책임을 질 뿐 아니라 자신의 임무를 달성하기 위해 다른 사람들과 함께 일할 수 있는 특권을 가지고 있다는 것이다. 나는 특권이라는 용어를 가볍게 쓰지 않는다. 혼자서는 큰 성과를 낼 수 없다는 사실을 깨닫는 것이 중요하다. 물론 더 효율적으로 일하면 혼자서도 분명히 진전을 이룰 수 있다. 하지만 어느 순간부터는 효율성 개선의 효과가 미미해지는 순간이 온다. 바로 그때가 '똑똑하게 일하는 법'이 '팀을 만드는 법'으로 전환되는 시점이다.

### 관리자의 목표는 무엇인가?

먼저 자신의 관리 임무를 명확히 인식해야 한다. 그것은 일반적으로 다음 두 가지로 귀결된다.

1. 회사에서 제공하는 제품 또는 서비스의 품질을 책임진다.
2. 회사에서 정한 목표 달성에 대한 책임을 진다.

그러므로 관리자는 업무의 원활한 수행과 많은 경우 업무의 향상을 책임진다. 이는 제품이나 서비스의 결과를 개선하거나, 생산을 늘리거나, 더 낮은 비용으로 같은 작업을 해내는 것을 의미할 수 있다. 업무의 질이 수준에 미치지 못하면 보통 관리자가 그 책임을 져야 한다. 그리고 관리자가 목표를 달성하지 못하면 조직 전체에 영향을 미친다. 몇 가지 기본적인 질문을 통해 이 두 가지 책임을 더 구체화할 수 있다.

- 당신은 어떤 제품이나 서비스를 담당하고 있는가?
- '제품 또는 서비스의 질'은 구체적으로 무엇을 의미하는가?
- 회사의 목표는 무엇인가?
- 그 목표들 가운데 어떤 것이 당신의 관리 책임에 속하는가?

내 경험으로 볼 때 직위가 다른 관리자들 간의 오해는 대부분 이러한 질문에 대한 상반된 답변에서 비롯된다. 당신이 서비스 또는 제품의 질에 대한 기준에 동의하지 않는다고 가정해보자. 당신의 우선순위는 상사가 원하는 것과 일치하지 않을 가능성이 있다. 이런 상황을 바로잡으려면(더 바람직하게는 애초에 발생하지 않게 하려면) 이 네 가지 질문에 대한 답변을 작성한 다음 상사의 답변과 비교해보라. 그러면 생각이 얼마나 같은지를 알게 될 것이다.

이 질문들에 대해 명확한 답변을 하면 대다수 관리자와 팀장들보다 훨씬 앞서게 된다. 그리고 한 팀이 되어 회사의 제품, 서비스, 목표를 추구하도록 근무 시간을 구조화할 때 진정한 마법이 일어난다. 그러므로 3P 모델을 시작으로 어떻게 그런 제품, 서비스, 목표를 추구할지 이야기해보자.

### 3P 모델

양질의 작업을 수행하고 목표를 달성하기 위해 사용할 수 있는 자원에는 다음 세 가지가 있다.

1. **사람** People - 누가 일을 하는가?
2. **프로세스** Process - 어떻게 만들어지는가?
3. **제품** Products - 무엇이 만들어지는가?

3P 모델은 조직을 살펴보는 일반적 방식이다. 관리자의 역할은 세 가지 요소를 모두 파악하는 것이다. 방법은 다음과 같다.

### 사람

축하한다! 관리자인 당신은 모든 일을 혼자 할 필요가 없는 특권적 위치에 있다. 당신의 일을 덜어줄 팀이 있다. 지난 몇 년 동안 나는 팀을 지휘할 때 다음 두 가지 요소가 필수임을 알게 되었다.

1. 일대일 면담
2. 체계적인 피드백

**1. 일대일 면담**

내가 일대일 면담, 코칭 세션, 체크인 등에 대해 처음 알게 된 것은 팟캐스트 '매니저 툴스 Manager Tools'와 앤드루 그로브 Andrew Grove의 훌륭한 책 《하이 아웃풋 매니지먼트》를 통해서였다. 얼마든지 복잡하게 만들 수 있지만 일대일 면담의 본질은 간단하다. 매주 각 팀원과 30분간 만나는 것이다. 경쟁적으로 당신의 주의를 요구하는 각종 업무 속에서는 팀원들이 어떻게 일하고 있는지 파악하고 있기가 어려울 수 있다. 일대일 면담을 통해 매주 업무를 잠시 멈추고, 함께 검토하고, 다시 관계를 이어갈 수 있다. 관리자마다 스타일은 다르지만, 시간을 내서 각 팀원이 어떻게 일하고 있는지 이야기를 듣는 것 외에 다른 규칙은 없다.

당신은 '잠깐만. 각 팀원과 매주 30분씩? 그러면 일주일이 날아갈 수 있어!'라고 생각할지도 모른다. 그 말이 맞다. 상당한 시간이다. 하지만 그 시간만큼의 가치가 정말로 있다. 팀원과의 소통이 끊기지 않게 해준다는 장기적인 이득뿐만 아니라 더 즉각적인 이득도 얻을 수 있다. 다음 일대일 면담에서 물어보면 되므로 더 이상 직원들이 온종일 단발성 질문이나 요청을 해오지 않게 되는 건 어떤가? 다음은 몇 가지 실용적인 조언이다.

- **면담은 몰아서 하라.** 나는 수요일에 연달아 일대일 면담 계획을 잡으려고 노력한다. 많은 에너지가 필요하지만 그러고 나면 한 주의 면담은 끝난다.

- **팀원별로 메모를 보관하라.** 나는 메모 앱에 팀원별로 메모를 보관하고 매번 면담 후에는 몇 가지 의견을 덧붙여둔다.

- **할 일 목록에 태그를 활용하라.** 2장에서 머릿속에 저장해둘 필요가 없도록 할 일 목록을 작성하는 법을 설명했다. 나는 작업 참여자 라벨도 만든다. 그러면 일대일 면담에서 논의하고 싶은 사항을 한눈에 필터링하고 볼 수 있다.

- **일대일 면담을 우선시하라.** 무슨 일이 있어도 매주 일대일 면담을 하도록 노력하라. 논의할 사항은 항상 있을 뿐만 아니라 계속 변경되거나 취소되는 일대일 면담만큼 팀을 중시하지 않는다는 분명한 신호도 없다.

### 적절한 팀의 규모는?

항상 팀 규모를 선택할 수 있는 것은 아니고 팀원 수도 매우 다양할 수 있지만, 직접 보고하는 인원은 최대 여덟 명이 이상적이라고 생각한다. 아마존의 창업자인 제프 베조스 **Jeff Bezos**는 피자 두 판으로 식사를 해결할 수 있을 정도의 규모로 한 팀을 구성하라는 '피자 두 판의 법칙'을 도입했다. 더 큰 팀은 그만큼 효율적이지 않을뿐더러 관리자가 그렇게 많은 사람에게 올바르고 세심한 지도를 해주기도 어렵다. 여덟 명이면 오후 한

> 나절에 일대일 면담을 끝낼 수 있다. 만약 더 큰 팀을 이끌고 있다면 격주로 일대일 면담을 잡을 수 있다. 매주 직원들과 소통하는 것에는 못 미치겠지만 정수기 앞에서 우연히 만날 때나 이야기 나누는 것보다는 낫다.

### 2. 체계적인 피드백

블렌들에서는 효과적인 피드백 모델에 많은 시간과 에너지를 투자했다. 우리는 피드백이 핵심이라고 느껴서 상호 긍정적인 피드백과 건설적인 비판의 공유가 표준인 문화를 만들기 위해 다 같이 노력했다. 우리는 상황이 생길 때마다 즉석 피드백을 환영했다. 그리고 연 3회 고정된 시간을 따로 두어 보다 체계적인 피드백을 주고받았는데, 그 방식은 다음과 같다.

- 모든 팀원은 임팩트(나는 회사에 어떤 공헌을 했는가?)와 발전(나는 얼마나 발전했는가?) 면에서 1점부터 5점까지 자기 평가를 하고 다음 세 가지 질문에 답했다. 1. 내가 블렌들에 가장 공헌한 점은 무엇인가? 2. 잘 진행된 일은 무엇인가? 3. 더 잘할 수 있었던 일은 무엇인가?
- 팀장은 각 팀원에 대한 보고서를 작성한다.
- 모든 직원은 (소속 팀과 상관없이) 두세 명의 동료를 선택해 같은 양식의 피드백을 부탁한다.
- 제출이 완료되면 팀원들은 동료들과 팀장의 피드백을 볼 수 있다.

- 팀장은 각 팀원과 피드백에 관해 이야기할 일정을 잡는다. 이런 체계적 피드백 면담은 분명 업적 고과가 아니다. 그에 따라 계약이 좌우되지도 않고 승진이나 연봉 인상과도 무관하다. 이는 의도된 것이다. 왜냐하면 모든 직원이 완전히 터놓고 솔직한 피드백을 자유롭게 주고받기를 원하기 때문이다.
- 피드백 면담에서는 피드백을 받는 사람이 주도권을 잡아야 한다. 그들이 배우기 위해 참석한 자리인 만큼, 대화를 시작하는 것도 그들이어야 한다. 피드백 면담의 목표는 세 가지다. 피드백을 해석하고, 관계성을 파악하고, 성장 경로를 계획하는 것이다.
- 면담 후 팀원들은 자신이 받은 피드백을 바탕으로 다음 분기의 개인 목표를 세운다. 팀장은 이 과정을 지도하고 각 팀원이 자기 목표를 이루도록 돕는다.

> **피드백은 정해진 때에 주고받는가? 또는 아무 때나 주고받는가?**
>
> 나는 주기적인 피드백 면담을 지지한다. 하지만 어떤 사람들은 그런 고정적인 피드백 면담을 포기하고 대신 늘 피드백을 공유하는 쪽을 선호한다. 이론적으로는 좋은 아이디어 같다. 준비, 일정 잡기의 번거로움, 어색한 논의가 더는 없을 테니 말이다. 매력적인 것 같다! 하지만 내 경험상 상시 피드백을 채택하면 좋은 피드백을 주는 관행이 서서히 사라진다. 사려 깊고 좋은 피드백을 주려면 시간과 에너지가 필요하다. 다른 방법은 없다.

다음은 직원들이 실제로 무언가를 얻을 수 있는 피드백 보고서를 작성하는 데 도움이 되는 방법들이다.

- **계속 팀원들에 관한 체계적인 메모를 해둔다.** 구체적인 관찰 내용(좋은 점 및 나쁜 점)을 어딘가에 적어두는 습관을 들인다. 나는 팀원 각각에 대한 메모 역시 메모 앱에 한다. 그런 메모를 보면서 쓴 피드백 보고서는 크게 다르다.
- **피드백 보고서를 작성할 시간을 미리 계획한다.** 보고서 작성이라는 중요한 일을 위한 시간이 충분하지 않을 때는 (메모를 잘해놓지 않았을 때는 특히) 몹시 좌절감을 느낄 수 있다. 미리 보고서를 쓸 시간을 계획하여 번거로움을 줄이도록 하라. 나는 보고서를 다듬을 시간도 최소 한 번은 따로 확보해둔다. 초안은 불분명하거나 요령 없는 글일 수 있다. 초안을 다듬으면서 그런 점을 해결한다.
- **이해시키고 싶은 가장 중요한 피드백은 무엇인가?** 보고서를 쓰기 전에 결정하라. 내가 가장 전하고 싶은 것은 무엇인가? 내 피드백에서 무엇을 얻고 면담에서 무엇을 배우기를 원하는가? 보고서를 작성하기 전에 마음속으로 이를 분명히 하라. 그리고 모호하거나 덜 중요한 피드백 또는 잘못 해석될 수 있는 피드백은 빼라.
- **뜻밖의 피드백이 없어야 한다.** 경험상, 피드백 보고서 작성 시 좋은 원칙은 피드백 중 그 어떤 것도 놀라운 일이어서는 안 된다는 것이다. 모든 내용이 주 1회 일대일 면담에서 다룬 익숙한 것이어

야만 한다. 그런 경우라고 가정하고 팀원과 좋은 관계를 유지하고 있다면, 피드백 면담에서 새로운 지적은 없을 것이다. 대신 앞으로 몇 개월 동안 성장을 위한 기회에 함께 집중할 수 있을 것이다.

- **다른 사람의 피드백을 읽을 시간을 갖는다.** 블렌들에서는 모든 직원에게 제대로 준비할 시간을 주기 위해 피드백 기간마다 마감일을 정해놓았다. 당연한 이야기처럼 들릴 것이다. 하지만 누군가 애써서 피드백을 써줬다면, 그것을 천천히 읽고 되새길 시간을 갖는 게 특히 중요하다. 일정표에 시간을 비워둬라. 그리고 회의 전에 당신이 전하고 싶은 핵심 메시지를 명확히 정리하라.

진실하고, 사려 깊고, 정직하게 쓰인 피드백 보고서와 개방적이고 긍정적인 대화는 팀원 개인의 성과, 팀 전체 그리고 당신에게 엄청난 영향을 줄 수 있다.

### 인재 찾기

대개 관리자는 곡예를 하듯 한꺼번에 많은 일을 처리한다. 하지만 아무리 능숙하게 팀을 코치하고 팀이 있는 힘을 다하고 있다고 해도 일손이 더 필요하다고 깨닫는 때가 온다. 알고 보면 그런 일손을 찾는 것 자체가 하나의 기술이다.

2017년 나는 팀을 확장하는 데 많은 시간을 썼다. 그 후 어느 정도 됐다는 생각으로 채용 노력을 덜 하게 되었다. 하지만 2018년 어느 시점에 새로운 인력이 필요한 영역이 눈에 들어왔다. 새로운 사람들과의 만남을 뒷전으로 미뤄둔 탓에, 나는 전 과정을 처음부터 시작해야 했다. 그로 인해 일이 상당히 지연됐고 일손 부족으로 우리는 몇 달 동안 힘들게 버텨야 했다. 나와 같은 실수를 하지 마라. 항상 특출한 인재가 있는지 살펴라. 그러려면 새로운 사람들과 이야기하고 네트워크를 넓혀야 한다. 누군가가 필요할 때까지 기다린다면 이미 너무 늦다.

직급이 높을수록 인재를 찾고 채용하는 데 더 많은 시간을 써야 한다. 채용에는 승수효과가 있기 때문이다. 당신이 스스로 기민하고 더 효율적으로 일하기 위해 온갖 작은 조처를 할 수 있지만, 당신을 도와줄 적임자를 찾으면 당신의 효율성은 급증할 것이다. 그리고 훌륭한 인재와 함께 일하는 것은 관리자로서의 자신에게 줄 수 있는 가장 큰 선물이다. 이는 당신의 일을 훨씬 더 흥미롭게 만들어준다.

관리자든 비관리자든, 현재의 네트워크가 미래의 동료를 찾을 풍부한 원천임을 기억하라. 그러니 사람들에게 커피를 함께 마시자고 청하고, 새로운 인맥을 쌓고, 관계에 투자하라. 좋은 네트워크는 즐거움을 줄 뿐만 아니라 자유롭게 이용할 수 있는 좋은 자원이다.

그렇다면 적합한 인물을 어떻게 찾을 수 있을까? 다음은 도움이 될 만한 몇 가지 제안이다.

- **명확하고 정직한 직무설명서를 작성하라.** 잠재적 지원자 다수는 구직활동을 하지 않고 있고, 더 넓게 그물을 던질 필요가 있기는 하지만(이에 대해서는 잠시 후 설명하겠다), 매력적인 구인 광고 전문을 온라인에 게시하는 일은 여전히 중요하다. 그런 다음 관심 있는 후보자에게 그 광고를 알려줄 수 있다. 블렌들에서는 신입 직원들이 맡을 구체적인 작업을 요약하여 직무설명서에 포함하자는 아이디어가 나왔다. 이는 필요한 기술과 직무를 나열한 채용 공고에 신선한 추가 사항이었고 지원자들은 이에 열광적인 반응을 보였다. 또한 우리는 전문가 느낌을 주는 채용 공고를 만들어주고, 사람들이 지원하기 쉽게 해주며, 채용 과정의 어느 단계에 누가 있는지 추적할 수 있는 환상적인 온라인 툴인 홈런(Homerun.com)을 사용했다.

- **자체적인 소싱을 준비하라.** 소싱 sourcing이란 유망한 후보자를 적극적으로 탐색하는 행위다. 왜 소싱을 할까? 최고의 후보자는 현재 직장에 만족하여 구직활동을 하지 않고 있기 때문이다. 그들을 찾아내고, 그들이 당신의 팀과 회사에 흥미를 갖게 하고, 더 알아보라고 설득하는 것이 당신이 할 일이다. 그 요령은 소싱에 관한 상자 안의 글을 참고하라.

- **다양성을 우선시하라.** 이 주제만으로 책 한 권을 쓸 수 있다. 결론은? 다양한 팀이 더 좋은 팀이다. 당신과 유사한 사람들을 더 고용하지 않도록 경계하라. 배경과 성별, 성격 유형이 다른 사람들을

모으기 위해 노력하라.

- **첫 번째 후보자가 최종 합격자인 경우는 거의 없다.** 나는 이런 일을 자주 겪었다. 새로운 직원을 구하느라 바쁘기 때문에 첫 번째 지원자가 바로 꼭 맞는 적임자처럼 느껴진다. 그 자리에서 채용 과정을 중단하고 바로 합격자를 발표하고 싶은 유혹을 느낀다. 하지만 그게 좋은 선택인 경우는 드물다. 나는 적어도 두세 명의 지원자와 이야기해봐야 비교가 된다는 것을 알게 되었다. 면접을 계속 진행하면 할수록 그 직책과 첫 번째 후보에 대한 생각은 바뀌기 마련이다.

- **반드시 추천인과 대화하라.** 지원자의 추천인 한두 명과 이야기하는 것은 추가 검증을 쉽게 할 수 있는 방법이다. 그것은 지원자가 일을 어떻게 하는지 더 이해할 수 있게 한다. 그리고 보장된 것은 아니지만 추천인이 당신의 최종 결정에 필요한 정보를 줄 수도 있다. 지원자에게는 당신이 그의 지원을 진지하게 평가하고 있음을 보여주는 신호가 된다.

- **절대로 혼자 결정하지 마라.** 팀에 추가할 사람을 뽑을 때는 항상 다른 사람들도 선발 과정에 참여시키는 것이 좋다. 다른 부서 사람에게 회사 전체 문화와 더 잘 맞는 지원자가 누구일지 함께 면접을 봐달라고 요청하라. 그런 조언을 해줄 수 있는 사람이 사내에 없다면 당신 네트워크에 있는 사람을 대신 활용하라. 내 친구 중 몇 명은 내게 그런 추가 의견을 주기 위해 기꺼이 전화로 후보

자들의 면접관이 되어줄 것이다. (물론 지원자가 통화에 동의하는 경우에 한한다.)

- **확신이 서지 않으면 채용하지 마라.** 면접관 모두가 기대감을 표시하는 지원자가 없다면 채용을 중지해야 한다는 신호다. 그 자리를 채워줄 사람이 아무리 절실하더라도, 팀의 기준에 미치지 못하는 지원자는 더 많은 일을 만들어낼 뿐이다.

### 소싱

후보자를 찾기 위한 몇 가지 팁은 다음과 같다.

- **링크드인, X(옛 트위터) 그리고 다른 소셜 네트워크를 이용하라.** 블렌들에서 소프트웨어 개발자를 찾을 때는 항상 개발자들의 온라인 커뮤니티인 깃허브 GitHub를 주시하고, 붐비는 개발자 뉴스 사이트인 해커뉴스 Hacker News에 우리 채용 공고를 한 달간 링크해놓았다. 그리고 특정 스포츠의 광적인 팬부터 앱 개발자에 이르기까지 관심사가 비슷한 사람들끼리 모임을 조직하도록 도와주는 밋잇닷컴 (Meetup.com)도 귀중한 잠재적 후보자들을 제공해주었다. 어떤 일자리든 훌륭한 후보자들이 모이는 사이트는 언제나 있다. 그러므로 적극적으로 활동하는 이들을 확인하고 그들의 게시물과 프로필을 읽으면 곧 유력한 후보자들을 발견하게 될 것이다.

- **후보자들을 계속 파악할 수 있는 시스템을 이용하라.** 구글 스프레

드시트부터 다른 소프트웨어 패키지까지 많은 선택지가 존재한다. 헬로탈랜트닷컴(hellotalent.com)은 잠재적 신입 사원의 프로필을 저장할 수 있게 해준다. 트렐로Trello도 또 다른 좋은 선택지다. 지원서가 빠르게 늘어나는 경향이 있으므로 간과되는 지원자가 없도록 하는 좋은 시스템이 필요하다.

- **잠재적 후보자에게 독창적인 메시지를 보내라.** 당신 이름도 틀리게 쓰고 개인적으로 접근하려는 노력도 전혀 보이지 않는 채용 담당자의 메시지를 받은 적이 있는가? 나는 내가 가진 표준 문구 파일에서 첫 문장과 회사 소개를 선택한다. 하지만 그런 다음에는 메시지를 받을 사람에게 맞춰 문구를 조정한다. 개인적 메시지처럼 만들 방법은 언제나 있다. 그들의 과거 고용주 이야기를 하거나, (인스타그램을 참고하여) 당신도 스노보딩을 좋아한다고 언급하거나, 그들의 블로그 게시물 중 하나가 좋았다고 말해줄 수 있다. 그런 내용은 당신이 단지 보내기 버튼만 누른 게 아니라 시간을 들여 진심 어린 메시지를 작성했음을 보여준다.

요컨대 시간을 들여 좋은 인재를 찾아라. 그렇게 하면 당신의 팀은 비상할 것이다.

### 프로세스

관리자로서 당신에게는 양질의 제품과 서비스를 신속하게

공급할 책임이 있다. 이를 해내기 위해서는 탄탄한 팀과 체계적인 프로세스가 필요하다. 도널드 라이너첸 Donald Reinertsen의 약간 건조하지만 탁월한 책 《제품 개발 흐름의 원리 The Principles of Product Development Flow》에서 나는 작업 흐름을 미세 조정할 수 있는 다이얼에는 리드 타임 lead time과 사이클 타임 cycle time 두 가지가 있다는 것을 배웠다. 리드 타임은 작업을 시작할 수 있을 때까지 보류한 시간을 말하고 사이클 타임은 작업이 완료될 때까지 걸린 시간을 말한다.

자신만의 관리 목표를 달성하고 제품과 서비스를 공급하기 위해서는 두 가지 중요한 요소를 알아야 한다. 첫째로 작업에 실제로 시간이 얼마나 걸리는가? 둘째로 언제 또는 어디서 작업이 막히고 있는가? 무엇 때문에 지체되고 있는가? 당신에게 좋은 팀이 있다면 작업 프로세스만 이해해도 효율을 상당히 개선할 수 있다. 하지만 그것으로 효과가 없다면 팀의 프로세스에서 걸림돌을 찾아내는 것이 좋은 출발점이다. 효율성을 높일 방법으로 무엇을 추천할 수 있는가? (팀 외부의 승인 같은) 특정 단계에서 시간이 더 걸리는가?

필요 이상으로 작업에 오랜 시간이 걸리게 하는 요소들은 너무나 많지만 나는 많은 경우 작업 자체가 원인이 아님을 알게 되었다. 시간을 가장 많이 단축할 수 있는 곳은 작업에 관한 '소통'일 때가 빈번하다. 이는 내가 '매니저 툴스'에서 배운 '업무에 관한 소통이 끝날 때까지 업무가 끝난 게 아니다'라는 원칙과 잘 들어맞는다. 그 원칙은 내가 함께 일하는 모든 팀의 구호가 되었다.

지난 몇 년은 미세 조정 프로세스를 계속 진행하는 것이 얼마나 중요한지 내게 알려주었다. 그리고 이를 확실히 실행할 수 있도록 도와주는 한 가지 도구가 있다. 바로 나의 주간 스타트업weekly startup 회의, 즉 주간 업무 개시 회의다.

### 주간 스타트업 회의

팀 회의는 팀원 모두가 같은 방향으로 움직이게 하기 위한 확실한 선택지다. 하지만 금방 팀 회의가 늘어나서 팀의 시간을 앗아가기 쉽다. 그래서 나는 회의를 줄이려고 노력한다. 그렇기는 하지만 주간 스타트업 회의만큼은 예외다. 팀원 모두의 뜻을 맞추는 데 필수이기 때문이다. 이름이 암시하듯 나는 월요일 아침이면 제일 먼저 주간 스타트업 회의를 한다. 90분이면 된다.

나는 공유 구글 문서에 올려놓은 안건으로 회의를 시작하는 것을 좋아한다. 그렇게 하면 팀원 모두가 안건을 볼 수 있고 새 안건을 제안할 수도 있다. 또한 우리는 주간 스타트업 회의에서 구글 프레젠테이션을 사용한다. 매주 프레젠테이션 슬라이드를 새로 만들지 않고 같은 프레젠테이션을 재사용하고 슬라이드의 세부 사항만 업데이트한다. 이에 대해서는 잠시 후에 자세히 알아보기로 하자.

주간 스타트업 회의는 여섯 가지 요소로 구성된다.

**1. 체크인 대화**

회의는 팀원들이 주말을 어떻게 보냈는지, 오늘 기분은 어떤지를 간단히 나누는 것으로 시작한다. 이것은 단순한 잡담이 아니라 팀원들이 어떻게 지내고 있는지 일별할 수 있는 중요한 시간이다. 체크인 대화를 회의 일정에 추가하기 전까지 우리는 누군가의 짜증이 힘든 주말이나 지난주에 해결하지 못한 좌절감에서 비롯되었다는 사실을 회의 후반까지 깨닫지 못하고는 했다. 그것은 자주 토론 흐름과 의사 결정에 좋지 않은 영향을 미쳤다. 이제는 제일 먼저 서로 '체크인 대화'부터 하므로 회의가 좀 더 순조롭게 진행된다. 물론 우리는 회의가 상담 시간으로 바뀌는 것도 원하지 않는다. 처음에 체크인 대화를 10분 정도로 제한함으로써 이를 방지할 수 있다.

**2. 데이터**

주간 스타트업 회의의 다음 순서로 나와 팀원들은 지난주의 핵심성과지표KPI, key performance indicators를 살펴본다. 이 데이터는 우리 데이터 분석가가 수집하여 각 회의 전에 구글 프레젠테이션에 추가한다. 이 기준치들이 (이 보너스 장의 시작 부분에서 답변했던 질문들에서 나온) 목표들과 직접 연결된다면 이상적이다.

**3. 외부 견해**

정량적 데이터뿐만 아니라, 사용자와 고객의 목소리도 늘 파악하고 있어야 한다. 이를 위해 매주 지원팀이 사용자의 질문과 의견을 요약하여 작성한 브리핑을 읽는다. 우리 주위에서 벌어지는 일을 알려주는 직통 경로를 확보하는 것이 내게는 중요하다. 지원팀은 지난주의 주요 사항을 몇 장의 슬라이드로 요약해주고 우리는 그것을 프레젠테이션에 추가한다. 우리는 주요 사항들을 살피면서 어떤 대응이 필요한지 결정한다. 가령 누군가 우리 앱에서 수정이 필요한 문제를 발견했다면 어떻게 해야 할지 결정한다. 주간 스타트업 회의의 이 부분은 모든 이해관계자로부터 나오는 정보를 공유하기에 아주 좋다. 그리고 이런 정보를 공유할 시간을 둠으로써 팀은 무슨 일이 우선인지 명확히 할 수 있다.

### 4. 진행 중인 프로젝트

    네 번째로 현재 작업 중인 모든 프로젝트를 살펴본다. 블렌들에서는 우리가 준비 중인 테스트와 블렌들 오디오 확장 같은 것이 이때 논의된다. 프로젝트 이름, 담당자(팀원), 마감일, 진행 상태, 한 줄로 요약한 프로젝트 내용, 다음 단계 계획을 프로젝트별로 구글 프레젠테이션의 슬라이드 한 장에 담는다. 우리는 슬라이드를 한 장씩 넘기며 설명하면서 모든 팀원이 최선 정보를 파악하고, 아이디어를 제시하고 질문할 수 있게 한다.

## 5. 기타 논의 사항

프로젝트를 살펴본 후 우리는 공유 구글 문서의 나머지 안건으로 옮겨간다.

---

**프로젝트:** 아디옌(Adyen) → 스트라이프 (Stripe)
**담당자:** 노라
**마감일:** 업셀링 & 온보딩 - 2월 21일
**진행 상태:** 정상적으로 진행
**내용:** 안드로이드 결제 시스템을 아디옌에서 스트라이프로 변경
- 현재 배포 중

---

## 6. 마무리

주간 스타트업 회의는 팀원들이 한 명씩 빠르게 돌아가면서 다음 질문들에 답하는 것으로 마무리된다.

- **우선순위** 이번 주 최우선 업무는 무엇인가?
- **초점** 팀이 적절한 작업을 하고 있다고 생각하는가?
- **문제** 우려되는 점이 있는가?
- **동기** 이번 주에 기대되는 것은 무엇인가?

주간 스타트업 회의의 가장 좋은 추가 사항 중 하나인 이 간단한 질문들은 팀원들이 의문이나 고민을 자연스럽게 제기할 수 있

는 안전한 통로를 마련해준다. 그리고 마지막에 이번 주 우리에게 동기를 부여해줄 작업을 이야기함으로써 낙관적인 분위기에서 회의를 끝낼 수 있게 한다.

물론 우리의 주간 스타트업 회의의 모든 부분이 당신에게 적합하지는 않을 것이다. 작게 시작하고 팀 회의를 향상해줄 수 있다고 생각되는 요소를 추가하라. 실험해보고 회의를 해가면서 변화를 주어라.

## 얼마나 세세하게 관리해야 할까

주간 스타트업 회의는 팀의 주간 근무를 지휘하는 데 탁월한 도구지만 관리자의 업무는 당연히 거기서 그치지 않는다. 작업이 어떻게 진행되고 있는지도 주시해야 한다. 하지만 지시를 어느 정도 내려야 할까? 조언이 어느 정도면 과한 걸까? 위임할 때는 언제인가? 솔직히 말하면 나는 세세한 것까지 챙기는 마이크로매니저 micromanager다. 언제 직접 관여할지, 언제 물러서 있을지 결정하기가 늘 힘들다. 하지만 그런 결정이 흥미로울 수도 있다. 적절한 사람에게 적절한 작업을 위임하는 것이 관리자로서 내 업무의 필수 부분이기 때문이다. 이에 관한 유명한 이론으로 폴 허쉬 Paul Hersey와 켄 블랜차드 Ken Blanchard가 개발한 상황적 리더십 모델 situational leadership model이 있다. 아주 간단히 말해서 이 모델은 다음과 같이 주장한다. 그 일에 숙달된 직원인가? 그렇다면 그 일을 놓고 옆으로 물러나 있어라. 아직 요령을 익히는 중인 직원인가? 그렇다면 좀 더 지도하고 지시하라.

내가 위임과 관리의 기술을 완벽히 익힌 건 분명히 아니지만 훌륭한 리더십의 본질은 직원들을 정확히 알고, 자신의 스타일과 방법을 함께 일하는 직원들에게 맞추는 데 있음을 점점 분명히 알아가고 있다. 그것이 바로 허쉬와 블랜차드의 주장이다.

그들의 모델이 제시하는 핵심 아이디어를 몇 가지 더 알아보면 다음과 같다.

- **의욕과 전문 지식을 혼동하지 마라.** 내가 보기에 상황적 리더십 모델이 제공하는 가장 큰 통찰은 열의와 에너지가 그 일을 하는 방법을 아는 것과 항상 일치하지는 않다는 것이다. 만약 팀원이 어떤 일을 할 줄 아는지 확신이 서지 않는다면 그 일을 어떻게 처리할 생각인지 물어보기를 두려워하지 마라.
- **질문을 많이 하는 습관을 들여라.** 이것이 내가 원하는 시작점이다. 질문을 하면 상대방이 그가 할 일을 잘 알고 있는지 확인할 수 있고, 도움 필요 여부를 파악할 수 있다. 동시에 그 사람의 독특한 아이디어를 발견하고 길을 열어줄 기회를 포착할 수도 있다.
- **마감일에 합의하라.** 우리 관리자들은 팀의 자유를 침해할까 두려워서 마감일을 정하기를 주저할 때가 많다. 하지만 나는 둘을 분리해서 생각하기를 추천한다. 일에 있어서는 팀원들이 전문가지

만 마감일이 없으면 팀의 다른 급한 일들을 먼저 처리할 가능성이 크다. 또한 중간에 프로젝트 진행 상황을 함께 검토할 시간을 계획하는 것도 내게는 도움이 된다. 그리고 다른 사람들이 그들과 합의한 마감일에 맞춰 당신 팀이 결과물을 전달하기를 기대하고 있다면, 팀원들과 마감일을 공유하는 것이 가장 중요하다. 빠를수록 좋다. 그렇게 하지 않으면 당신이 스트레스를 받을 게 확실하기 때문이다. 팀원들이 느긋하게 시간을 보내는 것처럼 보이는 동안 당신은 팀의 진행 상황에 대해 걱정하게 될 것이다.

- **팀원들에게 당신이 손을 놓고 있기 힘든 이유를 말하라.** 당신이 나처럼 세부 사항에 집착하는 사람이라면 이유를 스스로 물어볼 필요가 있다. 나는 원하는 만큼 팀원들이 진행 상황을 바로바로 보고해주지 않을 때 그리고 그들이 생각하는 것보다 상황이 더 급박할 때 더 간섭하게 된다. 둘 다 쉽게 해결될 수 있는 문제다.

자연스럽게 되지 않을지 몰라도 세세한 것까지 통제하는 것과 그냥 두고 보는 것 사이에 중도가 있다. 그리고 내게 묻는다면 훌륭한 관리자의 핵심은 각 개인에게 얼마만큼의 지시를 내려야 하는지 그리고 언제 물러나 있어야 하는지 아는 것이다. 물론, 구체적으로 무엇을 해야 하는지 일일이 지시하지 않는다고 해서, 상황을 파악하지 못한다거나 관여할 수 없다는 뜻은 아니다. 하지만 일반적으로 말해서, 예상되는 결과가 확실하면 가능한 한 간섭하지 마라. 이 주제에 관한 보다 자세한 아이디어를 원한다면 허쉬의 시대를 초월한 책 《상황적 리더십Situational leadership》을 권한다.

## 제품

당신이 제공하는 것, 즉 제품이나 서비스에 대해서도 자세히 살펴보지 않으면 이 장은 완성되지 않을 것이다. 팀과 탄탄한 업무 프로세스 없이는 분명히 아무것도 할 수 없지만, 당신이 공급하는 것을 사람들이 사지 않는다면 팀과 프로세스의 관리 노력도 헛수고가 될 것이다. 관리자인 당신은 당신의 제품이나 서비스가 얼마나 성공하느냐에 엄청난 영향을 미친다. 당신이 생각하는 것보다 더 많이. 다음은 내가 사용하는 세 가지 전술이다.

### 전술 1: 팀이 집중하게 한다

더 빨리 성과를 내기 위해 관리자로서 배운 가장 중요한 교훈 한 가지는 이것이다. 동시에 진행하는 일을 줄여라. 내 방법의 핵심은 어디에 시간을 투자할지 선택하는 것에 관한 것이지만, 관리자로서 당신은 팀의 집중력에서도 핵심 역할을 한다. 집중력을 높이는 두 가지 방법은 다음과 같다.

- **팀의 문지기가 되어라.** 관리자는 방해요소를 차단함으로써 팀이 더 많은 일을 해내도록 도울 수 있다. 팀이 가장 중요한 일에 더

많은 시간을 할애할수록 더 효과적으로 일할 수 있다. 타당한 말 아닌가? 팀의 목표와 무관한 요청을 거절하거나 무의미한 회의를 취소하는 등, 관련성 없는 일들을 사전에 저지한다.

- **팀의 나침반이 되어라.** 관리자인 당신도 팀이 할 일을 결정하지만, 팀원들 역시 다음에 처리할 일을 끊임없이 선택한다. 그들은 최선의 선택을 하고 있는가? 당신의 지속적인 의견은 팀원들이 무엇이 중요한지 분별하도록 도와준다. 주간 스타트업 회의와 일대일 면담은 그러한 우선순위를 공유할 완벽한 시간이지만 거기서 그칠 필요는 없다. 언제, 어떻게 당신의 우선순위를 전달할지 창의적으로 생각하라.

### 전술 2: 생각할 시간을 만든다

관리자들은 무엇이든 지금 앞에 놓인 일을 하고 싶은 유혹을 느낀다. 어쨌거나 이메일, 작업, 문제가 저절로 해결되지는 않을 테고 많은 경우 그것들을 처리할 수 있는 유일한 사람은 당신이기 때문이다. 그런데 그 과정에서 희생되는 경향이 있는 첫 번째는 생각할 시간이다. 그것은 부끄러운 일일 뿐만 아니라 장기적으로 재앙이 될 수 있다. 물론 다른 일도 끝내야 하지만 가장 중요한 일을 위한 시간을 따로 떼어둬야 한다. 그것이 비법이다. 더 나은 서비스와 제품을 제공하고 싶은가? 그렇다면 그와 관련된 더 큰 질문에 대해 생각할 시간을 확보하라. 그것이 쉬울까? 절대 그렇지 않다. 하지만 그것은 당신에게 우위를 제공하고 팀의 발전을 촉진할 수 있는 그런 조치다. 다음은 내가 생각할 시간을 만드는 데 도움이 되는 세 가지 팁이다.

- **큰 쟁점들의 목록을 만들라.** 생각하고 싶은 중요한 사안들의 목록을 (할 일 목록 또는 메모 앱의) 어딘가에 보관한다. 대화에서 이런 쟁점 중 하나가 등장할 때마다 목록에 저장한다.
- **90분을 생각할 시간으로 확보하라.** 특정 사안들을 생각하고 싶을 때 일정표에 시간을 확보해둔다면 더 쉬울 것이다. 나는 오전이나 오후 시간 전체를 '생각'을 위해 할애하고는 했지만, 그것이 그 시간을 잘 활용할 수 있는 구조나 유인책이 되지는 않았다. 그래서 나는 90분으로 시간을 바꿨고, 이는 얼른 두뇌를 가동해야 한다는 적절한 긴박감을 준다. 그리고 한 시간 30분 후에는 내 뇌가 휴식이 필요하기도 하다!
- **생각을 위한 다른 장소를 찾아라.** 나는 이 책에서 시간대와 작업 공간의 배치 등 업무의 질에 영향을 미칠 수 있는 모든 상황적 요소를 이야기했다. 깊이 생각해야 할 일이 있을 때는 평소와 다른 장소에서 작업해보라. 그리고 그것을 루틴으로 만들면 그 효과를 강화할 수 있다. 따라서 모든 두뇌 작업을 사무실 대신 좋아하는 카페나 집의 주방 식탁에서 하기로 한다면 그 환경만으로도 적합한 마음가짐을 갖게 될 것이다.

### 전술 3: 조언을 구한다

우리 대부분에게 이 전술은 '해야 한다는 것을 알지만 하지 않는' 일의 범주에 들어간다. 바로 '조언을 얻고 대안을 분석하는 것' 말이다. 나는 이 접근법을 9장과 10장에서 다루었다. 요약하면 다음과 같다.

- **새로운 프로젝트라면, 새로운 조언을 구하라.** 새로운 도전을 시작하고 싶을 때마다 한 명 이상의 외부인과 이야기해보는 게 좋다. 그는 당신이 잘 아는 멘토가 될 수도 있고 아니면 처음으로 자문받는 전문가가 될 수도 있다. 어느 쪽이든, 초반의 이 비교적 작은 시간 투자는 온갖 문제에 빠지는 것을 막아줄 수 있다. 또한 당신의 일을 새로운 차원으로 끌어올릴 수 있다.
- **여러 출처의 정보들로 자신을 둘러싸라.** 관리자의 일이 항공 교통 관제사의 일처럼 느껴질 때가 있다. 즉석에서 결정을 내리는 사람은 조종사지만 전체 항공 교통을 유지하는 사람은 당신이다. 그러기 위해서 모든 종류의 내부 및 외부 정보에 접근할 필요가 있다. 즉 모든 정보를 한데 모아놓은 대시보드가 필요하다. 내부 정보(프로젝트가 어떻게 진행되고 있는가?)뿐만 아니라 외부 정보까지(경쟁사는 무엇을 하고 있을까? 내 분야의 선두 주자는 누구인가?) 말이다. 이 모든 정보가 당신에게 오는지 확인하라. 주요 뉴스레터를 구독하고 관련 웹사이트를 꿰고 있어라.

나는 이 책을 통해 좋은 시스템으로 시작하고, 차차 자신에게 맞게 그것을 바꾸어갈 때 명확함과 마음의 평화를 얻을 수 있다는 것을 보여주었다. 그건 팀의 관리도 마찬가지라고 확신한다. 효과적인 회의만 할 때 (그리고 팀원들의 시간만 낭비하는 회의를 없앨 때) 팀을 최대한 활용할 수 있다. 당신이 각 팀원과의 관계에 투자하고 모든 팀원이 공동의 목표를 가장 중시하게 할 방법을 찾아낼 때 당신의 팀은 최고의 성과를 낸다. 리더십은 결코 쉽지 않지만, 내 조언이 업무를 좀 더 원활히 진행할 새로운 길을 찾는 데 도움이 되기를 바란다. 그래서 하루하루의 업무에 매몰되지 않고 모두가 함께 어디를 지향할지 목표를 정할 수 있기를 바란다.

# 주

**1장**

1. Paul Graham, "Maker's Schedule, Manager's Schedule", 2009. http://www.paulgraham.com/makersschedule.html.

**2장**

1. Gloria Mark, Victor M. Gonzalez, and Justin Harris, "No Task Left Behind? Examining the Nature of Fragmented Work", Take a Number, Stand in Line, Portland, Oregon, April 2005. https://www.ics.uci.edu/~gmark/CHI2005.pdf.

2. Michael Chui, James Manyika, Jacques Bughin, Richard Dobbs, Charles Roxburgh, Hugo Sarrazin, Geoffrey Sands, and Magdalena Westergren, "The Social Economy: Unlocking Value and Productivity Through Social Technologies", McKinsey Global Institute, July 1, 2012.

**3장**

1. IBM 연구소의 한 흥미로운 연구에서는 사용자 345명의 총 8만 5,000번이 넘는 '메일 검색' 행동을 추적했다. 이 연구는 이메일을 폴더(또는 태그)로 분류하는 것은 비효과적이고 비효율적이라는 결론을 내렸다. 스레드thread(같은 주제나 대화와 관련된 이메일들을 하나로 묶어서 보여주는 기능-옮긴이)를 지원하는 이메일 소프트웨어와 함께 검색 기능을 사용하면 시간도 절약되고 메일 검색 성공률도 높다고 한다. Steve Whittaker, Tara Matthews, Julian A. Cerruti, and Hernan Badenes, "Am I Wasting My Time Organizing Email?", Proceedings of the International Conference on Human Factors in Computing Systems, CHI 2011, Vancouver, BC, Canada, May 7-12, 2011. https://www.researchgate.net/publication/221518713_Am_I_wasting_my_time_organizing_email.

**5장**

1. 목표 설정은 수행 작업의 확실한 향상으로 이어진다는 다음 글을 확인하라. 이 연구는 목표 설정이 집중을 돕는다는 결론을 내린 유사한 많은 연구를 기반으로 하고 있다. Marieke van der Hoek, Sandra Groeneveld, and Ben Kuipers, "Goal Setting in Teams: Goal Clarity and Team Performance in the Public Sector", Review of Public Personnel Administration 38, no. 4 (2018). https://journals.sagepub.com/doi/full/10.1177/0734371X16682815#_i15. 비즈니스 목표에 초점을 둔 연구로는 확신이 생기지 않는가? 최근에 이뤄

진 다음 연구는 스포츠에서 목표 설정이 노력, 끈기, 관심 방향에 영향을 미친다는 것을 발견했다. Kingston Kieran and Kylie M. Wilson, "The Application of Goal Setting in Sport", Advances in Applied Sport Psychology: A Review, no. 1 (2009), 75-123. https://journals.humankinetics.com/view/journals/jsep/7/3/article-p205.xml.

2  "You've Got to Find What You Love,' Jobs Says", Stanford University, June 14, 2005. https://news.stanford.edu/2005/06/14/jobs-061505/.

3  로크와 레이섬 등의 1981년 보고서에는 이렇게 쓰여 있다. "목표 설정이 학습 또는 수행에 미치는 효과를 다룬 실험실 및 현장 연구들을 검토한 결과, 구체적이고 도전적인 목표는 쉬운 목표, '최선을 다하라'는 목표, 또는 목표가 없는 것보다 더 높은 성과를 가져오는 것으로 나타났다." Edwin A. Locke, Karyll N. Shaw, Lise M. Saari, and Gary P. Latham, "Goal Setting and Task Performance: 1969-1980", *Psychological Bulletin* 90, no. 1, 125-152. https://psycnet.apa.org/record/1981-27276-001. 로크와 레이섬은 연구를 멈추지 않았다. 그들은 2019년의 흥미로운 보고서에서 그들의 절차와 새로운 통찰을 자세히 설명한다. 이 보고서는 목표 설정을 다룬 다른 연구들을 탐색하기 위한 훌륭한 출발점이 되어준다. Edwin A. Locke and Gary P. Latham, "The Development of Goal Setting Theory: A Half Century Retrospective", *Motivation Science*, 5, no. 2 (2019), 93-105. https://doi.org/10.1037/mot0000127.

4  Gail Matthews, "Goals Research Summary", 2015. https://www.dominican.edu/sites/default/files/2020-02/gailmatthews-harvard-goals-researchsummary.pdf.

**6장**

1  Chris Guillebeau, "How to Conduct Your Own Annual Review", chrisguillebeau.com, 2008. https://chrisguillebeau.com/how-to-conduct-your-own-annual-review/.

**7장**

1  Humphrey Carpenter, *J. R. R. Tolkien, A Biography* (Unwin Paperbacks, 1978), 152.

**10장**

1  다음에서 읽을 수 있다. https://gripbook.com/link/onboarding.

2  Buster Benson, "Cognitive Bias Cheat Sheet", busterbenson.com, 2016.

https://busterbenson.com/piles/cognitive-biases/.

**11장**
1. Rick Pastoor, "The Risky Business of Onboarding", A List Apart, July 14, 2015. https://alistapart.com/article/risky-business-of-onboarding/.
2. Rick Pastoor, "Get People on Board", Webdagene, 2016. https://vimeo.com/188134881.
3. Stewart Brand, *The Clock of the Long Now: Time and Responsibility* (Basic Books, 1999).

**부록**
1. 자신들의 요령을 공유해준 루카스 레인드스, 에릭 데 보스, 토마스 스몰더스, 아얀 브루어에게 감사드린다.

내 인생을 주도하는 시간 설계의 기술
# 그립

**1판 1쇄 인쇄** 2025년 12월 3일
**1판 1쇄 발행** 2025년 12월 10일

**지은이** 릭 파스토르
**옮긴이** 김미정
**펴낸이** 고병욱

**기획편집1실장** 윤현주  **기획편집** 신민희
**마케팅** 안선욱 황혜리 황예린 권묘정 이보슬  **디자인** 공희 백은주
**제작** 김기창  **관리** 주동은  **총무** 노재경 송민진

**펴낸곳** 청림출판(주)
**등록** 제2023-000081호

**본사** 04799 서울시 성동구 아차산로17길 49 1010호 청림출판(주)
**제2사옥** 10881 경기도 파주시 회동길 173 청림아트스페이스
**전화** 02-546-4341  **팩스** 02-546-8053

**홈페이지** www.chungrim.com  **이메일** cr1@chungrim.com
**인스타그램** @chungrimbooks  **블로그** blog.naver.com/chungrimpub
**페이스북** www.facebook.com/chungrimpub

**ISBN** 978-89-352-1498-3 03320

※ 이 책은 저작권법에 따라 보호를 받는 저작물이므로 무단 전재와 무단 복제를 금합니다.
※ 책값은 뒤표지에 있습니다. 잘못된 책은 구입하신 서점에서 바꾸어 드립니다.
※ 청림출판(주)의 경제경영 분야 브랜드입니다.